prometeo
l i b r o s

¿QUIÉN HACE TU ROPA?

Andrés Matta y Jerónimo Montero Bressán
(Coordinadores)

¿QUIÉN HACE TU ROPA?
Estudios sobre la industria de la indumentaria
en Argentina

Matta, Andrés

   ¿Quién hace tu ropa?: estudios sobre la industria de la indumentaria en Argentina / Andres Matta; Jerónimo Montero Bressán; compilado por Andres Matta; Jerónimo Montero Bressán. - 1a ed. - Ciudad Autónoma de Buenos Aires : Prometeo Libros, 2020.

   210 p. ; 23 x 16 cm.

   1. Explotación Laboral. 2. Derecho Laboral. 3. Industria Textil. I. Montero Bressán, Gerónimo. II. Título.

CDD 344.012

Diagramación: Patricia Bulla

Corrección: Luciana Cicerone

Pringles 521 (C1183AEI), Buenos Aires, Argentina

Tel.: (54-11) 4862-6794 / Fax: (54-11) 4864-3297

ventas@prometeoeditorial.com

www.prometeoeditorial.com

Índice

Agradecimientos

Esta publicación ha sido financiada con aportes del Proyecto de Investigación Científica y Tecnológica (PICT 2013), denominado *"Estructuras Productivas y Calidad del Empleo: Trayectorias, Estrategias y Políticas. El caso de la Industria de la Indumentaria"* (Fondo para la Investigación Científica y Tecnológica de la Agencia Nacional de Promoción Científica y Tecnológica, Secretaría de Ciencia, Tecnología e Innovación Productiva de la Nación).

Del proyecto participaron también el Dr. Héctor Gertel, Eugenia Meiners, Federico Ciribeni, Mariana Guerra, Fabrizio Aguirre, Susana Gigena, Mercedes Gonzalez, Germán Leonarhdt, Augusto Gigena, Paula Quiñones, Nora Narvaez, Daniela Peña, María de los Ángeles Mignon, Martín Fogliacco e Ignacio Stivala, y con la colaboración de la Mesa de Articulación Textil de Córdoba, el INTI Córdoba y Diana Muñoz. Se agradece a todos por su contribución a este proyecto.

Aclaración sobre uso del lenguaje y género

Los editores de esta obra han decidido otorgar libertad a los autores y autoras para decidir cómo evitar (en caso de considerarlo pertinente) los sesgos sexistas o de género en el lenguaje.

Una industria paradigmática

Andrés Matta y Jerónimo Montero Bressán

La industria de la indumentaria constituye una actividad emblemática en el mundo y en nuestro país. Junto a la industria textil, a la que se halla productiva e históricamente vinculada, ha sido simultáneamente una de las fundantes de la revolución tecnológica y económica, operada en Europa en el S. XIX, y un símbolo de las luchas obreras como la de aquel 8 de marzo de 1857 en que las mujeres costureras de New York pasaron a la historia luego de una brutal represión policial. Es además una industria con sus propios mártires, como las casi 150 trabajadoras (casi todas mujeres inmigrantes), que en 1911 murieron bajo fuego en la fábrica "Triangle Shirtwaist" neoyorkina; las más de 1.100 que perecieron en el derrumbe de Rana Plaza en Bangladesh en 2013 o los 6 niños y mujeres del taller de calle Viale que fallecieron en Caballito (Buenos Aires) en 2006.

En Argentina, la industria de confección es además, un emblema de los problemas estructurales de la industria nacional y también del ascenso y el fracaso de las políticas públicas en cada uno de sus recurrentes ciclos económicos. Desde las máquinas de coser distribuidas por la Fundación Eva Perón hasta los actuales talleres clandestinos, oscilando entre la sustitución de importaciones y las periódicas aperturas comerciales liberalizadoras, los distintos actores productivos y el Estado han conducido a esta actividad hasta la situación presente: una industria fragmentada, deslocalizada y en vilo frente a la competencia internacional, que emplea a unos 150.000 trabajadores (la industria que genera más puestos laborales), de los cuales aproximadamente un 70% son trabajadores o emprendedores informales con trabajos de baja calidad.

Esta obra es la primera que compila la producción académica de expertos sobre el tema en Argentina. Está motivada por el interés en comprender la complejidad de esta industria explorando el anverso y el reverso de su trama de actores, relaciones y procesos, que permitan elaborar respuestas para algunos de sus principales desafíos sobre bases menos simplistas que las que suelen presentarse en la conversación pública. Es además una invitación a trascender las perspectivas de corto plazo para reflexionar sobre distintas dimensiones y problemáticas estructurales que atraviesan al desarrollo industrial argentino: la capacidad de desarrollo de una industria de "baja productividad" en un marco de alta competencia internacional, el vínculo con las cadenas globales de valor, la forma en la que se organiza la producción, las condiciones de trabajo y el rol que juegan en su desarrollo las políticas públicas macroeconómicas, laborales y sectoriales.

La temática que aquí se abordará ha atraído por cierto la atención de distintos investigadores, especialistas y diseñadores de política. A nivel internacional, la fragmentación, deslocalización y tercerización de los distintos eslabones de la cadena productiva, que inequívocamente han deteriorado las condiciones laborales de los trabajadores confeccionistas, han sido ampliamente estudiadas y verificadas (ver por ejemplo Anner et al, 2012; Bonacich y Appelbaum, 2000; Green, 1997; Piore y Schrank, 2006; Ross, 2004; O´Rourke, 2011). A nivel local, los estudios de carácter estructural hacen hincapié en la industria textil, considerando de manera casi periférica a la indumentaria, que cuenta con problemáticas muy diferentes por ser, contrariamente a aquella, una industria mano de obra intensiva. Al respecto pueden mencionarse entre los más recientes estudios los trabajos de Kosacoff el al. (2004) y Ferreira y Schorr (2013), que abordan desde una perspectiva macroeconómica la problemática situación del complejo textil-indumentaria y esbozan lineamientos políticos para superar sus limitaciones. Por su parte, los trabajos de Gallart (2006), Lieutier (2010) y Montero Bressán (2016), analizan específicamente los aspectos laborales (casi exclusivamente en la Ciudad de Buenos Aires), utilizando una combinación de datos cualitativos relevados en terreno, y datos secundarios. Matta y Magnano (2011), en uno de los primeros estudios en los que se aborda el problema de esta industria en los principales polos de esta industria en el interior del país, obtienen información a partir de estadísticas públicas y entrevistas con informantes claves pero sin llegar a articular los niveles micro-meso-macro.

Puede decirse por tanto que el sector no ha recibido en ámbitos académicos una atención proporcional a su relevancia, y que el conocimiento y la literatura sobre esta industria están fragmentados. Al momento de concebir esta obra era posible identificar dos espacios vacíos que este el libro intenta cubrir. El primero es de carácter epistemológico: tanto los estudios realizados a partir de información estadística agregada como las investigaciones cualitativas (a partir de estudios de caso de unidades productivas particulares), no permiten entender las vinculaciones que se dan entre todos los fenómenos analizados y arribar a conclusiones estructurales. De hecho, al partir de diferentes fuentes de información, con frecuencia llegan a conclusiones divergentes.

El segundo vacío es de carácter explicativo y tiene connotaciones relevantes no solo para los investigadores sino también para los planificadores y diseñadores de políticas públicas. La literatura y el debate público se caracterizan por una marcada división entre quienes promueven la apertura comercial y quienes recomiendan la protección del mercado interno. Los primeros consideran que esta industria es inviable en su estado actual, y que precisa entonces de una profunda reconversión, sin explicar qué debe hacerse con los cientos de miles de puestos de trabajo que hoy se ocupan. Los segundos, en cambio, no logran explicar cómo luego de una década de políticas activas, las mejoras en el nivel de actividad, la generación de valor y la recuperación del empleo asalariado no han sido suficientes para modificar las cifras de empleo no registrado, la baja calidad de los puestos de trabajo y la desigualdad de una cadena productiva en la que conviven el mundo glamoroso de la moda con la clandestinidad y la reducción a la servidumbre.

Para abordar ambos desafíos, esta obra presenta los resultados de un conjunto de estudios multidisciplinarios que abordan complementariamente aspectos cuantitativos y cualitativos, incorporando además el análisis inédito de un relevamiento realizado a 260 unidades productivas que permiten reconstruir la estructura y organización del sector a nivel meso económico. Estos abordajes permitirán proponer un conjunto de lineamientos para una política de desarrollo de la industria de indumentaria, que parten de comprender su complejidad y la existencia de diferentes segmentos con problemáticas diferentes, que requieren de diferentes combinaciones de medidas (institucionales, tecnológicas, financieras, entre otras).

Los conocimientos expuestos en este libro aumentan su relevancia en la coyuntura que atraviesa actualmente este sector, en el marco de un programa de gobierno que ha relajado los controles a la informalidad, que ha intentado utilizar a este sector como laboratorio de políticas de flexibilización laboral (como el banco de horas y el fondo de desempleo) y que entiende que una mayor formalización de la mano de obra solo se logrará a través de la disminución de los costos laborales y la legitimación de ciertas situaciones de explotación. A la hora de abordar las acciones necesarias para combatir la informalidad y avanzar en la protección de los derechos laborales en el sector, todos los capítulos de este libro se distancian de esta perspectiva. Por ello, un tema central que atraviesa al libro de principio a fin es la tercerización laboral como herramienta que apunta inequívocamente a debilitar a los trabajadores y las trabajadoras del sector para poder así reducir costos de contratación. Además de destacar la importancia de las inspecciones laborales, algunos de los capítulos hacen referencia a la importancia de la Ley de Trabajo a Domicilio 12.713 que regula la tercerización en el sector, y a su fortaleza como herramienta para identificar y condenar a los máximos responsables de la informalidad y de las condiciones de trabajo y de vida en los "talleres clandestinos". Desde las denuncias penales iniciadas por el incendio del taller de la calle Viale, en Caballito (Buenos Aires), las cámaras empresariales insisten en la necesidad de "*aggiornar* esta ley a la realidad actual", lo que en la práctica implicaría desligarse de la responsabilidad por las condiciones de trabajo en los talleres y fábricas a los que subcontratan (aspecto en el que la ley vigente es clara e inequívoca).[1]

La dimensión de todos estos problemas citados y su larga trayectoria acumulativa no admiten análisis simplistas, ni tampoco el ocultamiento de las contradicciones en las que habitualmente se incurre en los discursos sobre el sector. Por ello, se ha reunido a algunos de los especialistas que en los últimos años han estudiado a esta industria (Matta et al, 2015, 2016, Etchegorry et al, 2018; Montero Bressán, 2012, 2016, 2018; Lieutier, 2010; Lieutier et al, 2018; Salgado 2014, 2017; Arcos, 2013, 2016; Delmonte Allasia, 2017), a fin de elaborar en cada uno de los capítulos, un estudio pormenorizado sobre los distintos ejes problemáticos seleccionados.

El libro se estructura así en seis capítulos analíticos (más un capítulo final de carácter propositivo) que responden a una secuencia lógica que parte desde la caracterización del contexto internacional y la estructura de la industria a nivel nacional hasta el estudio de fenómenos específicos a nivel meso y micro social. De este modo, cada capítulo busca profundizar y "abrir la caja negra" de los modelos de análisis considerados en los artículos precedentes. Esta organización supondrá por tanto que en los primeros trabajos haya un predominio de la información y las metodologías cuantitativas, mientras que en la segunda parte, se apele al potencial de los métodos cualitativos para la investigación social.

El capítulo de Montero Bressán tiene por objetivo plantear el escenario histórico internacional en el cual surgieron los "talleres clandestinos", y arriesgar algunas hipótesis acerca de las consecuencias que

---

[1] Resulta interesante considerar que, si bien el actual gobierno nacional busca ceder a las presiones de las cámaras, la Ley 12.713 fue votada en 1941 por unanimidad por un parlamento de mayoría conservadora, con el objeto de dar un marco de cierta defensa a las mujeres que cosían para marcas y comercializadores en sus casas y en talleres tercerizados. Además, en 1996 fue la principal inspiración detrás del Convenio sobre el Trabajo a Domicilio de la Organización Internacional del Trabajo.

los cambios en el escenario internacional actual podrían tener para la industria local. Para este autor, más que haber habido una crisis en el sector en la década de los noventa, hubo un marcado proceso de informalización de la mano de obra. Un movimiento de las fábricas a los talleres tuvo lugar entonces de la mano de las estrategias desarrolladas por el capital local para enfrentar la crisis en la demanda local y las crecientes importaciones de ropa barata hacia fines de los ochentas y comienzos de los noventas. Además, bajo la hipótesis de que toda gran crisis genera reacomodamientos espaciales en la producción y el comercio (lo que en palabras de Harvey [1982] serían "nuevos arreglos espaciales"), el autor analiza prensa internacional especializada y la evolución de las exportaciones de indumentaria antes y después de la crisis financiera de 2008, e identifica una lenta pero decisiva tendencia al progresivo abandono de China como principal proveedor de las multinacionales occidentales, en el marco de crecientes costos laborales y energéticos en el gigante asiático. Así, la crisis ha disparado la búsqueda de nuevos contingentes de trabajadoras/es dispuestas/os a formar parte de la mano de obra del sector por salarios cada vez más bajos, principalmente en Bangladesh y Vietnam, pero también en Camboya y, sorprendentemente, Etiopía. El autor arriesga que ello derivará en una nueva deflación en los precios de la ropa a nivel mundial, fomentando un escenario de mayor presión sobre los costos en países con producción dedicada a mercados internos de limitado tamaño como Argentina. La protección comercial aparece entonces como medida de gran importancia. No obstante, la evidencia histórica demuestra que tal medida no necesariamente contribuye a una mejora en las condiciones laborales. El control de la actividad privada y la organización de los trabajadores y las trabajadoras son condiciones fundamentales para ello.

El capítulo de Matta, Etchegorry, Magnano, Orchansky, Aranda y Staricco analizan la forma en la que se estructura la industria de indumentaria en Argentina a partir de tres aspectos complementarios. En primer lugar se caracterizan los principales componentes que conforman el núcleo del sistema sociotécnico y del régimen sociotécnico dominante, retratando su construcción histórica y particularmente el modo en el cual los marcos normativos han cooperado con el sostenimiento de esta forma de producción. En segundo término, se analizan algunas consecuencias particulares que esta estructura impone a la dinámica del sector, tanto en su generación de valor como en el empleo. Se analiza de este modo su fuerte prociclicidad y la influencia que adquiere en cada uno de estos ciclos la evolución de la demanda interna y del comercio internacional. Finalmente, se completa este panorama describiendo la organización productiva del sector, sus principales segmentos y sus relaciones, lo que permite demostrar su alto nivel de concentración funcional y de interdependencia. Para fundamentar estos aspectos, se apela a información secundaria y especialmente a los resultados de un estudio de campo realizado en el Gran Córdoba, que permiten, entre otros aspectos, poner en cuestión el argumento que postula la existencia de dos circuitos productivos separados y diferenciados por su nivel de formalidad.

En el capítulo de Lieutier y Degliantoni, a partir de datos cuantitativos, fundamentalmente de la Ciudad Autónoma de Buenos Aires, se realiza un análisis pormenorizado de los efectos que la organización de la cadena productiva descripta en el capítulo anterior tiene sobre las condiciones laborales. La realidad del distrito donde se concentra cerca del 50% de los empleos registrados de la industria es contundente, sobre todo si se la compara con el resto de las actividades manufactureras y si a su tiempo se analizan las diferencias entre los empleos registrados y no registrados: jornadas de trabajo más extensas con salarios sustancialmente más bajos y mayores niveles de informalidad que afectan particularmente a los trabajadores migrantes, a las mujeres y a las unidades económicas de menor tamaño. Los autores señalan además que las evidencias demuestran que *ser informal en el sector de indumentaria implica peores condiciones que las del resto de los trabajadores no registrados de la economía*. El trabajo minucioso de sistematización también revela que, como consecuencia de la estructura productiva, en una actividad caracterizada por la intensidad de la mano de obra, la elaboración de las prendas no supera el 20% del precio final y el costo salarial puede oscilar apenas entre el 5,8% y el 0,8% (lo que indica una reducida rentabilidad también para los propietarios de los talleres subcontratados).

Paula Salgado, en el capítulo de su autoría, realiza un aporte teórico a la descripción del artículo precedente al definir que el valor de la fuerza de trabajo, la extensión de la jornada y la intensidad laboral forman parte de *relaciones superexplotación*. Su estudio, que se basa en métodos mixtos, realiza además un gran aporte en términos cualitativos a los datos estadísticos de la capital del país, dando cuenta del vínculo entre el acceso a los derechos laborales y migratorios (dado por las diferentes formas de registro que se ubican en un gradiente de *desplazamientos precarizantes*) y las formas en las que los costureros (en particular, los extranjeros) son compensados por debajo del valor real de su trabajo. Las entrevistas y observaciones de la autora no dejan dudas sobre la existencia en el presente de condiciones laborales en los talleres de confección que remiten a los inicios de la industria: retribuciones por debajo del salario mínimo, pago a destajo, y operarios "cama adentro". Pero además, se introduce en el análisis una tensión que aparecerá en el resto de los capítulos a partir de otorgar voz a los trabajadores: las reglas de juego impuestas por quienes poseen mayor poder en la cadena, que fuerzan a la subsistencia y limitan objetivamente las libertades de los trabajadores, no pocas veces son percibidas por estos como mejoras respecto a su situación anterior o a otras formas de contratación que se dan en el sector. Esto es posible entre otras razones porque la informalidad y la superexplotación atraviesan distintas formas de producción, incluyendo las "formales" en las que siempre parece posible poder encontrar un límite inferior.

El capítulo de Arcos hace hincapié en un caso testigo como es el del taller de costura incendiado en marzo de 2006, ubicado en la calle Luis Viale, en el barrio porteño de Caballito. El trabajo de campo de la autora implicó no solo la lectura del largo expediente judicial sino también una visita al pueblo de origen de la mayor parte de los trabajadores y las trabajadoras del taller, aspecto fundamental que los estudios sobre migraciones suelen soslayar. Mediante el detallado estudio de trayectorias individuales y de los lazos familiares y de paisanazgo al interior del taller, Arcos aborda la cuestión que constituye nada menos que una de las principales tensiones que atraviesan a este libro: ¿Cómo caracterizar el vínculo capital-trabajo al interior de los talleres de costura? Se trata de una cuestión que divide las aguas en los ambientes de militancia contra los "talleres clandestinos", entre quienes priorizan la acción estatal contra el "trabajo esclavo" y quienes buscan modificar las subjetividades de los costureros y las costureras para que sean protagonistas de la lucha contra la explotación. Así, Arcos se diferencia del término "trabajo esclavo" utilizado por los medios de comunicación, por organizaciones sociales, por sindicatos e incluso por algunos de los autores de esta obra como concepto útil para combatir las condiciones laborales en talleres de costura. Sin omitir la existencia de mecanismos coercitivos, e incluso destacando la centralidad de la falta de pagos como método para retener a la mano de obra, señala la importancia de identificar y dar peso a las representaciones "legitimantes" y otros mecanismos de generación de consenso al interior de los talleres para evitar generar la imagen de trabajadores/as "esclavos/as" y faltos/as de capacidad de organización. Además, desanda una creencia convencional fuertemente instalada en el discurso sobre el sector, que refiere a las condiciones de trabajo en los talleres como resultado de una característica cultural de los colectivos migrantes. Esta creencia, reducida a la categoría de mera fábula por las conclusiones de Arcos, ha abonado a los argumentos utilizados por numerosos jueces para liberar de responsabilidad a los dueños de las marcas, a pesar de la responsabilidad que les cabe como dadores de trabajo, claramente establecida en la Ley de Trabajo a Domicilio 12.713/41.

Continuando en la línea de los estudios de base cualitativa, el capítulo de Delmonte Allasia se centra en el estudio de las consecuencias que tienen las desigualdades de género en la salud de las costureras, específicamente en fábricas con trabajadores y trabajadoras registradas. Allí la autora destaca cómo las representaciones de género tanto en ambientes productivos como reproductivos repercuten en la salud de las trabajadoras mujeres, e incluso en sus ingresos mensuales. Esas mismas representaciones también someten a los hombres a tareas más peligrosas y que requieren de mayor esfuerzo físico. Asimismo, mediante testimonios de trabajadoras mujeres de dos fábricas de indumentaria, Delmonte Allasia muestra por ejemplo que es una generalidad en algunas fábricas de indumentaria la falta de tiempo para dedicarlo al cuidado de la salud, debido a que en caso de visitar a los médicos laborales se pierden incentivos relacionados a la productividad y asistencia perfecta, que llegan a representar el 25% del salario. Este aspecto se hace especialmente preocupante en el caso de las mujeres que son madres, quienes muchas veces pierden esos "premios" por su dedicación a tareas de cuidado de sus hijos/as. En estos casos, de hecho, la salud propia queda relegada al lugar de última prioridad. La autora refiere también a acciones colectivas e individuales de resistencia en torno a cuestiones de salud, destacando la agencia de las costureras y los costureros. En el apartado final, la autora analiza casos de abuso en contextos laborales destacando que organismos y convenciones internacionales como la OIT y la Convención sobre la Eliminación de Todas las Formas de Discriminación Contra la Mujer (CEDAW) entienden a los abusos en el ambiente laboral como cuestiones de salud. Así, el abuso configura un ambiente laboral hostil que perjudica de manera diferencial a hombres y mujeres. Al respecto la autora argumenta que el Convenio Colectivo de Trabajo del sector (CCT 611/11) debería incluir un protocolo de acción ante situaciones de abuso, para de este modo avanzar en el reconocimiento de la mayor vulnerabilidad que enfrentan las mujeres en los espacios de trabajo.

En el último capítulo de esta obra, se presentan un conjunto de reflexiones y lineamientos de acción que, con base en los capítulos precedentes podrían ser incluidos en una política pública de desarrollo industrial para el sector. A nivel macroeconómico, se señala que —siempre que no se generen cambios radicales en la tecnología o en el consumo—, la importancia que este sector tiene en términos de empleo requiere de medidas capaces de sostener la demanda interna, promover el surgimiento de fabricantes de insumos y una política inteligente de protección frente a las importaciones. A nivel mesoeconómico, por su parte, se presentan las principales limitaciones de los programas de promoción vigentes en las últimas décadas en términos de su complejidad, profundidad, escala y horizonte temporal para luego sugerir algunas medidas alrededor de cinco lineamientos: el fortalecimiento de las instituciones vinculadas al sector; la promoción de la innovación y el desarrollo tecnológico; el fomento de la articulación productiva y la organización de la cadena de valor; el apoyo a prácticas sustentables y el fortalecimiento de los servicios financieros y no financieros destinados a los distintos segmentos de la industria.

Bibliografía citada

Anner, M; Bair, J; Blasi, J (2012) *Buyer Power, Pricing Practices and Lanor Outcomes in Global Supply Chains.* IBS Colorado. Working paper.

Arcos, M. A. (2013). "Talleres clandestinos: el traspatio de las "grandes marcas": organización del trabajo dentro de la industria de la indumentaria. *Cuadernos de antropología,* N 10.

Bonacich, E. y Appelbaum, R. (2000). *Behind the label: Inequality in the Los Angeles Apparel Industry.* Berkeley: California University Press.

Delmonte Allasia, A. (2017). Reflexiones sobre el trabajo en la industria de confección de indumentaria en el período 2003-2015. Problemáticas en torno a la inserción laboral de migrantes bolivianos y bolivianas, *PUBLICAR-En Antropología y Ciencias Sociales,* (XXII), 45-70.

Etchegorry, C.; Magnano C; Orchansky, C.; Matta, A. (2018) El marco normativo e institucional en la configuración del régimen sociotécnico de la confección de indumentaria en Córdoba. *Estudios del Trabajo,* 56, ASET, Buenos Aires.

Gallart M. A. (2006). "Análisis de las estrategias de acumulación y de supervivencia de los trabajadores ocupados en la rama de textiles y confecciones". En OIT (2006) *Informalidad, Pobreza y Salario Mínimo, Programa Nacional de Trabajo Decente Argentina 2004-2007.* Buenos Aires.

Green, N. (1997). *Ready-to-wear and ready-to-work.* Londres: Duke University Press.

Lieutier A. (2010) *Esclavos: los trabajadores costureros de la ciudad de Buenos Aires.* Buenos Aires, Retórica Ediciones.

Lieutier, A; Degliantoni, C., Morillas, S. (2018). *La tercerización en el sector de indumentaria: su impacto en las condiciones de trabajo en la Ciudad de Buenos Aires. Seminario internacional sobre tercerización laboral,* FLACSO, Buenos Aires.

Matta, A., Etchegorry, C., Magnano, C., y Orchansky, C. (2015). *Estructuras Productivas y Calidad del Empleo: Trayectorias, Estrategias y Políticas. El caso de la Industria de la Indumentaria.* Congreso nacional de estudios del trabajo. ASET, Buenos Aires, Argentina.

Matta, A., Gertel, H., Etchegorry, C., Magnano, C., Orchansky, C., y Meiners, E. (2016). *Régimen sociotécnico dominante y precariedad laboral en la industria de indumentaria*. Jornadas de la Asociación Latinoamericana de Estudios del Trabajo. Buenos Aires, 3-5 agosto.

Montero Bressán, J. (2012). La moda neoliberal. *Geograficando*, Vol. 8, Nro. 8, pp. 19-37.

Montero Bressán, J. (2016). *Análisis del mercado laboral y las barreras a la productividad en Argentina: Informalidad laboral en la cadena textil y de confecciones*. Buenos Aires: Ministerio de Trabajo y Banco Interamericano de Desarrollo. Proyecto MTEySS ATN/OC 13554-AR (mimeo).

Montero Bressán, J. (2018). Impacto de las importaciones de indumentaria en la producción y el empleo en Argentina (1990-2015): ¿Desindustrialización o informalización? *Cuadernos de Economía Crítica*, Vol. 5 Nro. 9, pp. 97-127.

O'Rourke, D. (2011). Citizen Consumer. Boston Review (November/December); http://bostonreview.net/novemberdecember-2011, acceso mayo, 2019.

Piore, M., Schrank, A. (2006). Trading Up: An Embryonic Model for Easing the Human Costs of Free Markets. *Boston Review* 31: 1–22.

Ross, Robert (2004). *Slaves to fashion: Poverty and abuse in the new sweatshops*. Ann Arbor: The University of Michigan Press.

Salgado, P. D. (2014). *El trabajo en la industria de la confección de indumentaria en Argentina. Aproximaciones a partir de las transformaciones recientes en la cadena de valor*. Congreso de Economía Política Internacional. Moreno: Universidad de Moreno.

Salgado, P. D., y Carpio, J. (Julio-Diciembre de 2017). Superexplotación, Informalidad y Precariedad: Reflexiones a partir del trabajo en la industria de la confección. *Estudios del trabajo* (54), 55-89.

Producción y comercio internacional de indumentaria: Las condiciones laborales en Argentina y en el mundo

Jerónimo Montero Bressán[1]

Introducción

La industria de la indumentaria ha sido sucesivas veces entendida como la más global de todas. La facilidad para subdividir el proceso productivo en etapas y transportar los productos (sean intermedios o terminados), la naturaleza mano de obra intensiva del proceso productivo y la baja calificación necesaria para la costura y demás procesos, les dan a las empresas la posibilidad de organizar la producción en el espacio de acuerdo con las necesidades de reducción de costos que ejerce la presión competitiva. Considerando esto, y entendiendo la alta sensibilidad que esta industria tiene en términos de empleo, los países centrales decidieron proteger sus mercados entre 1974 y 1994, aun en pleno proceso de liberalización comercial en prácticamente todos los demás sectores económicos. Sin embargo, hacia mediados de la década de 1990, las presiones hacia la liberalización cedieron, generando un marco internacional de alta competitividad en el que los precios se redujeron notoriamente y el consumo se multiplicó. La moda, entonces, se masificó y pasó a ocupar las vidrieras de las áreas comerciales más exclusivas del mundo.

La liberalización comercial les dio a las multinacionales occidentales la posibilidad de comercializar ropa a bajos precios, generando un éxito notable del sector. Sin embargo, al poner en competencia a nuevos y viejos contingentes de mano de obra en todo el mundo, las

---

[1] IDAES-UNSAM y CONICET. Email: jero.montero@gmail.com.

consecuencias de la liberalización para las trabajadoras[2] fueron nocivas. En este capítulo ponemos precisamente el énfasis en los efectos de estos desarrollos sobre las condiciones laborales, teniendo en cuenta que el sector se ve atravesado por situaciones de extrema explotación, ilustradas por las recurrentes tragedias industriales, como la de la fábrica Rana Plaza en Bangladesh en 2013, que resultó en la muerte de 1134 obreras y es conocida como la 'tragedia' industrial más grave de la historia.

Siguiendo con el interés en el análisis de las estrategias de las empresas multinacionales, aquí presentamos la situación actual de la localización de la producción a nivel mundial, considerando los cambios generados por las firmas del sector como respuesta a la crisis económica iniciada en 2008. Al respecto, los flujos de comercio muestran un proceso de cierto reacomodamiento en la localización de la producción de ropa tras la crisis. Si bien ha habido una profundización del protagonismo de Asia, desde 2014 existe una fuerte tendencia hacia el progresivo abandono de China y la búsqueda de nuevos contingentes de trabajadoras en países como Bangladesh y Vietnam, principalmente. En esta transformación, operada tanto por las multinacionales occidentales como por las asiáticas que nacieron como productoras para Occidente y hoy amenazan con disputarle a las primeras el mercado mundial, el criterio seguido es la búsqueda de menores costos laborales. Así, la incorporación de miles, quizás millones de trabajadores a esta industria vaticina en el mejor de los casos la continuidad de las pobres condiciones laborales. Incluso, ello podría llevar a un nuevo ciclo de deflación y a la inundación de mercados como el argentino de vestimenta excedente en el mercado mundial.

Ante estos hechos, la protección comercial aparece como fundamental para mercados de tamaño reducido y sin capacidad exportadora, como es el caso de Argentina. No obstante, la liberalización comercial iniciada a comienzos de la década de los 1990 no explica por sí sola la situación de emergencia en las condiciones de trabajo en nuestro país. Como veremos en la última sección de este capítulo, hacia fines de los 1980 el capital local se adaptó a las nuevas reglas de juego que impuso la fuerte competitividad internacional mediante el cierre de fábricas, la subcontratación de la producción y el viraje hacia la venta de ropa de moda. Esta adaptación, que siguió estrategias desarrolladas en países europeos como Italia, implicó un profundo proceso de informalización laboral. En el marco de una falta total de control estatal y de organización obrera que garanticen un piso de condiciones para las costureras, la situación ha llegado al extremo de las condiciones que se ven en los

---

[2] En este artículo, los géneros se usan indistintamente.

denominados comúnmente como "talleres clandestinos". El análisis que aquí se presenta concluye que, aún en la actual situación de bajas ventas, están dadas las condiciones macroeconómicas para encarar el "blanqueo" de las cadenas productivas en el país. A pesar de ello, es claro que en el corto plazo no hay indicios de avance en esa dirección.

El capítulo comienza por un mapeo de la producción y el comercio de indumentaria a nivel mundial, identificando las variables más influyentes en las decisiones sobre la localización de la producción por parte de las multinacionales más importantes del sector. Como resultado, se destaca que más allá de las numerosas variables que influyen en los costos de las empresas, el laboral sigue siendo el que mayor influencia ejerce sobre las decisiones de localización. En el segundo apartado analizamos las condiciones de trabajo a nivel mundial y las causas por las cuales la explotación es más profunda en este que en otros sectores. Finalmente nos concentramos en las consecuencias que tuvieron sobre la industria argentina de la indumentaria, los cambios en el paso del fordismo al neoliberalismo, enfatizando las causas del origen del proceso de vasta informalización de la mano de obra en nuestro país. Las conclusiones cierran este capítulo, planteando la necesidad de complejizar los análisis simplistas que buscan justificar las condiciones laborales en el país como mero reflejo de lo que sucede en el mundo.

Evolución reciente del comercio mundial de indumentaria

La tendencia hacia la liberalización del comercio fue entendida Europa, Estados Unidos y Japón como un pilar del orden de Posguerra. Inmediatamente tras la guerra se inició esta tendencia mediante la firma del Acuerdo General sobre Comercio y Aranceles Aduaneros (GATT por su sigla en inglés), que fue incorporando miembros hasta quedar disuelto dentro de la estructura de la Organización Mundial del Comercio (OMC), cuando esta comenzó a funcionar el 1 de enero de 1995. No obstante, tras un período inicial de liberalización, a partir de 1974 la mayor parte del comercio internacional de textiles e indumentaria pasó a estar regulado por el Acuerdo Multifibras (MFA por sus siglas en inglés), que por el contrario establecía fuertes restricciones a los flujos comerciales. Finalmente, durante la Ronda Uruguay del GATT (1986-1994) se avanzó hacia la liberalización del sector mediante la firma del Acuerdo sobre Textiles e Indumentaria, que entró en vigencia junto con el inicio de actividades de la OMC. El nuevo Acuerdo establecía un calendario para la progresiva liberalización del comercio en el sector en cuatro etapas, llegando a la eliminación de los aranceles y cuotas del MFA el 1 de enero de 2005. Así, el fin del MFA transformó completamente el mapa del comercio internacional de indumentaria, al permitir el traslado masivo de la producción directa de los países centrales a los periféricos sin pagar aranceles al momento de importar los productos terminados.

El interés por eliminar los aranceles a la importación de ropa surgió de las empresas norteamericanas y europeas más interesadas en el comercio que en la producción. Quienes hasta la década de 1980 fabricaban, se dedicaron desde entonces a importar vestimenta más barata para comercializarla. Las primeras interesadas fueron las firmas de ropa deportiva, principalmente la norteamericana Nike, que habiendo desarrollado su exitosa estrategia de 'marcas sin fábricas', ya subcontrataba la producción en países con mano de obra barata desde hacía décadas, y había logrado ya en los 1960s obtener exenciones arancelarias a la importación de calzado y vestimenta. La masificación de esta estrategia se dio durante la década de los 1980, cuando las firmas ligadas a la ropa deportiva y la de tipo commodity (jeans, remeras de algodón básicas, ropa interior, etc.) cerraron sus fábricas y subcontrataron la mayor parte de la producción a otros países. Para ello se desarrollaron acuerdos comerciales bilaterales o regionales, que facilitaban el comercio por fuera del MFA. Así, mientras las marcas norteamericanas subcontrataban en la cuenca del Caribe primero, y luego también en México (en especial tras la firma del TLCAN, o NAFTA) (Werner, 2012), las europeas hacían lo propio en el norte de África (principalmente Marruecos) y, tras la caída del Muro de Berlín, el este europeo (Smith y Timár, 2010). La eliminación de los aranceles a nivel mundial, y la incorporación de China a la OMC en noviembre de 2001, permitió a las firmas más grandes, aquellas con capacidad para jugar en el terreno mundial, trasladar la producción a los países asiáticos, con aún menores costos laborales. Desde entonces se consolidó el liderazgo de la región asiática en las exportaciones mundiales.

El Gráfico 1 muestra con claridad los efectos de la crisis financiera de 2008, iniciados sobre todo por la caída de las importaciones europeas (que se mantuvo por varios años) y norteamericanas (con efecto de menor plazo). Tras la crisis, el liderazgo de Asia se consolidó, hecho que podría estar relacionado con la mayor concentración de las ventas en las grandes multinacionales, que subcontratan su producción en la región. Asimismo, ese crecimiento de Asia fue en detrimento de América Central y el Caribe, el norte africano y México.

Gráfico 1. Evolución de las exportaciones de indumentaria por grandes regiones mundiales. Regiones seleccionadas (1992-2015).

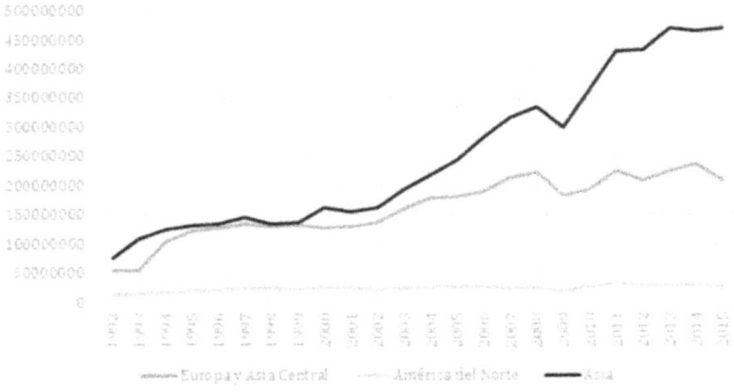

Fuente: OMC Data, 2019.

Gráfico 2. Participación en las exportaciones mundiales de indumentaria por región. Años seleccionados.

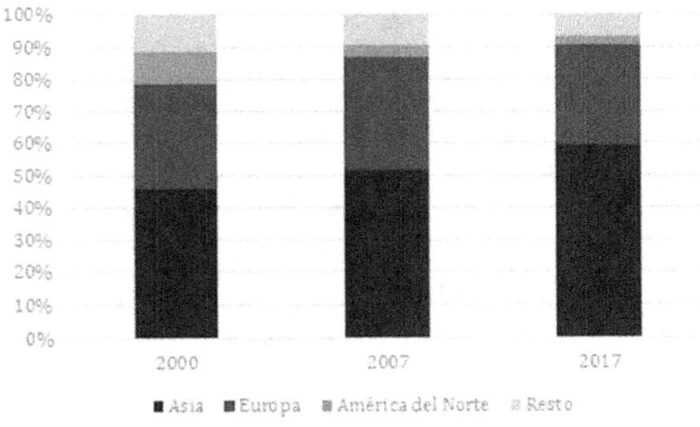

Tras la crisis de 2008, China aparece como uno de los países más beneficiados, puesto que hasta 2014 sus exportaciones aumentaron más de un 50%. Así, pasó de una participación en el comercio mundial del 33% al 38,7% en ese mismo lapso. A pesar de ello, ya que la crisis profundizó la búsqueda de costos aún menores, también crecieron las exportaciones de otros países de la región, considerados por muchas empresas como complementarios a China, como Vietnam y Bangladesh (que duplicaron sus exportaciones en apenas cinco años, entre 2009 y 2013). Como resultado, recientemente estos dos últimos países han superado a Italia y Alemania en cantidad de exportaciones.

Gráfico 3. Principales exportadores mundiales de indumentaria (2017) (En millones de dólares).

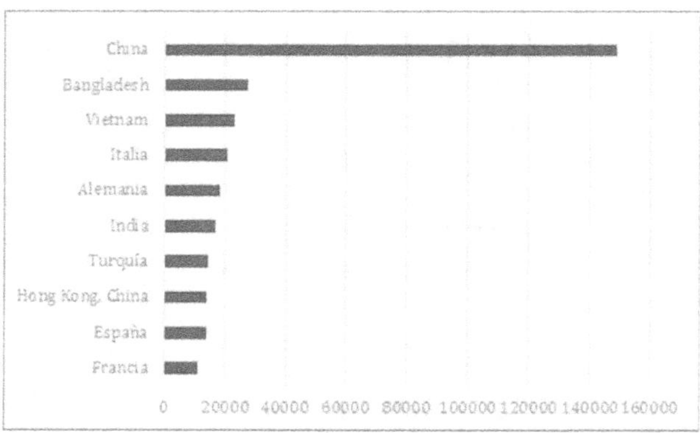

Fuente: OMC Data, 2019

En los últimos años las exportaciones de China han disminuido considerablemente, con una caída del 15% entre 2014 y 2017. Paralelamente se nota un crecimiento permanente de Vietnam y Bangladesh, y, en menor medida, Camboya (país que duplicó su participación en el comercio mundial de ropa entre 2009 y 2017). Se trata de una tendencia con perspectivas de consolidarse en el marco de las medidas proteccionistas impuestas por Estados Unidos a China (y la respuesta de China a éstas). Hubo en los últimos años un aumento importante de costos en el gigante asiático, como los costos energéticos y, sobretodo, los laborales, en especial desde la ola de huelgas de la primera mitad de la década (ver Kumar, 2018). Es por esto que desde hace unos años, en el ambiente de las multinacionales se habla de la estrategia "China + 1", que significa mantener inversiones en China pero diversificar en algún otro país. De hecho, algunas de las principales productoras mundiales de indumentaria (como la taiwanesa Eclat y la hongkonesa Li & Fung) afirman que el bajo desempleo en China complica el reclutamiento de mano de obra, y han declarado recientemente sus intenciones de desligarse progresivamente de sus inversiones en China debido a los crecientes costos, proceso que ya está en marcha (Nikkei, 8/12/16). El último informe de la Asociación de la Industria de la Moda de Estados Unidos (USFIA) indica también que las firmas de la moda norteamericanas están diversificando sus fuentes de abastecimiento dentro de Asia, y hace referencia a que la estrategia ya es mayormente "China – Vietnam +1". La realidad parece ser aún más compleja, ya que el mismo informe identifica que la mayoría de las empresas grandes se abastecen en más de diez países.

La diversificación de las fuentes de abastecimiento en Asia no solo es operada por las multinacionales occidentales, sino también por las empresas asiáticas "intermediarias" (sobre todo taiwanesas y hongkonesas) que gestionando la producción para las occidentales durante las últimas décadas fueron convirtiéndose en las principales productoras mundiales de ropa. En nuestros días dominan buena parte de la capacidad productiva real, sea con fábricas propias o con redes de proveedores en toda la región. Tras haber incorporado todas las etapas de la producción (desde el diseño), hoy se posicionan como posibles competidoras de las firmas occidentales. Estas firmas también están diversificando sus fuentes de abastecimiento en Asia. Incluso, la búsqueda de una combinación entre menores costos laborales y mayor cercanía a los mercados, ha llevado a algunas empresas asiáticas a abrir polos de producción de ropa en Etiopía, adonde el salario mínimo ronda los €40, frente a los €66 de Bangladesh (el país con el más bajo salario mínimo de Asia). Tal es así que entre 2008 y 2015 las exportaciones de vestimenta de Etiopía se multiplicaron por 15.[3]

Otro desarrollo con consecuencias sobre la localización de la producción es el crecimiento del mercado de ropa de moda en los países centrales, y la tendencia cada vez mayor a acelerar el tiempo de rotación del capital, es decir, a disminuir la cantidad de días que se tarda entre la compra de las telas y el inicio del pedido, por un lado, y la venta del producto terminado, por el otro. Estas tendencias podrían implicar un crecimiento de la subcontratación en países más cercanos a los mercados, como México, Centroamérica y el Caribe (en el caso de Estados Unidos), y el este Europeo. En efecto, la cercanía a los mercados es clave en el mercado de la moda rápida debido a que este tipo de vestimenta es altamente sensible a los cambios en los gustos y en el clima. Un verano poco caluroso o un invierno que se retrasa en llegar pueden implicar el fracaso de la temporada completa y la necesidad de vender el stock a precio de rebaja. Además, la ropa de moda requiere de un control de calidad más estricto que la ropa de tipo *commodity*, producida en grandes cantidades y con precios unitarios (por prenda) bajos. Una prenda de moda mal confeccionada quizás no llegue a ser vendida −o puede serlo como remanente de temporada− por el retraso que devolver la prenda a la fábrica implica. En consecuencia, como indica la Asociación de la Industria de la Moda de Estados Unidos (USFIA) (2019: 1), "con la creciente importancia de la velocidad al mercado y la flexibilidad, el hemisferio occidental se está volviendo una fuente indispensable de abastecimiento". Las estadísticas post-crisis muestran un crecimiento de las exportaciones en los países líderes de América Central y el Caribe (Honduras y El Salvador), y de Europa

---

[3] De todos modos, la participación de este país del cuerno de África en el comercio mundial de ropa sigue siendo marginal.

del Este (Turquía y Polonia). No obstante, el abrumador predominio de Asia determina una disminución de la participación de estas periferias macro-regionales de los grandes mercados en el total mundial tras la crisis.

El futuro de la localización de la producción de indumentaria parece seguir estando en Asia. Más allá de los incentivos que la cercanía a los mercados implica, la búsqueda de menores salarios sigue guiando las decisiones de localización de las empresas. La disponibilidad de nuevos contingentes de trabajadoras en países que se incorporan en las cadenas globales, como Bangladesh, Camboya, Myanmar y otros, es el mayor atractivo para los inversores. En estas condiciones es dable esperar que la tendencia hacia la deflación continúe, acelerando la competencia ruinosa entre países y trabajadoras por las inversiones.

Consecuencias en el mundo del trabajo

En las últimas décadas, numerosas investigaciones e informes periodísticos han demostrado que las condiciones de trabajo en la industria de la indumentaria están entre las peores de todos los sectores económicos. A nivel mundial, el asesinato de 1134 obreras en el derrumbe de la fábrica Rana Plaza en Bangladesh es una clara ilustración de ello. Las inadecuadas condiciones de salubridad y seguridad en las fábricas forman parte de una realidad sectorial en la que los salarios están entre los más bajos de todas las industrias, como sucede por ejemplo en Grecia (Canals, 2013), Estados Unidos (Ross, 2004), Colombia (Camacho Reyes, 2008) y Argentina (Montero Bressán, 2016). Se trata, incluso en el sector formal y en países occidentales de ingreso medio, de salarios que muchas veces no alcanzan la línea de pobreza. En los países asiáticos más vinculados a la producción de vestimenta para exportación, las fábricas se limitan a abonar los salarios mínimos, que por ejemplo en Bangladesh están por debajo de la línea de pobreza.[4] Al mismo tiempo, la vuelta a la contratación masiva de obreras a domicilio de manera informal profundiza, en todo el mundo, la problemática laboral en esta industria.

El traslado de la producción a Asia desde el último cuarto del siglo pasado implicó una acentuada deflación de los precios de la ropa. Ello aceleró la competencia, llevando al desarrollo de estrategias de reducción de costos en todo el mundo. A pesar de ello, y más allá de avances en la computarización y en la velocidad de las máquinas de

---

[4] El salario mínimo en Bangladesh, establecido en septiembre de 2018, es de 95 dólares mensuales. Los sindicatos argumentan que el salario necesario para vivir dignamente es de 190 dólares.

coser, la relación de "un costurero – una máquina" se mantiene desde la introducción de la máquina de coser en la segunda mitad del siglo XIX. Es decir que la creciente competitividad internacional no ha brindado suficientes incentivos para desarrollar tecnología que permita ahorrar mano de obra. La explicación reside en la relativamente inagotable fuente de trabajadores dispuestos a trabajar por bajos salarios. Así, el necesario aumento de la productividad en un contexto de creciente competitividad se logra mediante una mayor tasa de explotación de la mano de obra.

Tanto las grandes multinacionales productoras, intermediarias y/o comercializadoras, como empresas menores con un mercado acotado (como las argentinas), han participado en el desarrollo y la aplicación de estrategias de explotación laboral para lograr un notable éxito. En este marco se inscriben los denominados "talleres clandestinos" de costura de Buenos Aires y sus alrededores, así como aquellos estudiados en San Pablo (Bruno, 2017; Freire da Silva, 2008; McGrath, 2010); Durban (Skinner y Valodia, 2001); París (Green, 1997; Morokvasic, 1986); Nueva York (Green, 1997), Londres (Phizacklea, 1990); Leicester (Hammer, 2015); Florencia (Montero Bressán, 2012) y Atenas (Canals, 2013), entre otras ciudades.

La clave para reducir costos ha sido la tercerización de la producción. Iniciada por las empresas líderes de la ropa deportiva, y masificada por las firmas de la moda, la estrategia de desligarse de la producción directa ha sido notablemente exitosa. El fin del Acuerdo Multifibras fue de hecho el corolario de esta estrategia que dio lugar a la principal transformación en esta industria en los años del neoliberalismo: el cambio de cadenas productivas manejadas por las fábricas (*producer-driven commodity chains*) a cadenas manejadas por los comercializadores (*buyer-driven commodity chains*) (Gereffi, 1994). En otras palabras, mientras que antes unas pocas grandes fábricas vendían sus productos a miles de pequeños y medianos comerciantes y retenían así el control sobre los precios y las reglas de juego en toda la cadena, hoy son unas pocas marcas, intermediarios y cadenas comercializadoras las que imponen las reglas a un sinnúmero de productores directos esparcidos por el mundo, que compiten entre sí por las órdenes de esas pocas cadenas. En resumen, el poder para controlar las condiciones, e incluso los salarios, es ejercido por firmas que no emplean en forma directa a esas trabajadoras. En otros escritos (Montero Bressán, 2018) hemos referido a la estrategia de "crecer adelgazando" para ilustrar esta transformación.

El poder logrado por las comercializadoras es utilizado para reducir costos laborales mediante diversos mecanismos. Al respecto, permitiéndonos una generalización a todas luces imprecisa pero pedagógicamente útil, podríamos decir que mientras las multinacionales disciplinan a las fábricas y trabajadores en zonas de exportación principalmente mediante la permanente amenaza de relocalización, las empresas de menor rango, con alcance limitado a las fronteras de sus países y dedicadas a la venta de ropa de moda, subcontratan a talleres informales ubicados cerca de los mercados, y a costureras a domicilio. En cuanto a las primeras, la amenaza de relocalización aplica tanto a costureros en Estados Unidos o Francia, como a aquellos en los países periféricos, como por ejemplo dentro del mismo continente asiático, o en Centroamérica. Las notables fluctuaciones anuales de las exportaciones de países de América Central como Honduras, El Salvador y República Dominicana son un reflejo de la alta movilidad de este capital. Incluso en China la relocalización es una amenaza permanente. En efecto, la experiencia de la empresa taiwanesa Yue Yuen, principal productora mundial de zapatillas, es un claro ejemplo: en 2014 la empresa sufrió una gran huelga en varias fábricas en China, ante la cual debió ceder parcialmente a los reclamos tras tener importantes pérdidas (Kumar, 2018). Desde entonces, según el CEO, la empresa ha iniciado un plan de relocalización en otros países (Nikkei, 8/12/16). La huelga fue un punto de quiebre para Yue Yuen y tuvo efectos en otras firmas importantes de la indumentaria y el calzado.

Si las multinacionales hacen pesar la competencia con trabajadores en otros países, las fábricas que producen para estas en Asia, México y Centroamérica, el este europeo y norte de África, que son conscientes de tales riesgos y están involucradas en la presión competitiva, hacen uso de diversas estrategias para pagar menores salarios. Estas apuntan sobre todo a la división de la mano de obra según género o condición migrante, para acentuar su vulnerabilidad. Muchas veces emplean a trabajadoras rurales y/o campesinos que migran a las fábricas, desplazados de sus tierras. En algunos de estos países, la legislación laboral prohíbe los sindicatos por rama, lo cual lleva a extremos como el de Camboya, país en el que los únicos sindicatos legales son por empresa y como resultado cuenta con más de 300. Además, estas fábricas están muchas veces ubicadas en zonas de promoción de las exportaciones, en las que el derecho a huelga puede estar prohibido y la seguridad interna complica la organización de protestas y huelgas. Finalmente, los estados nacionales, involucrados en la competencia por las inversiones extranjeras, operan en favor del capital local ligado a los mercados de exportación, sea con exenciones impositivas, inversiones en infraestructura o manteniendo los salarios bajos y reprimiendo (generalmente de manera violenta) la protesta.[5]

---

[5] A fines de 2018, un obrero murió en Bangladesh en la represión a una manifestación.

Progresivamente, mediante la presión internacional por las condiciones laborales, la organización obrera y la consolidación de ciertos grandes proveedores, se ha logrado que en algunos lugares las fábricas más grandes cumplan con estándares laborales aceptables. Sin embargo, estas fábricas siguen descansando en parte en la subcontratación a pequeñas fábricas satélite y trabajadoras a domicilio, muchas veces informales. Tal es el caso de la región metropolitana de Nueva Delhi, adonde una vasta red de subcontratistas abastecen a las grandes fábricas (Mezzadri, 2017). Las condiciones de trabajo en estos lugares son similares a las encontradas en los talleres clandestinos de Buenos Aires. A ello se le suma, además, la subcontratación a obreras a domicilio, que en ciudades como Lahore (Pakistán) cobran $49 por mes, o como en Ahmedabab (India) con un promedio de $71 mensuales (IEMS, 2012).

En cuanto a las empresas de menor rango, es decir firmas medianas o pequeñas con capacidad de operar en mercados nacionales y a lo sumo exportar pequeños volúmenes a países vecinos, como es el caso de las marcas argentinas, la deflación generada por el ahorro de costos laborales en manos de las multinacionales, presionó sus márgenes de ganancia. La incapacidad financiera y de gestión para abaratar costos subcontratando la producción en países con mano de obra barata, llevó al desarrollo de otras estrategias de 'supervivencia'. Tanto en los países centrales como en los periféricos, muchas de estas cerraron, pero otras lograron sobrevivir, o incluso alcanzar gran éxito, a través de copiar la estrategia de las grandes corporaciones: cerrar sus fábricas, subcontratar la producción y dedicarse o bien a la comercialización o bien a la producción de ropa de marca.[6]

Estas firmas lograron un éxito notable aprovechando el marketing de la moda que las firmas líderes mundiales (como Gucci) habían iniciado en los 1970, durante la crisis del fordismo, para contrarrestar una notable caída en las ventas. Ese marketing (a través de revistas, eventos de moda, etc.) generó una demanda masiva por ropa de moda, a la cual la mayor parte de la población no podía acceder debido a sus

---

que exigía el cobro del aumento del salario mínimo decretado meses antes por el gobierno (Garrido Sotomayor, 2019). El propio estado de Bangladesh se ha rehusado recientemente a renovar el programa conocido como Accord, que consiste en la realización de inspecciones independientes a las fábricas con el objeto de controlar exclusivamente cuestiones de higiene y seguridad.

[6] La diferencia entre comercialización y producción es importante en términos de las responsabilidades que les caben a las empresas en relación a sus trabajadores. Como explica Arcos (ver este volumen), las marcas argentinas no son comercializadoras sino fabricantes, por lo que les cabe responsabilidad por las condiciones laborales en toda la cadena en virtud de la Ley de Trabajo a Domicilio 12.713/41.

altos precios. Se trataba además, de una demanda con perspectivas de crecimiento debido a la progresiva incorporación de mujeres en el mercado laboral. Muchas empresas incipientes, o incluso firmas que en ese momento pasaban por dificultades para competir con la ropa importada, identificaron esa demanda y se dedicaron a producir ropa de moda a precios accesibles, copiando los modelos de las grandes firmas y produciéndolos con telas más baratas y mano de obra pobremente remunerada (Montero, 2012). Así, estas pequeñas y medianas empresas que vieron sus márgenes de ganancia reducidos en un contexto de creciente competitividad internacional, y que no contaban con la capacidad de subcontratar en el exterior, se volcaron hacia la producción de ropa de moda, aprovechando la ventaja que les brindaba la proximidad al mercado al producir vestimenta altamente sensible a los cambios en las tendencias y el clima.

La producción directa de esta indumentaria se realiza en la mayoría de los casos en talleres de costura tercerizados. Tal como demuestran numerosas investigaciones (Bonacich y Appelbaum, 2000; Green, 1997; McGrath, 2010; Montero, 2011; Phizaklea 1990; Ross, 2004; Skinner y Valodia, 2001) e informes periodísticos, desde fines de los 1970 han resurgido en forma masiva tanto el trabajo a domicilio (que, de todos modos, nunca cesó de ser importante) como los pequeños y medianos talleres ubicados en la cercanía de los mercados, es decir, en las grandes ciudades del norte y el sur del mundo. En otros escritos (Montero Bressán y Arcos, 2017), hemos denominado a estos últimos como 'maquilas locales'. Los talleres que proliferan en la ciudad de Buenos Aires y sus alrededores, son precisamente de este último tipo.

En las últimas décadas, la progresiva expansión de la moda rápida ha profundizado el problema laboral. El "modelo Zara" (Montero, 2011), que en Europa se basa en la venta de prendas baratas y constantemente cambiantes, solo se puede sostener mediante la subcontratación a costureras informales en la cercanía de los mercados. Esto se debe a dos razones primordiales: 1) la alta velocidad de reposición de la mercadería es incompatible con los tiempos de la importación; y 2) producir pequeñas cantidades de ropa siempre cambiantes es improductivo y, por lo tanto, caro, pero los precios que ofrece Zara en Europa no llegan a cubrir los costos de la mano de obra si esta fuera remunerada de manera legal. De hecho, una investigación que realizamos en 2008 descubrió que Zara estaba involucrada en la subcontratación a talleres informales en la ciudad de Prato, Italia (Montero, 2011).

En algunos sectores económicos, como la producción de artículos electrónicos, existe una tendencia a acercar la producción a los puntos de venta. Ello se debe a la tendencia inherente del capital a acortar el tiempo de rotación, señalada por Marx en el Volumen II de

El Capital, más aun en un contexto de crisis económica. Tal es así que la taiwanesa Hon Hai Precision Industry (más conocida como Foxconn) ya cuenta con cinco plantas en el este europeo para abastecer al mercado europeo occidental, mientras que Quanta (principal productora mundial de notebooks) ya tiene dos plantas en Estados Unidos, en las que ensambla computadoras para Apple y, al igual que Advantech (número uno en producción de computadoras industriales), planea expandir su producción en occidente (Nikkei, 15/12/16). En el caso de la industria de la moda, y en especial en lo que refiere a la moda rápida, el incentivo a la aceleración de la rotación del capital es evidente, dado el permanente recambio de modelos y las ventajas de la proximidad para producir en función de los diseños y modelos exitosos en una determinada temporada. Sin embargo, al tratarse de una industria mano de obra intensiva, los altos costos laborales de occidente dificultan la repatriación productiva. Algunas marcas y cadenas minoristas han contrarrestado esos costos mediante la lisa y llana subcontratación de talleres clandestinos en España (Barcelona), Italia (Florencia) e Inglaterra (Leicester y Manchester). De hecho, en el Reino Unido, el Parlamento ha iniciado una investigación sobre la industria de la moda rápida para tomar medidas tanto contra la contaminación ambiental que este modelo de usar y tirar genera, como contra la explotación laboral en territorio británico, denunciada en la prensa en reiteradas ocasiones.[7]

En resumen, la competencia ruinosa entre trabajadores en todo el mundo llega en esta industria a su máxima expresión. Tanto los negocios de las grandes multinacionales, como la reconversión de empresas de menor rango hacia la producción de ropa de moda, fueron posibles debido a las estrategias de vulneración de los trabajadores, siempre con el apoyo de los estados nacionales que facilitaron, de una forma u otra, la explotación laboral. Tal fue el caso en Argentina, adonde el cierre de fábricas no implicó la pérdida de puestos laborales si no una profunda informalización laboral.

Argentina: El origen de los "talleres clandestinos"

La referencia a las condiciones de explotación laboral en esta industria a nivel mundial puede muchas veces ser utilizada para justificar solapadamente las condiciones de trabajo en nuestro país. Así, se hace referencia a que al importar, no solo se está importando una

---

[7] Ver https://www.parliament.uk/business/committees/committees-a-z/commons-select/environmental-audit-committee/inquiries/parliament-2017/sustainability-of-the-fashion-industry-17-19/

prenda, sino también determinadas relaciones sociales de producción, que ponen un techo a la posibilidad de proteger a las trabajadoras. Si bien las importaciones tienen un efecto no menor en el nivel de empleo y en las condiciones laborales, la situación internacional y las estrategias de las empresas multinacionales siempre se ven mediadas por las condiciones en las que los actores locales operan en lo cotidiano. Es importante destacar entonces la responsabilidad que les cabe a las empresas locales más grandes por la vasta informalidad laboral y las pobres condiciones de trabajo en el país. Para ello, en lo que sigue se da respuesta a tres interrogantes específicos del escenario nacional que permiten identificar tales responsabilidades: ¿Cómo afectó a este sector la desindustrialización general operada desde mediados de los 1970? ¿Cómo se adaptó el capital local a las reglas de juego del neoliberalismo? Y, ¿Qué rol cumplió el estado en ese proceso?

En la segunda mitad de 1980, las grandes fábricas de indumentaria y de telas se encontraron con un contexto particularmente difícil. La inestabilidad económica y la sostenida caída en las ventas, que acompañó al proceso de desindustrialización desde mediados de los 1970 con la caída del poder adquisitivo de las clases trabajadoras, hacían cada vez menos factible sostener en funcionamiento fábricas grandes y/o medianas. La liberalización comercial y la convertibilidad desde 1991 sellaron un contexto en el que mantener una fábrica abierta prácticamente no era posible. En algunos casos, este contexto coincidió con un recambio generacional: la nueva generación de empresarios textiles y de la indumentaria se negó a mantener abiertas las fábricas. Sin embargo, los herederos continuaron con los negocios familiares a través de una reconversión que ya habían encarado algunas de las firmas líderes de la moda. La misma consistió en un doble movimiento: cierre de las fábricas y subcontratación de la producción, por un lado, y concentración en el lanzamiento de marcas de ropa de moda, por el otro. Así, los grandes galpones fueron reemplazados por oficinas encargadas del marketing, diseño, comercialización, gestión de locales y demás. Algunas de las marcas de ropa más reconocidas en la actualidad (como por ejemplo Cheeky y Mimo, las dos más grandes) nacieron precisamente a mediados de 1990.

Si bien en el sector se habla de una "debacle" de la industria de la indumentaria en la década de 1990, muchas marcas lograron un importante éxito en aquel entonces, de la mano del consumismo que acompañó los años de crecimiento económico de la era menemista. Ese éxito fue acompañado por la proliferación de *shopping centers*, en los que las marcas de ropa eran, y son, el principal atractivo. La crisis de 1998-2001 afectó fuertemente al sector, pero la recuperación económica le dio un marcado protagonismo como uno de los sectores más exitosos. Como consecuencia de los períodos de crecimiento, los datos de empleo en el largo plazo demuestran que entre mediados de los 1970 y mediados de los 2010, la mano de obra en el sector se duplicó (Montero Bressán, 2016). Se trata de un dato que llama a profundizar el análisis que apunta a culpar a las importaciones por una supuesta debacle del sector. De hecho, todas las cámaras del sector han finalmente reconocido, si bien solo recientemente, que el empleo en el sector se ve más afectado por el contexto macroeconómico nacional de caída del consumo que por las importaciones (ver Montero Bressán, 2018).

Por razones de tiempos, volúmenes y conocimiento del mercado, resulta poco conveniente importar ropa de moda.[8] Los bajos volúmenes que maneja el mercado argentino hacen poco atractivo para las fábricas asiáticas producir por encargo para marcas argentinas. Las fábricas dispuestas a cumplir con estas órdenes son las menos establecidas, que implican importantes riesgos de incumplimiento de tiempos y de calidad. A ello se suma, además, la inestabilidad cambiaria, pues, especialmente en un contexto de retracción del consumo, resulta imposible trasladar el costo de una eventual devaluación al precio. Si bien en la década de 1990 esa inestabilidad no operó, los datos muestran que la participación de la vestimenta importada en el país nunca superó el 20% del total. La ropa de moda, entonces, se produce en el país, hecho que explica la duplicación de la mano de obra en las últimas cuatro décadas. Paradójicamente, entre 1974 y 2017, el empleo formal se redujo en aproximadamente un tercio. En la actualidad, la informalidad laboral en el sector en el total del país ronda el 70% (ver capítulos de Salgado y de Lieutier y Degliantoni en este volumen). Ello demuestra que lo que ha operado en estas décadas no es una debacle, sino un profundo proceso de informalización laboral vía la tercerización de la producción directa, en especial de las etapas mano de obra intensivas, como la costura.

Años de investigación en el sector nos han demostrado las diversas maneras en que se dio ese proceso de informalización. Hubo casos de obreras que al ser despedidas, recibieron máquinas como parte de sus indemnizaciones, con lo cual pasaron a producir para sus patrones desde sus domicilios, bajo una relación laboral informal, regulada por la Ley de Trabajo a Domicilio 12.713. En otros casos, las nuevas

---

[8] Los principales ítems importados en el país en 2018 fueron, como indican los datos de la Cámara de la Industria Argentina de la Indumentaria (CIAI) (2019), abrigos, sweaters, pantalones de algodón y remeras básicas de algodón, ítems no identificados como de ropa de moda. De hecho la CIAI asegura que del total de prendas que se venden en shoppings y negocios de moda, las prendas importadas representan entre el 10 y el 15% (ver https://www.lanacion.com.ar/2223463-al-menos-seis-cada-10-prendas-se?fbclid=IwAR22du2AAqXaL4f32dv0r7wdXfc-J_joZePxEwZBudOEbRxHViwFTMY0TGk).

marcas subcontrataban a pequeños talleres de costura manejados por empresarios coreanos y/o bolivianos, que empleaban a mano de obra boliviana de manera informal. El auge del marquismo, comenzado una vez que el menemismo logró frenar la hiperinflación, generó una fuerte demanda de mano de obra por parte de las marcas. Esta fue cubierta mayoritariamente por talleres informales de este tipo, que recibían un trato aceptable de las empresas necesitadas de costureros. Sin embargo, a medida que la oferta de talleres fue cubriendo la demanda, y en especial a partir de la crisis económica desde 1998, comenzó una competencia ruinosa que otorgó a las marcas un poder de control inédito para negociar precios y condiciones. Desde ese entonces, los talleristas ajustan costos mediante remuneraciones cada vez menores a sus costureras. Así, una primera denuncia por un taller clandestino de costura, realizada por la Defensoría del Pueblo de la Ciudad de Buenos Aires, fue publicada en el diario Clarín en 1999.

Las condiciones de trabajo en los talleres informales tocaron fondo con la crisis de 1998-2001. A medida que la economía se recuperó desde la segunda mitad del año, combinado con la previa devaluación de la primera mitad del año, se generó una nueva demanda de mano de obra, por parte tanto de las marcas como del mercado informal de La Salada, iniciado a comienzos de los 1990. Esta fuerte demanda, sin embargo, no se tradujo en mejores condiciones de trabajo. De hecho, a pesar del formidable crecimiento de las ventas de ropa, el empleo formal tardó años en recuperarse (Montero Bressán, 2016). La formidable recuperación del sector, entonces, se sostuvo sobre el empleo de mano de obra informal en "talleres clandestinos" de costura. De hecho, fue entonces que la demanda de mano de obra comenzó a cubrirse en muchos casos mediante la masificación del mecanismo de reclutamiento de costureras a través ofertas engañosas en sus lugares de origen (lo que se denomina comúnmente como trata de personas). En marzo de 2006, el incendio en el taller textil de la calle Viale, en el barrio de Caballito (ver capítulo de Arcos en este volumen), puso al descubierto una problemática que, según cálculos de la Subsecretaría de Trabajo del gobierno de la Ciudad, afectaba en aquel momento a unos 30 mil costureros (Lieutier, 2010).

Desde entonces, la situación no ha mejorado. El aumento de la presión inspectiva en la jurisdicción de la Ciudad que siguió al incendio en Viale, generó un traslado masivo de talleres al Gran Buenos Aires (adonde es el gobierno de la Provincia de Buenos Aires el encargado de las inspecciones laborales). Además, las numerosas denuncias contra marcas, iniciadas sobre todo por la ONG Fundación Alameda, no han logrado aún resultados positivos que desincentiven la subcontratación en esas condiciones. Muchas de las denuncias descansan desde 2007 en los despachos de jueces federales,[9] y más allá de fuertes condenas a talleristas, ninguna marca reconocida ha sido condenada. La muerte de dos menores en un taller en el barrio de Flores en abril de 2015 dejó al descubierto la falta de respuesta tanto del gobierno de la Ciudad como de la Justicia federal a pesar del amplio conocimiento que tomó el tema tras el incendio en Viale.

Si bien los bajos precios de la indumentaria importada imponen un techo a los precios que los productores directos en el país pueden fijar, y por lo tanto plantean un límite importante a la generación de puestos de trabajo de calidad, la falta de organización obrera y de control estatal facilitan la existencia de un reparto del valor innecesariamente desigual. Así, el actual reparto demuestra que el blanqueo de la mano de obra es posible sin modificar en gran medida la ecuación, e incluso sin modificar los precios. Un informe del MTEySS (Montero Bressán, 2016) señala que menos del uno por ciento del precio final de una prenda va a la costurera que la cosió, un dato anteriormente calculado por Lieutier (2010) con igual resultado. Tal como señalan las propias cámaras empresarias del sector, la mayor parte de los costos de las marcas son los costos de alquiler de locales y los impuestos. El costo directo de producción representa solo el 15% del precio final, siendo la tela el principal ítem de los costos directos. El costo de la subcontratación de la costura a un taller está incluido en ese 15%, pero representa solo el 1,66% si el taller es informal y 3,33% si el taller es formal. Es decir que la diferencia entre contratar a un taller informal y a uno formal es de apenas el 1,66% del precio final. Considerando un margen de ganancia que ronda el 30%, el blanqueo incluso podría no tener efecto sobre los precios.

En resumen, muchas de las empresas líderes en el país descansan en la falta de control estatal, la débil organización obrera y la justificación de la necesidad de mantener bajos costos para competir con la vestimenta importada para no modificar la vasta informalidad laboral, que implica un incentivo económico insuperable. Sin embargo, el control de la informalidad no solo es viable, sino además necesario ante las situaciones de extrema gravedad vividas en los "talleres clandestinos".

Conclusiones

El paso del fordismo al neoliberalismo implicó una nueva división internacional del trabajo, con algunas características similares a aquella del período liberal, que se basaba en una fuerte especialización

---

[9] Vale destacar el caso del juez Julián Ercolini, en cuyo juzgado está radicada la 'megacausa' que involucra a 86 marcas de ropa, y que desde hace años no presenta avance alguno.

productiva por regiones mundiales. Si algunos países periféricos (como los sudamericanos) profundizaron su rol de abastecedores de materias primas, otros pasaron a formar parte de la economía internacional mediante su participación (subordinada) en cadenas globales de producción, como proveedores de mano de obra barata. Los estados nacionales de este último grupo de países deben entonces garantizar bajos salarios para dar continuidad a las inversiones, bajo la permanente amenaza de relocalización por parte de multinacionales que, sin ser responsables directas de la producción, controlan las cadenas productivas.

La industria de la indumentaria fue quizás la punta de lanza de estas transformaciones. A pesar del masivo aumento del consumo de ropa desde la década de los años 1980, las condiciones laborales han empeorado tanto en el norte como en el sur del mundo. Así, la incorporación de millones de trabajadores a un mismo mercado de trabajo a través de la liberalización comercial, en un sector de mano de obra intensiva como este, brindó a las multinacionales la posibilidad de poner en competencia a las trabajadoras en diversos rincones del mundo, aprovechando los diferenciales salariales, la falta de organización sindical y el desempleo para pagar salarios que en numerosos países están por debajo de los ingresos necesarios para la subsistencia.

Las causas de las pobres condiciones laborales que esta industria presenta en el plano internacional, tienen influencia en el caso argentino, hecho que, no obstante, no alcanza para explicar la vasta informalidad laboral ni, desde ya, para justificar la existencia de condiciones de trabajo como las que se ven en los "talleres clandestinos" de la Ciudad de Buenos Aires y su área metropolitana. La informalidad no responde directamente a la "inundación" del mercado argentino con ropa importada, sino a causas más complejas. Como hemos visto en la última sección de este capítulo, la supuesta debacle de la industria de la indumentaria durante los años 1990 en realidad consistió en un reacomodamiento del capital local ante la necesidad de dar respuesta a las cambiantes reglas de juego en el contexto internacional. Más allá de la quiebra de numerosas empresas, las más exitosas marcas nacionales de ropa nacieron en aquellos años de supuesta debacle. Su estrategia consistió en el cierre de las fábricas y la subcontratación de la producción de manera informal, tanto a obreras a domicilio (a veces incluso sus ex obreras de fábrica) como a miles de talleres de costura informales que, involucrados en una competencia ruinosa, se ven encerrados en la lógica de ajustar costos laborales sin límites. La falta de control estatal y de organización obrera que garanticen un piso de condiciones dignas, empeoran la situación y tienen explicaciones cuya raíz reside en el país, y no en el contexto internacional ni en las estrategias de las multinacionales del sector.

Con todo, la protección comercial es ciertamente una política necesaria para fortalecer la producción de ropa en el país, en especial en un contexto actual en el que los excedentes de ropa a nivel mundial podrían tener un nuevo efecto de contención de los precios y, por ende, de los márgenes de ganancia. Sin embargo, y más allá de la protección comercial, el control de la informalidad y la organización obrera aparecen como prioridades en un sector con importantes márgenes de ganancia. Es también necesario invertir la ecuación primordial que los empresarios locales tienen en mente: mientras el local de shopping es una inversión, la mano de obra es un costo ajustable ilimitadamente. Prueba de la necesidad de estos cambios 'internos' es que durante el período de alta protección arancelaria entre 2009 y 2015, la informalidad no solo no se redujo, sino que además un nuevo incendio (en abril de 2005) dejó al descubierto que casi una década después del incendio de Viale, y aun mediando años de ventas récord, no se ha avanzado en la erradicación de las peores condiciones de trabajo. Los demás capítulos de este libro apuntan a explicar precisamente las complejidades que es necesario considerar para realizar un adecuado diagnóstico de situación que permita pensar en diversas formas de avanzar hacia un mercado de la ropa que garantice condiciones laborales dignas para las trabajadoras.

Bibliografía

Bonacich, E. y Appelbaum, R. (2000). *Behind the label: Inequality in the Los Angeles Apparel Industry*. Berkeley: California University Press.

Canals, A. (2013). *Flexible Workforce: The Political Economy of the Greek Garment Industry in the Era of Neoliberalism*. Tesis de maestría, Universidad de Lund. (mimeo).

Camacho Reyes, K. (2008). *Las confesiones de las confecciones: Condiciones laborales y de vida de las confeccionistas de Medellín. Ensayos Laborales,* 17. Medellín: Escuela Nacional Sindical.

Freire da Silva, C. (2008). *Trabalho Informal e Redes de Subcontratação: Dinâmicas Urbanas da Indústria de Confecções em São Paulo*. Tesis de Maestría, Universidad de San Pablo.

Garrido Sotomayor, V. (2019). Bangladesh: El ACCORD en peligro seis años después de su firma. Madrid: Confederación Sindical de Comisiones Obreras. Disponible en http://www.industria.ccoo.es/noticia:360765--Bangladesh_El_ACCORD_en_peligro_6_anos_despues_de_su_firma (último acceso el 30/3/19).

Gereffi, G. (1994). The organisation of buyer-driven global commodity chains: How US retailers shape overseas production networks. En G, Gereffi y M.

Korzeniewicz (Eds) *Commodity chains and global capitalism* (:95-122). Westport: Praeger.

Green, N. (1997). *Ready-to-wear and ready-to-work*. Londres: Duke University Press.

Hammer, N. (2015). *New Industry on a Skewed Playing Field: Supply Chain Relations and Working Conditions in UK Garment Manufacturing*. Universidad de Leicester (mimeo). Disponible en https://www2.le.ac.uk/offices/press/for-journalists/media-resources/Leicester%20Report%20-%20Final%20-to%20publish.pdf (último acceso 30/3/19).

Informal Economy Monitoring Study (2012) *Informal Economy Monitoring Study; Sector Report: Home-Based Workers*. Cambridge: Women in Informal Employment Globalizing and Organizing

Kumar, A. (2018). Oligopolistic Suppliers, Symbiotic Value Chains and Workers' Bargaining Power. En *Global Networks*. (en prensa).

Lieutier, A. (2010). *Esclavos*. Buenos Aires: Retórica.

McGrath, S. (2010). *The political economy of forced labour in Brazil: Examining labour dynamics of production networks in two cases of 'slave labour'*. Tesis de doctorado, Departmento de Sociología, Universidad de Manchester.

Mezzadri, A. (2017). *The sweatshop regime*. Cambridge: Cambridge University Press.

Miranda, B. (2017). "Uno ya sabe a lo que viene": La movilidad laboral de migrantes andino-bolivianos entre talleres de costura de San Pablo explicada a la luz de la producción del consentimiento. En *Revista Interdisciplinar da Mobilidade Humana*, Vol. 25, Nro. 49, pp. 197-213.

Montero, J. (2011). *Neoliberal fashion: The political economy of sweatshops in Europe and Latin America*. Tesis de doctorado, Departamento de Geografía, Universidad de Durham. Disponible en http://etheses.dur.ac.uk/3205 (último acceso 30/3/19).

Montero, J. (2012). La moda neoliberal. En *Geograficando*, Vol. 8, Nro. 8, pp 19-37.

Montero Bressán, J. (2016). Análisis del mercado laboral y las barreras a la productividad en Argentina: Informalidad laboral en la cadena textil y de confecciones. Buenos Aires: Ministerio de Trabajo y Banco Interamericano de Desarrollo. Proyecto MTEySS ATN/OC 13554-AR (mimeo).

Montero Bressán, J. (2018). Impacto de las importaciones de indumentaria en la producción y el empleo en Argentina (1990-2015): ¿Desindustrialización o informalización? En *Cuadernos de Economía Crítica*, Vol. 5 Nro. 9, pp 97-127.

Montero Bressán, J. y Arcos, A. (2017). How do migrant workers respond to labour abuses in "local sweatshops"? En *Antipode*, Vol. 49 Nro. 2, pp. 437-454.

Morokvasic, M. (1987). Immigrants in the Parisian garment industry. En *Work, Employment & Society*, Vol. 1 Nro. 4, pp 441-462.

Phizacklea, A. (1990). *Unpacking the fashion industry*. Londres: Routledge.

Ross, R. (2004). *Slaves to fashion: Poverty and abuse in the new sweatshops*. Ann Arbor: The University of Michigan Press.

Skinner, C. y Valodia, I. (2001). *Informalising the formal: Clothing manufacturing in Durban, South Africa*. (mimeo). Disponible en http://www.wiego.org/papers/2005/unifem/26_Skinner_Valodia_Informalising_%20the_Formal.pdf (último acceso 10/2/2010).

Smith, A. y Timár, J. (2010). Uneven transformations: Space, economy and society 20 years after the collapse of state socialism. En *European Urban and Regional Studies*, Vol. 17, Nro. 2, pp. 115-125.

Werner, M. (2012). Beyond upgrading: Gendered labor and the restructuring of firms in the Dominican Republic. En *Economic Geography*, Vol. 88 Nro. 4, pp. 403-422.

Ting-Fang, C. (2016) Taiwan's Eclat Textile to exit China. En *Nikkei*, 8/12/16. Disponible en https://asia.nikkei.com/Business/Taiwan-s-Eclat-Textile-to-exit-China (último acceso 30/3/19).

Ting-Fang, C. (2016). Taiwanese companies see 'Made in USA' opportunities. En *Nikkei*, 15/12/16. Disponible en https://asia.nikkei.com/Business/Asian-companies-see-made-in-USA-opportunities (último acceso 30/3/19).

Estructura y dinámica de la Industria de Indumentaria en Argentina

Andrés Matta, Cristina Etchegorry, Cecilia Magnano, Carolina Orchansky, Nahuel Aranda, Juan I. Staricco[1]

La industria de la indumentaria en Argentina, constituye una actividad emblemática y polémica. Su importancia no radica en el aporte al PBI industrial, sino en su capacidad para generar puestos de trabajo: se estima que emplea a alrededor de 150.000 trabajadores, muchos de los cuales poseen escasas alternativas ocupacionales. De modo recurrente aparece en el centro del debate público, como epítome de los problemas estructurales que arrastra la industria argentina: la heterogeneidad estructural, la baja productividad e innovación, la amenaza de la competencia internacional y la reducida calidad de los empleos.

Esta situación actual tiene una historia de varias décadas. La reestructuración económica iniciada en Argentina en la década de 1970 y profundizada en la de 1990, en el marco de la globalización del modelo posfordista de especialización flexible, generó entre otras consecuencias, una reorganización en la industria de confección de indumentaria hacia formas que propiciaron la fragmentación productiva y la flexibilidad del trabajo, en condiciones de mayor desprotección para los trabajadores. Las empresas que funcionaban integradas verticalmente se reservaron las funciones de diseño y comercialización, tercerizando el resto de las actividades, en particular la confección. No se trata de una problemática exclusiva de nuestro país sino un fenómeno global ampliamente verificado (Anner, Bair y Blasi, 2012; Piore y Schrank, 2006; O´Rourke, 2011), cuyo impacto se ha visto

[1] Investigadores del Instituto de Administración y del Centro de Investigaciones en Ciencias Económicas (Grupo Vinculado CIECS-CONICET) en la Facultad de Ciencias Económicas, Universidad Nacional de Córdoba. Email: amatta@unc.edu.ar

agravado en los países integrados a las cadenas de valor global (CVG) en particular en Asia y Centroamérica, luego del cese programado del Multi Fibre Arrangement (MFA) (entre 1995 y 2005) y la caída de los precios internacionales que trajo aparejado.

Durante el ciclo político que abarcó los años 2003-2015, distintos indicadores muestran que la industria de indumentaria argentina logró cierta autonomía de las CVG gracias a una combinación de políticas pasivas y activas que provocaron el crecimiento de la demanda interna agregada; la elevación de las barreras arancelarias y la ejecución de programas orientados a problemáticas específicas de la actividad industrial y del empleo (Arias et al, 2008; Bertranou et al, 2013). Cabe preguntarse entonces por qué esta mejora relativa no se vio reflejada en la organización de esta industria, ni en la calidad del empleo generado, que se mantuvo con altos niveles de informalidad y precariedad laboral.

La tesis que aquí se presenta es que esto fue posible porque buena parte de estas políticas consolidaron el "sistema sociotécnico" y el "régimen sociotécnico" (Geels y Schot, 2007) dominante en la industria de indumentaria. Estas estructuras mesoeconómicas, no solo no fueron removidas en el contexto más favorable para el sector sino que constituyeron el fundamento sobre el que se hicieron posibles los incrementos en la productividad y en los puestos de trabajo del sector.

Luego de la descripción del contexto internacional, realizada en el capítulo precedente, este artículo tiene por objeto analizar la forma en la que se estructura la industria de indumentaria en Argentina a partir de tres aspectos complementarios. En primer lugar se analizarán los principales componentes que conforman el núcleo del sistema sociotécnico y del régimen sociotécnico dominante, retratando su construcción histórica y particularmente el modo en el cual los marcos normativos han cooperado con el sostenimiento de esta forma de producción. A continuación, se analizarán algunas consecuencias particulares que esta estructura impone a la dinámica del sector, tanto en su generación de valor como en el empleo. Podrá comprobarse de este modo la fuerte prociclicidad del sector y cuál es la influencia que adquiere en cada uno de estos ciclos la evolución de la demanda interna y del comercio internacional. Finalmente, se completará este panorama describiendo la organización productiva del sector, sus principales segmentos y sus relaciones, lo que permitirá demostrar no solo su alto nivel de concentración funcional sino también de interdependencia. A partir de un estudio de campo inédito en el país y en buena parte de la literatura, realizado en el Gran Córdoba,[2] entre otras consecuencias, este análisis

---

[2] La aplicación del instrumento y el trabajo de campo (realizado en 2015) fue posible en el marco del proyecto PICT (2013-2127), financiado por la ANPCyT, en articu-

permitirá poner en cuestión el argumento que postula la existencia de dos circuitos productivos separados y diferenciados por su nivel de formalidad.

Todos estos aspectos deben ser considerados para comprender los problemas sobre los que se focalizarán los próximos capítulos de esta obra, y resultan claves para el diseño de políticas de desarrollo industrial que busquen resolver los complejos problemas que se concentran en el sector.

Sistemas y Regímenes Sociotécnicos como estructuras mesoeconómicas

El estudio de las estructuras mesoeconómicas es relativamente reciente en la literatura especializada, que en general se encuentra dominada por las teorías de redes y de las CVG (Gereffi, 1999; Ter Wal y Boschma, 2009). Frente a las teorías "ontológicamente planas" del *mainstream* económico y los análisis sectoriales, estos enfoques incorporan un análisis relacional de los agentes localizados tanto en ámbitos locales como globales (Kaplinsky, 2002), y ponen en evidencia la incrustación social de la organización económica. permitiendo visualizar el modo en que se vinculan los procesos micro y macro económicos (Granovetter, 1985; Gereffi, 1999). Una de las diferencias clave del análisis de las teorías mesoeconómicas respecto a un estudio meramente sectorial o individual es que permiten considerar que las condiciones y oportunidades de los agentes guardan relación con su posición en la estructura de relaciones y a su vez con la situación de toda la estructura. Si bien ambos enfoques dominantes realizan valiosos aportes, suelen ser criticados por su tendencia a reducir los fenómenos relacionales a decisiones racionales de los agentes individuales o bien al análisis input-output y al flujo de bienes y servicios, sin profundizar demasiado en aspectos como las condiciones laborales al interior de las configuraciones productivas (Etchegorry, et al 2013).

Una teoría de desarrollo reciente, que puede contribuir a complementar estas perspectivas, es la propuesta por Geels y Schot (2007), quienes plantean un enfoque multinivel cuyo nivel meso está conformado por los *sistemas y regímenes sociotécnicos*. Los autores señalan en primer lugar que los actores y grupos sociales que conforman una actividad económica (firmas, trabajadores, consumidores, sociedad civil, entidades estatales, grupos de interés, etc.) generan mediante

---

lación con dos proyectos desarrollados por el equipo desde la Facultad de Ciencias Económicas de la UNC.

su acción recurrente una configuración idiosincrática de los elementos que forman parte de los procesos productivos: artefactos y tecnologías, conocimientos, capital, mercados, prácticas de consumo, infraestructura, significados culturales. Esta configuración, mantenida, reproducida y modificada por los actores, es el *sistema sociotécnico*. El concepto de sistema enfatiza que su base se encuentra en las interacciones y vínculos entre todos estos elementos ordenados en la satisfacción de objetivos sociales.

Siguiendo la teoría de la estructuración de Giddens (1984), los autores señalan que la acción social genera en forma simultánea no solo al sistema sociotécnico sino a un conjunto semi-coherente de reglas que orientan y coordinan las actividades y reproducen los elementos de dicho sistema (Geels, 2011). Estas reglas incluyen rutinas y creencias compartidas, capacidades y competencias, estilos de vida y prácticas de uso, arreglos institucionales favorables, regulaciones y contratos legales. Merced a la "dualidad de la estructura", esta nueva configuración a la que denominan *régimen sociotécnico* es al mismo tiempo medio y resultado de la acción.

El concepto de régimen sociotécnico busca capturar así los procesos de meta-coordinación que ocurren en diversas dimensiones o sub-regímenes que co-evolucionan otorgándole estabilidad al sistema sociotécnico. Estos sub-regímenes pueden ser el sociocultural (símbolos, valores, etc.), el político (regulaciones administrativas, interacción industria y gobierno, ideologías, agendas), el científico (programas, reglas gubernamentales, normas académicas de publicación, paradigmas), de mercado (derechos de propiedad, prácticas de uso, etc.) y tecnológico (especificaciones técnicas, funcionales, contables, identidad organizacional, expectativas, etc.).

Los regímenes sociotécnicos constituyen un nivel intermedio entre las prácticas y estrategias de los agentes particulares a nivel micro (denominadas nichos) y los procesos macro tales como tendencias, procesos y ciclos económicos y sociales (denominados paisajes), recibiendo influencias de ambos (Geels y Schot, 2007).

El punto de partida para definir empíricamente al *sistema* y al *régimen* es identificar los actores relevantes que los generan con su interacción y las reglas que coordinan sus acciones. Si bien el régimen incluye múltiples configuraciones sociales y técnicas, son las reglas y esquemas normativos las dimensiones fundamentales para entender su estructura, el modo en que este persiste en su trayectoria, y cómo se interrelacionan los distintos niveles. Las tendencias definidas a nivel macro son adoptadas con sentidos particulares y traducidas en prácticas concretas para un régimen específico en el nivel meso. Podemos pensar, por ejemplo, cómo las leyes laborales que rigen a nivel macro se aplican a diversos sectores pero sin embargo es muy diferente la dinámica de las relaciones laborales que se da en la industria automotriz, la de la alimentación o la de indumentaria que aquí analizamos.[3]

El recorte que proponemos aquí y que se apoya en los resultados de estudios previos (Matta et al, 2015; Etchegorry et al, 2018) entiende que a nivel del paisaje hay un conjunto de aspectos claves para entender la conformación del sistema y el régimen sociotécnico, tales como los cambios tecnológicos, los patrones de consumo y el comportamiento del capital a la luz de las distintas etapas de la globalización, en particular desde mediados de la década de 1970 en la cual el modo de producción capitalista dio paso a un modelo de trabajo caracterizado por la informalidad, la inestabilidad y la precarización (Antunes, 2005; Basualdo y Esponda, 2014; Harvey, 2007).[4]

Por otro lado, a nivel de la cadena productiva, la organización de los agentes no podría entenderse sin considerar el rol que juegan los mecanismos de tercerización y subcontratación en la regulación, legitimación y reforzamiento de este modelo de vinculación. El proceso por el cual las empresas contratan con terceros para confiarles el cumplimiento de actividades que forman parte de su actividad no constituiría en sí mismo un problema para las condiciones de trabajo si no se hubiera demostrado que en la práctica ha sido un método para fomentar la deslaborización (Antunes, 2005) y aumentar los beneficios del capital a costa de la precarización laboral (Basualdo, Esponda y Morales 2014; De la Garza, 2012; Perelman y Vargas, 2013; OIT, 2002).

Fuentes y métodos

Los datos que se presentan en este estudio surgen de diferentes fuentes secundarias y primarias. La más relevante, por su originalidad, es una encuesta semiestructurada aplicada en el año 2015 a una muestra representativa de unidades productivas de fabricación de indumentaria en el Gran Córdoba.

---

[3] Esta vinculación entre los niveles macro y meso puede entenderse en un sentido similar a la manera en que Boyer (1990) define al nivel sectorial en tanto la forma específica que adquiere el nivel macro en una rama de actividad dada. Así, el modo de regulación sectorial, por ejemplo, surge de la articulación entre los dispositivos institucionales propios del sector y el modo de regulación a nivel macro.

[4] A nivel global, se estima que un 25% del total de la mano de obra se encuentra en actividades laborales tercerizadas, mientras que en América Latina, datos de 2008 para 5 países de este continente muestran que entre el 30% y el 40% de los ocupados formales están involucrados en este tipo de relación laboral (Basualdo y Esponda, 2014).

La dificultad para identificar a los agentes de este universo donde es tan relevante la informalidad condujo a la construcción de una base de datos propia, a partir de distintas fuentes, tanto para identificar las firmas "registradas" (Registro Industrial Provincial, Ministerio de Trabajo, Empleo y Seguridad Social de la Nación, Registro de Monotributistas Sociales del Ministerio de Desarrollo Social de la Nación, sitios web con información fiscal) como "no registradas" (organizaciones sociales y organismos públicos, avisos clasificados en periódicos, publicaciones en redes sociales como Facebook e Instagram, entre otras). A partir de este exhaustivo relevamiento se logró integrar un primer universo de más de 1000 unidades económicas que fue luego depurado a partir del contacto telefónico o domiciliario con el 90% de los casos, estimando así un universo final de 724 unidades activas al momento del relevamiento. Sobre ese total, se realizaron encuestas semiestructuradas a una muestra de diseño probabilístico de 257 unidades, las que se efectuaron de manera personal y en el domicilio de la empresa o emprendimiento.[5] La encuesta incluyó preguntas sobre el perfil de los empresarios y de las unidades económicas desde el punto de vista de las trayectorias laborales y de formación, aspectos productivos, comerciales y laborales, y sobre las relaciones con otros empresarios o emprendedores e instituciones de apoyo.

Además, se realizaron más de 30 entrevistas cualitativas a empresarios, diseñadores, funcionarios de organismos públicos y organizaciones vinculadas al sector. Las mismas permitieron profundizar aspectos vinculados con la dinámica productiva y comercial de cada segmento, reconstruir la trayectoria del sector y su marco legal e institucional.

En este artículo se presentará una selección de la información recopilada en este estudio, destacándose un análisis de conglomerados jerárquicos (Peña, 2002) y un análisis de redes sociales (Scott, 1991) que han permitido analizar los segmentos que conforman la trama productiva y su estructura de relaciones.

Vale la pena señalar que Córdoba, junto a Santa Fe, constituyen los principales núcleos de la industria luego del principal polo productivo que componen la ciudad y la provincia de Buenos Aires. Si bien Córdoba no tiene la importancia de dicho territorio, ofrece una ventaja en términos metodológicos, ya que a pesar de su tamaño considerable, resulta factible reconstruir integralmente el funcionamiento del sec-

---

[5] Dadas las características del sector, con un alto grado de "invisibilidad" a causa de la informalidad y del trabajo domiciliario, el trabajo de campo significó un esfuerzo importante tanto en la capacitación a los encuestadores como en la coordinación del proceso, que se tradujo en resultados positivos en términos del nivel de respuesta (con una tasa de rechazo de apenas un 13%).

tor, logrando identificar sus distintos segmentos y sus relaciones. Los datos recogidos por las distintas investigaciones que componen este libro permiten afirmar que Córdoba exhibe aspectos estructurales y funcionales que son comunes a todo el sector mientras que algunas características específicas (como el volumen y condiciones de los talleres clandestinos, por ejemplo) se verían profundizados si fuera posible realizar un trabajo semejante en la zona del Área Metropolitana de Buenos Aires.

El sistema sociotécnico y la evolución del régimen dominante en la industria de indumentaria

No es posible explicar la actualidad de la industria de indumentaria sin analizar cuál ha sido la configuración idiosincrática que históricamente ha asumido esta actividad desde sus orígenes. Un repaso por este recorrido lleva a concluir que los núcleos de su sistema y régimen sociotécnicos permanecen casi inalterados desde el siglo XIX.

Los antecedentes de esta construcción pueden rastrearse en la Inglaterra del siglo XVIII, en la que confluyen un conjunto de innovaciones tecnológicas, institucionales y sociales. En efecto, la invención de la desmotadora de algodón, la hiladora Jenny, la *water frame*, la lanzadera volante y el telar mecánico, coincidieron con un cambio en la organización productiva con profundas consecuencias sociales como fue el movimiento de cercamientos con su consiguiente aumento de productividad (en particular del algodón) y el aumento de mano de obra desocupada expulsada a las grandes ciudades. Estos cambios fueron acompañados a su vez de modificaciones en las prácticas de consumo, que pasaron lentamente de la confección de las prendas propias a la compra de ropa hecha. La introducción a mediados del siglo XIX de la máquina de coser, por su bajo costo y su posibilidad de ser utilizada en locaciones de tamaño reducido hizo posible que el trabajo pudiera ser realizado dentro del ámbito doméstico.

Como consecuencia de este proceso, tanto en los países centrales como en Argentina, podemos observar a fines del siglo XIX y comienzos del siglo XX los principales elementos que conformarán el *sistema sociotécnico* (SST) de esta industria:

- Un producto estacional y divisible, capaz de ser confeccionado tanto de manera integral (el sistema *job-shop* de los sastres tradicionales) como fraccionada (bajo sistemas de producción por lotes o masivos).

- Una tecnología de fácil uso y baja inversión, pero que requiere una mano de obra intensiva. Por sus características esta fuerza laboral ha sido aportada por poblaciones especialmente desprotegidas (mujeres, migrantes, etc.).

- Una cadena productiva traccionada por los vendedores y su lógica comercial, la que al mismo tiempo impulsa y acompaña las pautas de consumo (las primeras grandes tiendas departamentales instalan en esta época las ventas por temporada).

- Una organización productiva fragmentada y desverticalizada por la subcontratación de talleres domiciliarios en los que se terceriza la confección. Las crónicas señalan por ejemplo que en New York en 1893 existían cien casas de venta de capas en el distrito de indumentaria y que más del 90% de ellas no tenían fábrica propia sino que tercerizaban a talleres de costura (Anner, 2012) mientras que en Buenos Aires, tiendas como "Gath y Chaves" o "A la ciudad de Londres" subcontrataban entre 1000 y 2500 obreras a domicilio (Pascucci, 2006).[6]

Estos elementos del *sistema sociotécnico* se van articulando con un *régimen sociotécnico (RST)* particular: un conglomerado de pautas y patrones de relación que incluía "estándares" como el pago a destajo, la alta intensidad laboral (llamada expresivamente *sweating system*), las bajas remuneraciones y los escasos medios de higiene y seguridad, estas últimas relacionadas en parte a las condiciones de trabajo domiciliario. Este régimen se vio legitimado por la ausencia de regulaciones legales que protegieran los derechos de los trabajadores, consagrando entre otros aspectos, la evasión de la relación laboral a través de la figura de la subcontratación.

La efectividad y complementariedad entre el SST y el RST, fue desafiada y contenida durante algunas décadas por la lucha organizada de los primeros sindicatos y asociaciones de mujeres, quienes centraron sus reclamos en la mejora de condiciones y la centralización del trabajo en talleres internos a las firmas. Son famosas en EEUU las campañas de la International Ladies' Garment Workers Union (ILGWU) o la National Women's Trade Union League, quienes además de poner el foco en la fabricación, organizaron campañas uniendo a las mujeres

---

[6] A estos rasgos podrían agregarse sus problemas de sustentabilidad, en la medida en que la industria es considerada la segunda más contaminante del planeta, si se tienen en cuenta todos sus procesos productivos, desde las materias primas hasta la manufactura y también los relacionados al consumo y los desechos textiles (UN Fashion Alliance, 2019). Excede a los objetivos de este artículo desarrollar este aspecto, pero se hará una mención especial en el último capítulo de esta obra.

productoras y consumidoras (la National Consumer's League) para eliminar los talleres. Todos estos movimientos desembocaron en un conjunto de reformas laborales y programas durante el *New Deal* que incluyó a la "National Recovery Administration", la "Wagner Labor Relations Act" y la "Fair Labor Standards Act" que tuvieron como consecuencia un aumento de los salarios, la mejora de las condiciones laborales y el fortalecimiento de los sindicatos (se estima que entre 1936 y 1940 el número de talleres subcontratados en EE.UU. disminuyó un 26% y que más del 65% de las costureras se afiliaron a los sindicatos) (Bender, 2003).

En Argentina, un conjunto de leyes (la Ley 10.505 de 1918 y la Ley 12.713 de 1941) regularon la actividad a domicilio y posibilitaron que durante algunas décadas del siglo XX se revirtiera parcialmente el RST dominante. Estas reformas también tuvieron como precedente las luchas de los trabajadores, tales como las huelgas de sombrereros de 1919 y 1927 o de la "industria de la aguja" en 1930 y 1934, entre otras. Dado que la industria crecía en cantidad de empresas y obreros (según Pascucci, 2006; entre 1935 y 1946 se triplicó el número de unidades productivas), esta situación llevó a una concentración de la industria en la que convivían pequeñas sastrerías con 2 o 3 obreros y las grandes tiendas que producían el 70% de las prendas en talleres con 80 costureras.

Esta etapa de mejoras llegaría a su fin en la década de 1960, cuando una nueva combinación de factores posibilitó en el mundo el regreso de aquellos primeros patrones de organización. Los aportes de nuevas tecnologías de producción como el "progressive bundle system" durante la posguerra y la estandarización de medidas, facilitaron la especialización de tareas y la generación de mayores economías de escala, además de permitir la comoditización de las prendas de vestir (más volumen, con menos variedad). Por otro lado, las fábricas encontraron la posibilidad de reclutar a poblaciones con mayores necesidades que las de la clase obrera que había visto mejorar su situación en las décadas precedentes. En EE.UU. por ejemplo, en una primera etapa los migrantes europeos fueron reemplazados por latinoamericanos, afroamericanos y asiáticos, y cuando esto ya no fue suficiente, en la década de 1970, los fabricantes comenzaron a relocalizar globalmente sus talleres concentrando su negocio en el diseño, la publicidad y la distribución. En olas sucesivas, primero se trasladaron a Japón (1950s), luego a Taiwán, Hong Kong y Corea (1970s) y más adelante a China, Sri Lanka y Vietnam (1980s) y Bangladesh, México y Centroamérica (1990s) (Gereffi y Memedovic, 2003).

Todos estos procesos se aceleraron en las últimas dos décadas, en particular con la finalización paulatina del *Multi Fiber Arrangement* (entre 1995 y 2005) y el surgimiento del *Fast Fashion* que combina un consumo más personalizado (más estilos, colores y medidas) y efímero (prendas de corta duración), con precios bajos y un ciclo corto de diseño, producción, distribución y comercialización (en algunas empresas de solo dos semanas) (Doeringer y Crean, 2006; Montero Bressán, en esta obra). Todas estas tendencias no llevaron a un avance de la automatización de la confección (como sí ocurrió en otros rubros) pero sí a adoptar el "lean retailing", reduciendo los costos de inventario y mejorando la gestión de stocks. Los números resultantes de estos cambios son evidentes: en 1980, los países desarrollados eran el origen de aproximadamente 45% de las exportaciones globales de indumentaria mientras que en la actualidad apenas rozan el 25%. En Europa se estima que entre 2000 y 2015 se perdió un 42% de los empleos, mientras que en EE.UU., entre 1973 y 2012 sucedió lo propio con alrededor de dos millones de puestos de trabajo entre el sector textil y de indumentaria (Mittelhauser, 1997; Minchin, 2012).

En Argentina, puede observarse también con claridad este resurgimiento y consolidación del RST dominante en dos fases, la primera a partir de la década de 1970, coincidiendo con el final de las políticas de industrialización por sustitución de importaciones, y la segunda en la década de 1990, en el marco del programa económico que incluyó la liberalización comercial y la fijación del tipo de cambio. Este proceso tuvo como primer consecuencia la caída de la producción y el empleo industrial, pero también la re-fragmentación de la cadena productiva. Como resumió un empresario entrevistado durante esta investigación: "Las fabricas desaparecieron hace más de 20 años en el mundo. Yo viajé al extranjero en aquella época y me di cuenta de lo que iba a pasar aquí....y en los 90 se terminó de destruir todo...".

En ambos momentos críticos, el rol de las reformas laborales fue funcional al SST de la industria. La reforma a la ley de contratos de trabajo (Ley 20.744) realizada en 1976, reemplazó la relación de responsabilidad directa entre la empresa principal y la subcontratista por la "responsabilidad solidaria", mientras que en la década de 1990 se dictaron leyes que propiciaron la flexibilidad en los puestos de trabajo, la jornada laboral, la estabilidad del empleo (Leyes 24.013, 24.465 y 25.013), en especial en las pequeñas empresas (Ley 24.467). Estas reformas limitaron las obligaciones del contratante principal y establecieron una responsabilidad solidaria ex post, al término del contrato, que no incide en las condiciones de contratación, que pueden seguir siendo reguladas unilateralmente por las empresas (Gianibelli, 2014). En esta década también se firmaron dos Convenios Colectivos de la actividad de confección (1990 y 1993) que introdujeron el criterio de mayor remuneración a mayor productividad y ampliaron el margen de acción de los empleadores al permitirles introducir cambios en las modalidades de prestación del trabajo. A estas reformas se añadió la creación de una forma jurídica de tercerización ampliamente utilizada en el sector: el "Régimen simplificado para pequeños contribuyentes" o Monotributo (Ley 24.977), que "escapa" a la legislación laboral por presentarse en los hechos como un acuerdo comercial.

Como veremos más adelante, si bien en el ciclo político iniciado en 2003 se generaron un conjunto de políticas económicas que favorecieron una recuperación de la industria y sus puestos de trabajo, a excepción del Convenio Colectivo de 2007 (que establece al salario mínimo, vital y móvil como referencia o límite inferior para las remuneraciones por jornadas), el marco legal no modificó sustancialmente el RST de la industria ni logró mejorar significativamente las condiciones de los trabajadores que se consolidaron en las décadas precedentes.[7]

Evolución reciente del sector: prociclicidad, importaciones y empleo

Mientras la industria global, con su SST consolidado se caracteriza en esta última etapa por el *fast fashion* que tiende a la disolución de los límites espaciales (las fronteras nacionales) y temporales (la estacionalidad), en Argentina prima una dinámica aún orientada al mercado interno y marcada por la tradicional biestacionalidad. Las empresas locales continúan trabajando mayoritariamente para sus compatriotas, en dos temporadas, otoño-invierno y primavera-verano, con fuerte actividad en los tres o cuatro meses previos al lanzamiento de las temporadas y caídas significativas de la producción el resto de los meses. El relevamiento efectuado en Córdoba señala por ejemplo que 77% de las unidades productivas trabaja bajo esta lógica y que la brecha entre meses de alta y baja producción supera el 50% en seis de cada diez unidades productivas.

Esta particularidad vuelve a la industria local especialmente dependiente del consumo interno, lo que queda claramente demostrado al observar su prociclicidad durante las distintas etapas de la historia del sector en el país. Esta dinámica puede verificarse en la Figura N° 1 en la que se constata la sensibilidad de las tasas de variación anual del Valor Bruto de Producción (VBP) del sector, acompañando en general a las de toda la industria, aunque con mayor sensibilidad en los momentos de caída.

---

[7] Vale la pena considerar que los salarios del sector son los más bajos de la industria en el país, pero también en el mundo, en el cual la OIT calcula que la remuneración promedio está un 35% por debajo de los salarios industriales (ILO, 2014).

Durante la década de 1990, la recesión generada a partir de 1995, sumada a las políticas de apertura irrestricta a los mercados externos y al sostenimiento de un tipo de cambio poco competitivo, provocaron una merma constante del volumen de producción hasta la abrupta caída (superior al 70%) operada durante la crisis de los años 2001 y 2002. Durante dicha crisis disminuye además la utilización de la capacidad instalada al 45% y la participación relativa sectorial respecto al VBP industrial (que pasa del 3,2% al 1,7%) (Bentolila, 2011).

Figura N° 1: Variación del VBP Industrial y sectorial (1994-2017)

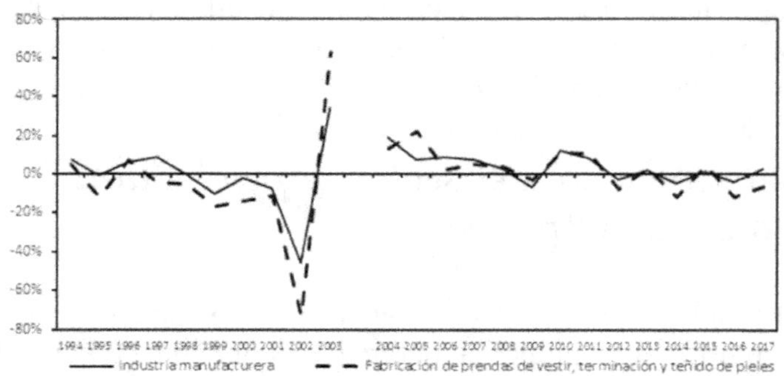

Fuente: elaboración propia en base a datos de CEP e INDEC.[8]

A este panorama se agrega que las importaciones de prendas de vestir crecieron en este período en un 68% en un marco generalizado de decrecimiento del consumo aparente sectorial, que cayó alrededor de 42% durante el período 1993-2000 (Kacef, 2003). De este modo, las confecciones extranjeras pasaron de cubrir el 20,7% de la demanda local en 1993 al 39,3% en 2002 (Kosacoff, 2004).

A partir de 2002, el sector acompaña el crecimiento del consumo durante una primer etapa que se cierra con la crisis del 2008 creciendo a un promedio interanual del 23% para luego entrar en una serie de vaivenes, con una tendencia a la baja que se acentúa en los últimos años.

Una evolución similar a la descripta ha seguido la balanza comercial del sector. Esta ha sido sistemáticamente deficitaria, aunque con

---

[8] Aunque esto no modifica el argumento presentado aquí, vale la pena aclarar que la serie aparece interrumpida, ya que la Dirección Nacional de Cuentas Nacionales y el INDEC han realizado una serie de cambios metodológicos que no permiten empalmar ambas fuentes de datos. Estos cambios han incluido recalcular el año base 2004 del PIB y de la serie 2004 – 2015 a precios corrientes y a precios constantes, tanto por el lado de la Producción como por el lado del Gasto." (INDEC, 2016).

gran volatilidad respecto a las importaciones: pasada la crisis de 2002, comenzaron a aumentar a un 45% interanual en promedio hasta el año 2008, cambiando la tendencia a partir de este año. Contrariando a numerosos discursos referidos al sector, los datos demuestran que en Argentina ha resultado más relevante el comportamiento de la demanda agregada que el volumen de importaciones. En efecto, los valores presentados en la Figura N° 2 muestran que los productos importados, a pesar de su aumento a partir de 2004, nunca representaron más del 7% del consumo doméstico.

Figura N° 2: Evolución del consumo aparente y las importaciones en relación al VBP sectorial (2004-2017)

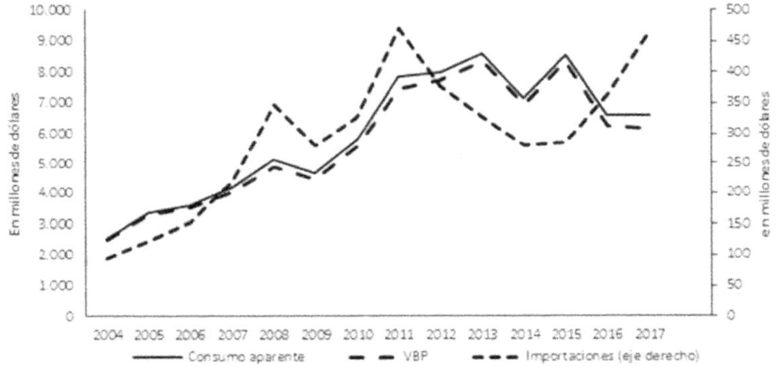

Fuente: elaboración propia en base a datos de COMEX-INDEC (Cat. 61 y 62 de NCM).

Si bien es cierto que las importaciones constituyen una amenaza constante y que –como en todo el mundo– han ido creciendo las importaciones al país a partir de la década de 1990 (en la que en volúmenes se importó 50 veces el volumen de los 80s, según Adúriz, 2009), las cifras argentinas contrastan con las de otros países. En EE.UU. durante el mismo período el 97% de la indumentaria comercializada fue confeccionada internacionalmente (American Apparel and Footwear Association, 2016) y en Europa más del 70% provino de Asia (D´Ambrogio, 2014).

Esta situación particular de la Argentina, ha sido posible, entre otros aspectos, por una política de protección selectiva, conformada por barreras de acceso arancelarias y para-arancelarias: durante este siglo, Argentina se encontró entre los países que impusieron una mayor alícuota al ingreso de prendas extranjeras (superior al 30%), un lugar compartido solamente con el 8% de sus pares, a lo que sumó medidas administrativas que limitaron las importaciones.[9]

---

[9] Entre estas medidas se destacan las Declaraciones juradas anticipadas de importaciones (DJAI) creadas en 2012 mediante las Resoluciones Generales de AFIP N°3252/2012

Los datos recientes del ciclo político iniciado en diciembre de 2015 no hacen sino corroborar todas las afirmaciones precedentes, si se compara esta etapa con lo ocurrido en la década de 1990: baja del consumo con aumento de las importaciones; caída generalizada de la producción y un aumento de la capacidad ociosa de los productos textiles (según el INDEC, durante 2018 esta llegó a tocar un piso del 59,9% durante el mes de mayo, uno de los más bajos de su historia reciente). Como veremos más adelante, este escenario de deterioro no se distribuye de manera uniforme, ya que la estructura organizativa de la cadena productiva hace recaer el peso de la crisis en sus eslabones más vulnerables.

Las evidencias surgidas de los datos agregados muestran que por sus características, el sector de indumentaria es también sensible a los ciclos económicos en términos de la cantidad de empresas y de ocupación, siendo una de las actividades que mayor aporte hacen al empleo industrial.

Como se señaló más arriba y puede observarse en la Figura N° 3, a partir de información de los Censos Económicos Nacionales, la caída de los puestos de trabajo en el sector comenzó en la década de 1970 y se agravó en la década de 1990, cuando la industria de indumentaria local disminuyó drásticamente sus volúmenes de producción por la mortandad de gran cantidad de empresas (unas 2.500 unidades productivas), la pérdida de prácticamente el 50% del empleo (unos 180 mil puestos) y un 45% de las horas trabajadas (Carrera et al, 2006; Gallart, 2006).

A partir del año 2003, gracias a las políticas que promovieron el crecimiento de la demanda doméstica y la disminución de las importaciones, el sector se reactivó fuertemente, lo que trajo aparejado un crecimiento en la ocupación y la creación neta de empresas, al punto de que ya en 2007 existía un 10% más de firmas que en el mejor año de la era de la convertibilidad con una creación de 308.000 puestos de trabajo y un incremento del 140% en el salario (Gallart, 2009; D´Ovidio, 2007).

---

y 3255/2012, que determinaron la creación de un régimen de información anticipada aplicable a toda la importación para consumo. Si bien durante los primeros meses de su gestión, el gobierno de Macri produjo un aumento abrupto de importaciones textiles al aprobar todas las DJAI pendientes desde la gestión anterior, se mantuvo la alícuota en niveles similares a los preexistentes (35%).

Figura 3: Evolución de cantidad de empresas y puestos de trabajo

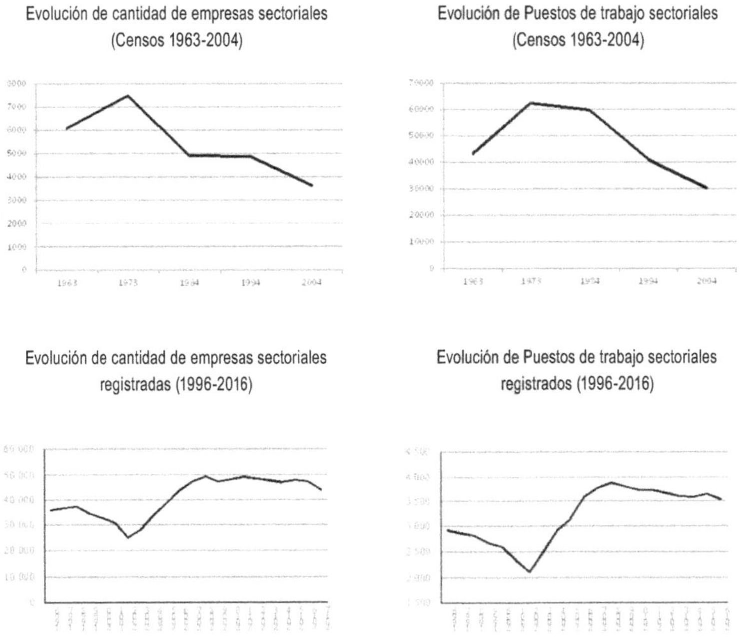

Evolución de cantidad de empresas sectoriales
(Censos 1963-2004)

Evolución de Puestos de trabajo sectoriales
(Censos 1963-2004)

Evolución de cantidad de empresas sectoriales
registradas (1996-2016)

Evolución de Puestos de trabajo sectoriales
registrados (1996-2016)

Fuente: elaboración propia en base a Censos Económicos (INDEC) y OEDE-MTEySS.

Los datos del MTEySS sobre las empresas y empleos registrados muestran que el aumento de la producción derivó en un aumento de la cantidad de empresas y de puestos de trabajo y, aun considerando que estos datos no reflejan el crecimiento de unidades productivas y trabajadores informales, puede percibirse claramente que se superaron en este período los niveles de natalidad de empresas y de ocupación de la década anterior. Esta primera fase culminó en el año 2008, dando comienzo a una etapa de amesetamiento que se transformará luego en caída durante los años 2016 y 2018, en los que se estima que se perdió un 15% del empleo registrado.

Antes de finalizar esta segunda dimensión de análisis, vale la pena enfatizar que cada uno de los períodos de derrumbe, no solo tiene consecuencias de corto plazo. En estos ciclos *stop and go* se ocultan, detrás de los valores agregados de cierres y aperturas de empresas, la pérdida de eslabones industriales completos (telas, hilos, máquinas de coser, etc.) y con ellos, las capacidades organizacionales y las competencias específicas de empresarios y trabajadores que no se han recuperado en las épocas de bonanza.

La trama de la organización productiva: concentración, segmentos y relaciones

El tercer y último aspecto a considerar es el relacionado con la organización productiva y los niveles de concentración del sector. A priori, la fabricación de prendas de vestir presenta los niveles más bajos de concentración económica de la industria nacional, con un 99% de MiPyMes "fabricantes" de prendas. Esto iría en línea con lo que otros autores indican al denominar a esta industria "la quintaesencia de la industria competitiva" (Doeringer y Watson, 1999). No obstante, este dato requiere de dos observaciones de particular interés para complementar el análisis realizado hasta el momento.

Un primer señalamiento es que la estructura productiva atomizada que se conformó luego de la década de 1970 y se consolidó en la de 1990 (en la que según los Censos Económicos el promedio de trabajadores por empresa descendió de 12 a 8 ocupados) parece haber logrado sustraerse de todos los últimos cambios producidos por los ciclos económicos. Esto puede corroborarse en la Figura N° 4 que muestra que el sector mantiene su morfología con variaciones prácticamente insignificantes desde la época de la convertibilidad.

La segunda observación, para la cual será necesario un posterior análisis, ya que permanece disimulada bajo esta estructura, es que en realidad el sector se caracteriza por una alta concentración funcional, favorecida por mecanismos de subcontratación, que ocultan relaciones de subordinación que atraviesan a todo el sector. Esta situación implica entre otras consecuencias que en los momentos caracterizados por un contexto favorable no se generen nuevas empresas de mayor tamaño sino un conjunto de establecimientos de distintos niveles de informalidad, que son los primeros en sufrir las consecuencias de los ajustes de las etapas de crisis.

La particularidad de esta forma de organización productiva, propiciada por las características del SST y del RST, es por ende un factor clave para explicar la calidad del empleo generado en la industria: extensas jornadas laborales, escaso cumplimiento de normas de seguridad e higiene, bajas remuneraciones y formas de pago a destajo, desempleo estacional, falta de inscripción impositiva y de los beneficios asociados a la seguridad social (aspectos que serán tenidos en cuenta en los próximos capítulos de esta obra, y que se encuentran también en estudios recientes como Funes, 2014; Donadi, Perín y Martinetti, 2011, Lieutier, 2010; Montero Bressán; 2013; Salgado, 2016; Arcos, 2013; Delmonte, 2017).

**Figura N° 4: Evolución de cantidad de empresas según tamaño
(1996-2017)**

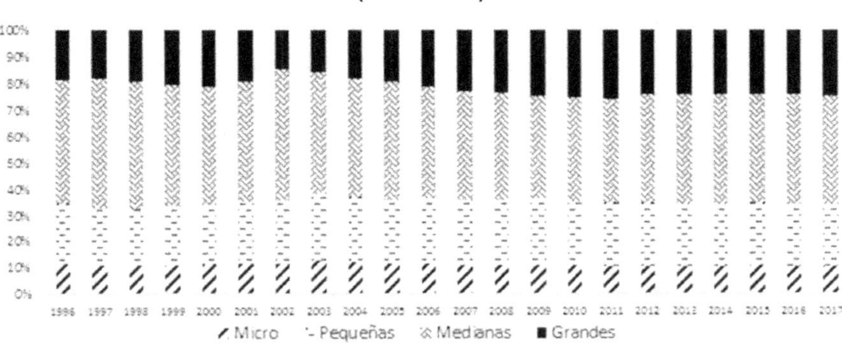

Fuente: elaboración propia en base a datos OEDE-MTEySS.

Para comprender mejor de qué forma se configuran las relaciones señaladas, el estudio realizado en el Gran Córdoba permite identificar, en primer lugar, la existencia de cuatro segmentos que surgen de un análisis de conglomerados jerárquicos de variables relacionadas con su tamaño, su estrategia comercial, su posición en la cadena de valor, nivel tecnológico y el perfil de los titulares y trabajadores. Estos segmentos y sus principales vínculos y funciones (simplificados) pueden observarse en la Figura N° 5.

Los que denominaremos "Fabricantes", que conforman un 15,1% de los establecimientos, son quienes tienen mayor producción anual y responden a lo que otros autores denominan como "comercializadores de marcas" o "fabricantes de marcas" (Gereffi, 1999), ya que su principal capital se encuentra en la construcción de su imagen comercial y el control de los canales de venta. Como se observa en la Tabla N° 1, producen en promedio anualmente unas 158,5 miles de prendas y si bien emplean a mayor cantidad de trabajadores (33 en promedio) solo un porcentaje menor son costureros. Esto es porque, a pesar de que se encuentran registradas como manufactureros, son en su mayoría "fabricantes sin fábrica": apenas 18% realiza actividades de costura, en general, de forma parcial. Estas empresas controlan la mayor parte de la cadena de producción con una posición más fuerte frente a los "Talleres" y "Costureros domiciliarios" de menor envergadura a los que tercerizan la confección (en promedio 11,7 subcontratistas directos por empresa). La posibilidad de acceder a mano de obra de baja calificación que se halla en general atomizada y dispersa geográficamente, tanto dentro de circuitos formales como informales, deriva en asimetrías por las cuales estas firmas terminan disciplinando el proceso productivo,

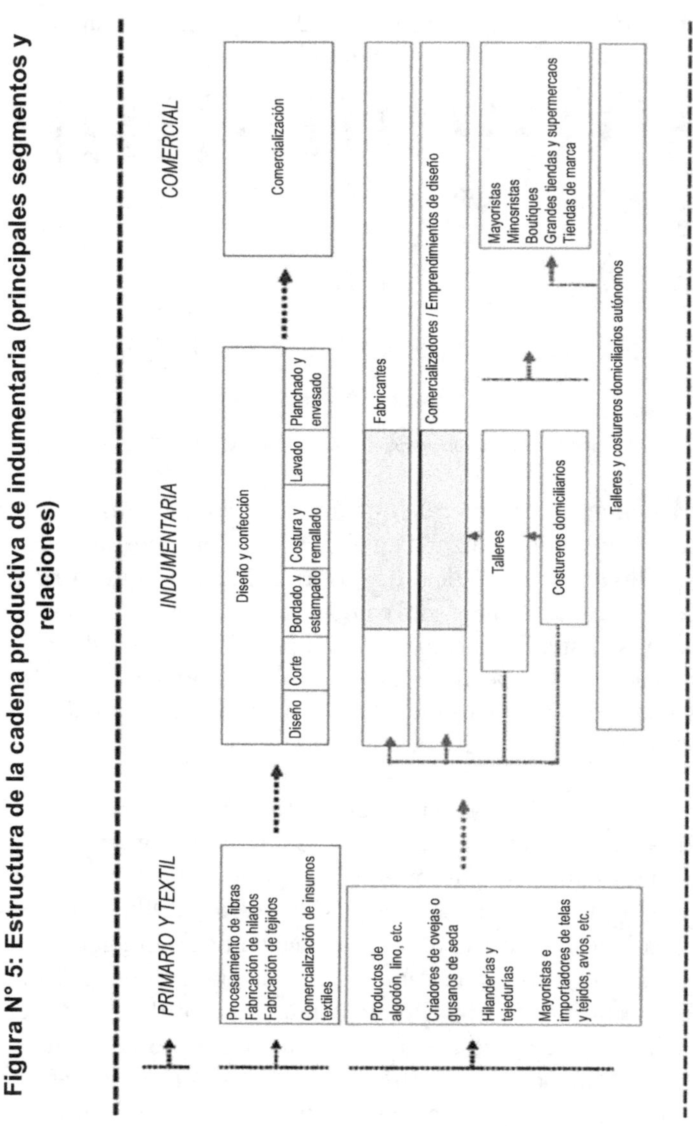

Figura N° 5: Estructura de la cadena productiva de indumentaria (principales segmentos y relaciones)

al fijar las condiciones de trabajo (calidad, plazos de entrega y precios por prenda). De este modo, transfieren además parte del riesgo empresario a estas unidades tercerizadas que terminan afrontando internamente sus costos laborales, previsionales, de capacitación, de mantenimiento de máquinas y de calidad, así como la flexibilización del trabajo ante fluctuaciones estacionales y económicas. Si bien en la mayor parte de los casos estas empresas denominan a quienes contratan como "proveedores", lo cierto es que muchas de sus prácticas reflejan relaciones de subordinación económica y técnica: organizan, planifican y controlan (en algunos casos diariamente) la producción y en no pocos casos realizan la inversión inicial adquiriendo su equipamiento. En algunos casos, estas tareas las realizan directamente (con personal propio) y en otros apelando a intermediarios que en el sector suelen denominarse "recolectores".

Tabla N° 1: Características de segmentos principales de la industria de indumentaria (Gran Córdoba, 2015)

	Cantidad de Prendas (miles)	Cantidad de trabajadores	Cantidad de contratados	Cantidad de máquinas	Antigüedad (años)	% prendas tercerizadas	Cantidad talleres a los que terceriza	% Registrados
Fabricantes	158,5	32,77	4,90	8,10	19,84	86,7	11,7	100
Talleres	55,9	12,33	7,38	16,75	10,0	33,18	1,7	96,7
Comercializadores	5,2	2,34	0,98	3,04	8,86	41,02	1,7	62,3
Costureros domiciliarios	5,3	1,50	1,3	3,78	12,02	1,42	0,1	33,3

Fuente: elaboración propia en base a encuesta PICT 2013.

Un segundo segmento que ocupa un rol similar a los "Fabricantes" en la cadena productiva es el conformado por los que denominaremos "Comercializadores" y que conforma un 32,5% del sector. En términos generales su comportamiento y estrategias son similares al de los "Fabricantes", pero a diferencia de aquellos, estos ni siquiera se registran como tales sino solamente como vendedores de indumentaria o monotributistas (incluso un 37,7% no están registrados). En su mayoría controlan algún tipo de canal comercial (locales, e-commerce, etc.) y subcontratan la totalidad de la confección. Dentro de este conglomerado existe un subgrupo de particular interés (representa la mitad del mismo), que se corresponde con los denominados "emprendimientos de diseño": unidades económicas conformadas por uno o dos jóvenes titulares, que han estudiado carreras de diseño y producen colecciones acotadas para nichos del mercado de indumentaria. Si bien su posición y estructura se corresponde con el resto del segmento, se caracterizan por buscar un mayor valor simbólico para sus prendas a partir de estrategias de diferenciación basadas en su diseño o su modalidad de venta (Kantis y Drucaroff, 2007; Marino y Marré, 2014). Tienen además mayores vínculos entre sí, con otras actividades económicas y culturales y con las políticas públicas.

Un tercer segmento, que incluye el 9,2% de los casos, es el de los "Talleres", que son las unidades productivas que realizan mayoritariamente tareas de confección y bordado, sea de modo independiente o "a fasón", para Fabricantes y Comercializadores. Tienen comparativamente mayor cantidad de equipamiento y de costureros (7 en promedio) y en muchos casos también tercerizan su tarea a otras unidades productivas más pequeñas (en promedio 1,7). El estudio demuestra que un 81% están registrados, en su mayoría como "Responsable inscripto" o "Monotributista", lo que les permite realizar transacciones con las firmas de mayor tamaño, pero –como veremos más adelante– no implica que no posean condiciones de trabajo similares a las de aquellas. Por las características de su ubicación en la cadena productiva y su nivel de dependencia de sus "clientes" monopsónicos, estas unidades son las que poseen menores vínculos con las políticas de promoción estatales y también las que generan menores articulaciones con otras instituciones de apoyo. Dentro de este grupo se encuentran también emprendimientos de la "economía social" (fundamentalmente cooperativas de trabajo), que si bien suelen tener mayor autonomía y mayores vínculos externos, tanto con otros emprendimientos como con las políticas activas estatales, en la mayor parte de los aspectos productivos se asemejan al resto de los talleres.

El último segmento es el de los que denominaremos "Costureros domiciliarios", que reúne el 43,2% de las unidades productivas. Como su nombre lo indica, se trata de emprendimientos unipersonales o familiares de subsistencia que funcionan en el marco doméstico confeccionando y comercializando prendas de manera independiente o –en su mayoría– para los otros tres eslabones de la cadena productiva. En algunos casos pueden tener algún empleado, pero en general se trata de familiares que cooperan con la actividad. En este segmento solo un 33,3% se hallan inscriptos, en su mayoría como "monotributistas sociales".

Si bien algunos de los establecimientos que conforman estas cuatro tipologías (con sus variantes internas) poseen mayor grado de integralidad y autonomía, los datos del estudio revelan el nivel de concentración que tiene la industria gracias al "fordismo flexible" con que se organiza la cadena productiva:

- Un 57% de las firmas vinculadas a la fabricación se encuentran vinculadas entre sí a través de relaciones de tercerización (esta cifra se compone de un 36% de unidades que tercerizan la confección, en su mayoría "Fabricantes" y "Comercializadores" y de un 23% que trabajan a fasón, en su mayor para Talleres y Costureros domiciliarios).

- En términos de los volúmenes de producción, esta organización permite que un 86% de las prendas comercializadas por los dos primeros segmentos se produzcan en la ciudad mediante mecanismos de subcontratación.

- Un 75% de los talleres y un 39% de los costureros trabajan a fasón, dependiendo casi exclusivamente de esta estrategia (la mitad de estas unidades productivas "comercializa" más del 80% de su producción bajo esta modalidad) que a su vez está concentrada en uno o dos "clientes" que representan la mayor parte de su costura.

El relevamiento realizado no solamente permite cuantificar para un distrito relevante en el país los niveles de concentración y dependencia que se ocultan bajo la información agregada; también pone en cuestión al argumento que con mayor frecuencia suelen enarbolar quienes justifican esta forma de organización. Esta tesis señala que existen dos circuitos productivos separados entre sí, uno formal, liderado por los fabricantes registrados y otro informal liderado por agentes clandestinos que pertenecen al "submundo" de la informalidad. Los datos muestran no obstante una realidad diferente:

- En primer lugar, se observa que la informalidad no es una situación dicotómica sino un gradiente en el cual pueden observarse distintas condiciones (algo que también señala en su artículo de esta obra P. Salgado). En Córdoba, un 40% del total de unidades productivas y un 64% de las que realizan tareas de costura no se encuentran registradas (en su mayor parte Costureros domiciliarios y Comercializadores). A estas firmas hay que sumar los establecimientos registrados con trabajadores no registrados (otro 7%), y un número mayor de firmas que desarrollan diversas estrategias para burlar el cumplimiento de las leyes impositivas y laborales. Entre estas estrategias se puede señalar la de buena parte de los "Comercializadores" que no se registran como fabricantes sino como vendedores, evadiendo de este modo los controles laborales; el cambio sistemático y frecuente de razón social (en algunos casos se detectaron fabricantes que en 10 años modificaron 4 o 5 veces su razón social y sus datos de inscripción); el registro de trabajadores costureros a tiempo parcial (abonando el resto de su salario de modo informal); o el incumplimiento de leyes laborales específicas (pago a destajo, ausencia de medidas de seguridad, falta de libros rubricados para trabajadores a domicilio, entre otras prácticas). [10]

---

[10] Esta práctica es usual en otros países y explica la escasa antigüedad de muchas empresas y talleres que en algunos contextos no supera en promedio los 13 meses (Verité, 2015).

- En segundo lugar, se observa que entre las firmas informales y las formales existen numerosos vínculos que pueden observarse a partir del análisis de redes sociales utilizado en este estudio: la mayor parte de las relaciones de Talleres y Costureros domiciliarios (los segmentos más precarios e informales de la cadena productiva) son con fabricantes y comercios (que en su mayor parte están registrados) (Tabla N° 2).

Tabla N° 2: Estructura de relaciones entre segmentos de la industria (Gran Córdoba, 2015)

	Fabricantes	Talleres	Costureros domiciliarios	Comerciantes	Otro	Total
Fabricantes	0 %	79,9 %	18,4 %	0,7 %	1,0 %	100 %
Talleres	33,3 %	26,3 %	32,5 %	6,1 %	1,8 %	100 %
Costureros Domiciliarios	32,7 %	14,2 %	21,6 %	22,2 %	9,3 %	100 %
Comercializadores	9,3 %	37,0 %	50,9 %	1,9 %	0,9 %	100 %

Fuente: elaboración propia en base a encuesta PICT 2013.

Dado que las marcas difícilmente reconocen vincularse con subcontratistas que incumplen la ley, se han cotejado las situaciones irregulares a partir de la información brindada por los "Talleres" y los "Costureros domiciliarios" (Tabla N° 2). Así puede verse por ejemplo que entre los "Talleres", si bien solo 4% no están registrados, existe un 29% que reconocen tener costureros informales y otro 18% que posee formas de pago que no son compatibles con el empleo formal. Esto quiere decir que un 51% de los talleres abarca alguna de estas situaciones. La mayor parte de estos (78%) reconoce trabajar para marcas (fabricantes o comerciantes).

En el caso de los "Costureros domiciliarios", el 68% no están registrados, pero además otro 6% emplean a trabajadores informales y en el resto de los casos, se trata de emprendimientos unipersonales o familiares cuyas condiciones de trabajo distan de ser las del empleo formal (pago variable, ausencia de medidas de higiene y seguridad, etc.). En todo este segmento, un 48% reconoce trabajar directamente para marcas (fabricantes o comerciantes) y otro 12% trabaja solamente para talleres. Si nos circunscribimos al 74% informal o con costureros no registrados, un 45% reconoce trabajar directamente para marcas y a esto se agrega un 12% que trabaja solamente para talleres.

**Tabla N° 3: Concentración e informalidad en la industria de indumentaria
(Gran Córdoba, 2015)**

	Cantidad promedio de subcontratistas	Cantidad de marcas que concentran 60% de su producción	% unidades con costureros (empleados o titulares)	% unidades con costureros con algún tipo de informalidad	% unidades con costureros con informalidad que trabajan para marcas
Fabricantes	10,9		33,3	2,5%	
Talleres	1,1	1,6	100	51%	78%
Comerciantes	0,2	2,3	58,8	40%	
Costureros	1,2	1,5	100	74%	45%

Fuente: elaboración propia en base a encuesta PICT 2013.

Todos estos aspectos pueden observarse en la Figura N° 6, que permite visualizar los vínculos que ligan a todos estos segmentos y que "Fabricantes" y "Comercializadores" registrados forman parte de una misma trama con talleres y costureros domiciliarios. A pesar de que esta imagen se genera a partir de una muestra en la que no se encuentran todas las relaciones existentes, el gráfico que muestra el componente principal de la red,[11] permite ver con mayor claridad que no existe un "subsistema formal" separado del resto de los agentes sino un conglomerado compuesto por todos los segmentos y grados de informalidad: en este recorte están 5 de las mayores firmas del sector y al mismo tiempo 10 talleres y costureros domiciliarios no registrados o con trabajadores informales.

Conclusiones

Tanto los sistemas sociotécnicos como los regímenes que se van construyendo a lo largo de la historia de interacciones entre agentes, tecnologías y reglas de acción son configuraciones complejas de meso-nivel que requieren ser comprendidas como tales si se desea explicar sus efectos y eventualmente modificarlos.

---

[11] El componente principal de una red es el subgrupo de nodos de mayor tamaño, que en este caso, reúne al 22% de las unidades productivas identificadas. Si el relevamiento hubiera sido realizado al universo de empresas y emprendimientos, los vínculos hallados serían mayores a los que es posible visualizar a partir de una muestra.

**Figura N° 6: Red de unidades productivas de la industria y su
componente principal (Gran Córdoba, 2015)**

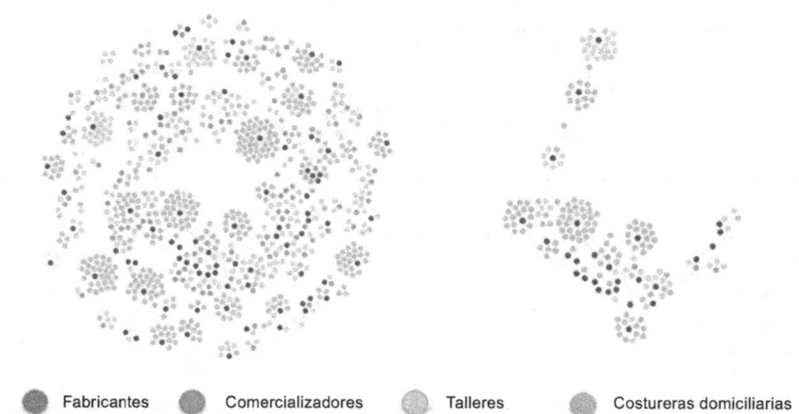

Fuente: elaboración propia mediante Gephi (Bastian et al, 2009) en base a encuesta PICT 2013.

En este sentido, los análisis presentados en este artículo pretenden aportar algunas dimensiones que deberían ser consideradas en el diseño de políticas de desarrollo industrial que busquen resolver los graves problemas que se concentran en el sector y que serán profundizados en los siguientes capítulos.

Estos aspectos podrían resumirse de la siguiente manera:

- El SST que constituye hoy el núcleo de la industria de indumentaria a nivel global permanece casi inalterable desde hace 150 años aunque sus principales características (la fragmentación, la intensidad y precariedad laboral, la gobernanza concentrada en las marcas) han tendido a profundizarse en las últimas décadas. Todo indica que algunos de los cambios tecnológicos que se prevén a partir de la digitalización, la automatización y las innovaciones en los materiales (ILO, 2019) podrían generar cambios disruptivos para la actividad, pero hasta tanto esto suceda, no parece haber otro límite a estas tendencias que no provenga del Régimen sociotécnico.

- El RST, cuyo eje central se encuentra en las normas e instituciones que regulan los mecanismos de subcontratación y las condiciones de trabajo, fue la clave de algunos de los ajustes que pudieron realizarse al SST en el país y en el mundo durante algunas décadas del siglo XX. Esto no se logró de manera espontánea sino por la confluencia de la lucha de los trabajadores organizados y un Estado activo a la hora de regular y fiscalizar la actividad. Como sucedió en las oportunidades anteriores, las mejoras por esta vía no constituirán una verdadera alternativa sino cuanto mucho una mejora al sistema dominante, pero es necesario que sean recreadas a partir de cambios institucionales a nivel nacional (por cierto no promoviendo más flexibilización sino limitándola) y de acuerdos internacionales que aseguren estas condiciones a nivel global.

- Los datos históricos permiten observar que además de la amenaza generada por el contexto de precios bajos a nivel mundial, el sector en Argentina está marcado por su prociclicidad. Tanto la producción como la cantidad de empresas y el empleo, tienen incluso una mayor sensibilidad frente a las crisis de la demanda doméstica agregada que otras actividades manufactureras. Una política de desarrollo para la industria que mayor cantidad de puestos genera en el país, requiere por tanto de medidas de protección comercial pero también de políticas que aseguren cierta estabilidad y crecimiento del consumo.

- La descripción de la forma en que está conformado y organizado el sector muestran la existencia de una trama caracterizada por su heterogeneidad. Esto significa que bajo la homogeneidad de las estadísticas agregadas se ocultan al menos cuatro segmentos (con algunas variantes internas en dos de ellos), cada uno con sus propias características, potencial y dificultades y por tanto que requieren de medidas que tengan en cuenta esta particularidad. Esto significa que una política de desarrollo industrial debe incorporar distintos lineamientos generales pero con un diseño que permita su adaptación a las particularidades de cada tipología productiva y de cada territorio (atendiendo no solo a sus requerimientos sino a sus capacidades para capitalizar estas iniciativas). Estos lineamientos deberían incluir el fortalecimiento de las instituciones y los controles del Estado, la sistematización de los servicios de apoyo financieros y no financieros, el fomento de la innovación y el desarrollo tecnológico, la promoción de la articulación productiva y la organización de la cadena y el apoyo a las prácticas sustentables (se desarrollan más detalles de cada uno en el último capítulo de esta obra).

- Este estudio revela además que la estructura productiva se puede caracterizar por su concentración funcional y su interdependencia. Estos rasgos contradicen la tesis de quienes suponen la existencia de un mundo formal y un submundo informal que operan sin conexiones entre sí. Si bien existen agentes con alguna autonomía, se ha demostrado que la mayor parte de la producción se genera gracias a una trama de vínculos productivos que están liderados por las marcas y en la que se conectan agentes con diferentes grados de formalidad. Esta es la causa por la cual muchas medidas que desconocen o simulan desconocer estas redes culminan reforzando el RST actual: por ejemplo, se promociona a emprendimientos de diseño que culminan empleando a fasón a costureros domiciliarios no registrados a los que otras políticas facilitaron el acceso a máquinas de coser; se fomenta invisibilización del empleo persiguiendo a feriantes, vendedores en la vía pública o talleres registrados (en su mayoría actividades de subsistencia) que se encuentran más expuestos, mientras que no se implementan medidas para que se visibilice la trama de relaciones con la que se hace la mayor parte de las prendas que se comercializan en shoppings o grandes tiendas.

Como se señala en el último capítulo de esta obra, la dimensión de los problemas descriptos y su larga trayectoria acumulativa, convierten a esta industria en un caso paradigmático para comprender el presente de la industria nacional y también el fracaso de las políticas de distinto signo que la han llevado a este punto. Si bien son varios los errores puntuales que pueden señalarse en su diagnóstico, probablemente el más importante es que en general han promovido una visión simplista, dicotómica, pendular e incluso contradictoria, cuando una política de desarrollo que pretenda incidir a nivel estructural requiere de una visión de mediano y largo plazo capaz de comprender la complejidad, que considere las múltiples dimensiones y niveles de los fenómenos y las formas particulares en las que éstos interactúan.

Bibliografía citada

Adúriz, I. (2009). *La Industria Textil en Argentina. Su evolución y sus condiciones de trabajo.* FOCO-INPADE.Buenos Aires.

Anner, M; Bair, J; Blasi, J (2012). *Buyer Power, Pricing Practices and Labor Outcomes in Global Supply Chains.* Working paper. IBS Colorado.

Antunes, R. (2005). *Los sentidos del trabajo. Ensayo sobre la afirmación y negación del trabajo.* Herramienta-Taller de Estudios Sociales. Buenos Aires.

Arcos, M.A. (2013). 'Talleres clandestinos': el traspatio de las 'grandes marcas'. Organización del trabajo montero de la industria de indumentaria. *Cuadernos de Antropología,* (10), 333-351.

Arias, O., Demombynes, G., Moreno, J. y Rofman, R. (2008). "Informalidad, protección social y mercado de trabajo en la Argentina". En Banco Mundial; Ministerio de Trabajo, Empleo y Seguridad Social *Aportes a una nueva visión de la informalidad laboral en la Argentina*. Buenos Aires.

Bastian M., Heymann S., Jacomy M. (2009). Gephi: an open source software for exploring and manipulating networks.International AAAI Conference on Weblogs and Social Media.

Basualdo, V., Esponda, M.A., y Morales, D. (2014). La tercerización en América Latina en las últimas décadas. Visiones, debates y aportes. En V. Basualdo y D. Morales (Eds.). *La tercerización laboral: orígenes, impacto y claves para su análisis en América Latina*. Buenos Aires: Siglo Veintiuno Editores, pp. 65-153.

Basualdo, V., Esponda, M.A. (2014). La expansión de la tercerización a nivel global a mediados de los años setenta, sus antecedentes históricos y su alcance actual. En V. Basualdo y D. Morales (Eds.), La tercerización laboral: orígenes, impacto y claves para su análisis en América Latina. Buenos Aires: Siglo Veintiuno Editores. pp. 19-61.

Bender, D.; Greenwald, R., Eds (2003), *Sweatshop USA: The American Sweatshop in Historical and Global Perspective,* New York and London: Routledge.

Bertranou, F; Casanova, L., Lukin, T. (2013). *La formalización laboral en Argentina: Avances recientes y el camino por recorrer.*Oficina de País de la OIT para la Argentina, Bs As.

Boyer, R., (1990). Les problématiques de la régulation face aux spécificités sectorielles. Perspectives ouvertes par la thèse de Pierre Bartoli et Daniel Boulet. *Cahiers d'économie et sociologie rurales*, 17, 40-76.

Carrera, J., Ortiz, J., Secchiari, G., Malamud, L. y Melichopulos, V. (2006. *El sector Textil y de Indumentaria desde la perspectiva del género*, Fundación El Otro.

D'Ovidio, M. et al (2007). *Quién es quién en la cadena de valor el sector de indumentaria textil. Buenos Aires: Fundación* El Otro.

De la Garza, E. (2012). Subcontratación y crisis capitalista. *Trabajo*, 6 (9), 5-22.

Delmonte Allasia, A. (2017). Reflexiones sobre el trabajo en la industria de confección de indumentaria en el período 2003-2015. Problemáticas en torno a la inserción laboral de migrantes bolivianos y bolivianas, *PUBLICAR-En Antropología y Ciencias Sociales*, (XXII), 45-70.

Doeringer, P. y Crean, S. (2006). Can fast fashion save de US apparel industry?. *Socio-Economic Review*, 4, 353-377.

Doeringer y Watson (1999) Apparel; In US Industry in 2000. En *Studies in Competitive Performance*. National Research Council. USA.

Donadi, L., Perín, H. y Martinetti, M. (2011). La cadena textil de indumentaria en el nivel local. En Matta A. y Magnano C. (coord.) *Trama productiva urbana y trabajo decente. Análisis y estrategias para la cadena productiva textil de indumentaria en Áreas Metropolitanas*. OIT, Buenos Aires.

Funes, M.E. (2014). La precarización del trabajo y los procesos de resistencia en la industria de la confección. El caso de los trabajadores de SOHO. *Revista La Roca*, 1(1), 6-25.

Etchegorry, C.; Magnano C; Orchansky, C. y Matta, A. (2018). El marco normativo e institucional en la configuración del régimen sociotécnico de la confección de indumentaria en Córdoba. *Estudios del Trabajo*, 56, ASET, Buenos Aires.

Gallart M. A. (2006) "Análisis de las estrategias de acumulación y de supervivencia de los trabajadores ocupados en la rama de textiles y confecciones". En *Informalidad, Pobreza y Salario Mínimo*, Programa Nacional de Trabajo Decente Argentina 2004-2007. Buenos Aires, OIT.

Geels, F. (2011) The Multi-Level Perspective on Sustainability Transitions: Responses to Seven Criticisms. *Environmental Innovation and Societal Transitions* 1(1):24–40.

Geels, F. y Schot, J. (2007). Typology of sociotechnical transition pathways. *Research Policy* 36, 399-417.

Gereffi, G. (1999). International Trade and Industrial Upgrading in the Apparel Commodity Chain, *Journal of International Economics* 48: 37–70.

Gereffi, G., y Memedovic, O. (2003). *The global apparel value chain: What prospects for upgrading by developing countries*. United Nations Industrial Development Organization Vienna.

Gianibelli, G. (2014). Debates sobre la tercerización desde el campo del derecho. En V. Basualdo y D. Morales (Eds.). *La tercerización laboral. Orígenes, impacto y claves para su análisis en América Latina*, Buenos Aires: Siglo Veintiuno Editores, (pp. 239-261).

Giddens, Anthony (1984). *The Constitution of Society: Outline of the Theory of Structuration*, Polity Press. Cambridge.

Granovetter, M. (1985). "Economic action and social structure: the problem of embeddedness". *The American Journal of Sociology*, 91(3), pp. 481-510.

Harvey, D. (2007). *Breve Historia del Neoliberalismo*. Madrid: Akal.

ILO (2019). *The future of work in textiles, clothing, leather and footwear*, Working Paper: No. 326. International Labour Office, Sectoral Policies Department. – Geneva.

ILO (2014). Wages and Working Hours in the Textiles, Clothing, Leather and Footwear Industries. International Labour Office, Sectoral Policies Department. – Geneva.

Kacef, O. (2003). *Estudios sectoriales: Componente industria de la confección y el diseño*. CEPAL y Ministerio de Economía de la Nación. Buenos Aires.

Kantis, H; Drucaroff, S. (2007). *Nuevas empresas y emprendedores de moda en Buenos Aires: ¿hacia un cluster de diseño?* Los Polvorines: Univ. Nacional de General Sarmiento.

Kaplinsky, R. y Morris, M. (2002). *A Handbook For Value Chain Research*, en sitio http://www.ids.ac.uk/globalvaluechains/concepts/index.html

Kosacoff B. (coord.) (2004). *Evaluación de un escenario posible y deseable de reestructuración y fortalecimiento del Complejo Textil argentino*. Buenos Aires, Cepal.

Lieutier A. (2010) *Esclavos: los trabajadores costureros de la ciudad de Buenos Aires*. Buenos Aires, Retórica Ediciones.

Marino, P. y Marre, S. (2014). *Diseño de indumentaria de autor en Argentina 2014: diagnóstico productivo e impacto económico basado en la Encuesta Nacional de Diseño de Indumentaria de Autor 2014*, Publicación del Instituto Nacional de Tecnología Industrial (INTI), 1° ed., San Martín.

Matta A. ;Magnano C. (coord.) (2011) *Trama productiva urbana y trabajo decente. Análisis y estrategias para la cadena productiva textil de indumentaria en Áreas Metropolitanas*. Buenos Aires, OIT.

Matta, A., Etchegorry, C., Magnano, C., y Orchansky, C. (2013). *Las cadenas de valor local, el trabajo y la estructuración del campo económico*. Acta Científica XXIX Congreso de la Asociación Latinoamericana de Sociologia. Santiago de Chile. http://actacientifica.servicioit.cl/biblioteca/gt/GT27/GT27_Etchegorry_Matta_Magnano_Orchansky.pdf

Matta, A., Etchegorry, C., Magnano, C., y Orchansky, C. (2015). *Estructuras Productivas y Calidad del Empleo: Trayectorias, Estrategias y Políticas. El caso de la Industria de la Indumentaria*. Congreso nacional de estudios del trabajo. ASET, Buenos Aires, Argentina.

Minchin, T. (2012) Empty Mills The Fight Against Imports and the Decline of the U.S. Textile. Rowman & Littlefield Publishers.

Mittellhauser, M. (1997). Employment Trends In Textiles and Apparel, 1973-2005, *Monthly Labor Review* (August):24-35.

Montero Bressán, J. (2013). La moda neoliberal: El retorno de los talleres clandestinos de costura, *Geograficando*, 8, 19-37.

O'Rourke, D. (2011). Citizen Consumer. Boston Review (November/December); http://bostonreview.net/novemberdecember-2011, acceso mayo, 2019.

Perelman, L., Vargas, P. (2013). Los propios y los de las compañías: efectos de la tercerización entre los trabajadores siderúrgicos. *Papeles de trabajo*, 7(12), 84-101.

Piore, M- y Schrank, A. (2006). Trading Up: An Embryonic Model for Easing the Human Costs of Free Markets. *Boston Review* 31: 1–22.

Salgado, P. (2016). El gobierno argentino frente al trabajo en condiciones de reducción a la servidumbre. *Discurso & Sociedad*, 10(1), 78-99.

Scott, J. (1991). *Social Network Analysis*. Newbury Park, Londres: Sage.

Ter Wal, A.L., y Boschma, R. (2009). Applying Social Network Analysis in Economic Geography: Framing Some Key Analytic Issues. *The Annals of Regional Science* 43(3), 739-756.

Verité (2015). *The Garment Sector in the United States Undocumented Workers and their Vulnerability* https://www.verite.org/wp-content/uploads/2016/11/GarmentSectorUS-WhitePaper-102215-Final.pdf

La tercerización y su impacto en las condiciones de trabajo en la Ciudad de Buenos Aires

Ariel Lieutier y Carla Degliantoni[1]

Introducción

En nuestro país la industria de confección de indumentaria es uno de los sectores productivos en los que se observa mayor nivel de precarización de las relaciones laborales. Esta situación está estrechamente vinculada a la extensión de la tercerización como forma de organización de la producción: las marcas de indumentaria que encaran por sí mismas las tareas de confección de las prendas constituyen más la excepción que la regla. Así, la cadena de valor de indumentaria se articula en sucesivos eslabones que hacen que la comercialización (la mayor parte de las veces) esté desligada de la producción, quedando esta última relegada a unidades productivas tercerizadas (como se observa en el artículo de Matta et al en esta obra).

En una gran cantidad de casos, estas unidades se tratan de pequeños talleres donde la precarización de las condiciones de trabajo es una constante e incluso se han registrado situaciones cercanas a la esclavitud.

Analizar integralmente el sector se torna una necesidad a la hora de entender las múltiples causas que explican la persistencia de las problemáticas de la informalidad laboral y la extrema tercerización productiva. Diversos autores han realizado importantes aportes en este sentido, y el estudio de las condiciones de trabajo y producción del sector de indumentaria ha concitado creciente atención en los últimos

---

[1] Los autores son investigadores del Instituto de Trabajo y Economía de la Fundación Germán Abdala (ITE-FGA), contacto: consultas@itegaweb.org.

años (Basualdo y Esponda, 2015; Salgado y Carpio, 2017; Etchemendy, 2018; entre otros). Sea que se trate de analizar la precarización laboral o los efectos de la tercerización, la industria de indumentaria es un punto de intersección en las que ambas dimensiones convergen.

En el presente trabajo, se pretende realizar un aporte para avanzar en la problematización de los efectos que la tercerización tiene sobre las condiciones de vida de los trabajadores a partir del análisis de diferentes variables cuantitativas, que surgen de la Encuesta Anual de Hogares de la Ciudad Autónoma de Buenos Aires. Por su relevancia sectorial, la densidad de la problemática social y la disponibilidad de fuentes estadísticas, la ciudad constituye un ámbito territorial propicio para centrar dicho estudio.

Se parte de asumir que las fuentes estadísticas no alcanzan por sí solas para trazar un cuadro completo de la configuración de las relaciones laborales que tienen lugar en la industria de indumentaria; en efecto no hay variables cuantitativas que puedan captar el drama que implican la persistencia de las condiciones de trabajo que imperan en el sector, ni el impacto social que implica la vulneración flagrante de los derechos a los que, las más de las veces, son sometidos los trabajadores.[2]

Pero también el capítulo parte del convencimiento de que el análisis de dichas fuentes aporta información valiosa para comprender el funcionamiento de esta industria y es una contribución a los estudios, investigaciones e iniciativas que buscan echar luz sobre un sector que por demasiado tiempo ha permanecido en penumbras, en el que incluso las condiciones de trabajo les han costado la vida a ocho personas en los incendios de los talleres ubicados en las calles Luis Viale en 2006 y en Páez y Terrada en 2015.

Confección de indumentaria y tercerización

La fabricación de prendas de vestir involucra un amplio abanico de actores y eslabones que intervienen en la cadena de valor: el sector primario, la industria textil, la de confección de la indumentaria y la comercialización.

En primer lugar, se obtienen las materias primas principales en el sector primario. Posteriormente, la industria textil procesa dicha materia prima mediante la fabricación de hilados, la producción de tejidos y el acabado de telas. Este eslabón es el más intensivo en

---

[2] Por otra parte, las fuentes estadísticas tienen limitaciones para captar las condiciones de trabajo en actividades como las de indumentaria donde buena parte se realiza de manera oculta.

capital, y es el tecnológicamente más avanzado. Luego, las telas son transformadas en un segmento inferior donde se lleva a cabo la confección de la indumentaria propiamente dicha, para después ingresar en el circuito de comercialización (Ludmer, 2010).

En el segmento de confección las actividades comprenden el diseño, corte, costura, bordado, aplicación de botones y atavíos, armado y empaquetado, entre otras. Muchas de estas tareas suelen estar tercerizadas en diferentes unidades de pequeño tamaño, por lo general intensivas en mano de obra de baja calificación.

Dentro de esta cadena, el rol central lo desempeñan las marcas, ya que determinan tanto las cantidades producidas como los circuitos de fabricación. Cabe aclarar que este rasgo dominante de las marcas incluye tanto pequeñas como grandes, sin importar el segmento de comercialización (formal o informal).

Discutir las condiciones de trabajo dentro de la industria de indumentaria remite de manera automática a dos cuestiones: tercerización y precarización, que son dos caras de la misma moneda. En particular, dicha industria constituye un caso de extremo de ambas, tanto por la extensión de la tercerización como forma de organización de la producción como por la profundidad de la precarización que la misma implica en las condiciones de trabajo.

En Argentina, la tercerización en indumentaria se encuentra ampliamente extendida. La Cámara Industrial Argentina de Indumentaria señalaba para el año 2007 que el 92,6% de los trabajadores se ubicaban en "empresas comerciales (que) tienen sus proveedores de mano de obra en terceras personas",[3] donde imperan condiciones precarias de trabajo.

La consecuencia más evidente de este proceso es la multiplicación de puestos de trabajo no registrados. Según la Encuesta Permanente de Hogares[4] (EPH) para 2017[5] prácticamente el 55% de los trabajadores asalariados del sector se encontraban en esta situación. Por otra parte, vale la pena destacar que la no registración es solamente el rasgo más visible de la precarización laboral, ya que se registraron casos extremos con condiciones de esclavitud (al respecto, véase Amengual 2011; Arcos, este volumen; Lieutier 2010; Montero, 2011; entre otros).

---

[3] "Proyecto de regularización del empleo no registrado", presentado por Oscar Pérez Larumbe, presidente de la CIAI. Revista Mundo Textil, n°27, año 2007.

[4] Es importante destacar que los datos de la EPH presentan amplios márgenes de error para un análisis de este tipo, toda vez que el número de casos relevados para el sector de confección de indumentaria es relativamente pequeño. Por tal motivo, los datos consignados deben utilizarse con precaución; a los efectos del presente son suficientes para ilustrar que la confección de indumentaria es un sector en el que el trabajo no registrado tiene un peso decisivo.

[5] Datos correspondientes al segundo trimestre.

Ahora bien, previo a analizar el impacto de la tercerización en las condiciones de trabajo, es necesario formular algunas consideraciones respecto a su conceptualización. Este fenómeno presenta una multiplicidad de aristas y manifestaciones y resulta necesaria su caracterización a los fines de determinar los diversos impactos en la sociedad y, especialmente, en la calidad de vida de los trabajadores.

Dada la variedad de formas que adquiere la tercerización no existe unicidad respecto a los tipos de procesos que se subcontratan, aunque en su versión más generalizada se trata de tareas de carácter secundario como pueden ser los servicios de limpieza y mantenimiento, transporte, vigilancia, comedor, distribución y comercialización, entre otros.

Este no es el caso de la industria de la indumentaria, donde la tercerización se realiza sobre eslabones centrales del proceso productivo, como es el corte y la confección de las prendas de indumentaria, es decir, la subcontratación se concentra en tareas integradas a la actividad principal de la empresa.

La Organización Internacional del Trabajo (OIT), define a la tercerización como

> *una relación de trabajo triangular que involucra a un trabajador que presta servicios en una empresa, pero que no es trabajador de dicha empresa sino de una sociedad exterior, ya sea una agencia de trabajo temporal, un contratista o una cooperativa de trabajo asociado* (OIT, 2008: 8).

La tercerización tiene lugar cuando

> *una empresa establece un contrato con terceros y les confía el cumplimiento de actividades que pueden ser de apoyo o periféricas, simplemente descentralizadas en relación con la organización originaria, o incluso parte central de las tareas desempeñadas. Una vez celebrado el contrato, yo no son terceros, sino que son partes de un contrato, pero siguen siendo terceros (o pretenden serlo) respecto del mundo de las relaciones laborales de la empresa* (Basualdo y Morales, 2014: 12).

En este sentido, Tortello (2001) define que la subcontratación laboral solo existe y funciona en forma triangular: empresa usuaria, suministradora y trabajador. De estas relaciones la más vulnerable es la empresa-trabajador debido a su escasa o nula regulación. En otras palabras, esta modalidad combina independencia en la relación contractual y mayor subordinación organizativa (Palomino, 2000).

Esta cuestión es central ya que, a partir de diferentes intermediarios formales e informales, se generan grados de separación (en ocasiones incluso más de uno) entre la empresa para la cual se realiza el trabajo y el ámbito físico donde se desarrolla el proceso productivo y se consuma la precarización laboral. De esta forma, la empresa principal busca librarse de la responsabilidad directa sobre el trabajador.

En este sentido, la tercerización ha contribuido a la reconfiguración del rol de las empresas de indumentaria. Así puede observarse cómo empresas con altos niveles de facturación y reconocidas a nivel mundial se han desprendido del proceso productivo mediante la tercerización, pasando a dedicarse mayormente a los eslabones de diseño, marketing y desarrollo de la marca (Lieutier, 2010).

De este modo, se produce una fragmentación empresarial, donde en general, la empresa contratante concentra el conocimiento y la tecnología, mientras que las subcontratadas aportan al proceso productivo la mayor cantidad de mano de obra y trabajo poco calificado. Esto produce una división del trabajo entre dichas empresas en la cual se observa una diferenciación de los aspectos técnicos y productivos según su jerarquía.

Así como la calificación de los trabajadores es diferenciada, también lo es la distribución de los riesgos: la demanda estable queda en manos de la empresa con mayor poder, mientras que las empresas subsidiarias ejecutan el segmento inestable y con mayor grado de incertidumbre (Iranzo y Richter, 2012).

Esta fragmentación empresarial implica, a su vez, la fragmentación del colectivo de trabajadores, lo que dificulta la organización sindical facilitando las condiciones para que se vulneren los derechos laborales.

Una industria metropolitana

Una particularidad de la Industria de Indumentaria es su concentración principalmente en el Área Metropolitana de Buenos Aires (AMBA). Si bien entre las diferentes fuentes difieren los porcentajes, en todas hay coincidencias respecto a la concentración en dicho espacio geográfico.

Así, según la Encuesta Permanente de Hogares (EPH) 2016, el 88% de los trabajadores (tanto registrados como no registrados) residían en la Ciudad Autónoma de Buenos Aires (CABA) y Gran Buenos Aires (GBA). Por su parte para el Observatorio de Empleo y Dinámica Empresarial (OEDE) del Ministerio de Trabajo, Empleo y Seguridad Social (MTEySS), el cual releva exclusivamente trabajadores registrados en base a los aportes del Sistema Integrado Previsional Argentino (SIPA), y los agrupa según la localización de la empresa y no por el lugar donde viven (tal como hace la EPH), en 2016 el 72% de los puestos de trabajo registrados en la industria de confección de indumentaria se encontraban localizados dentro del AMBA: 48,8% en la CABA y 23,4% en los partidos del Gran Buenos Aires (GBA).

Este fenómeno de concentración territorial de la industria no es nuevo, pero durante la última década tendió a profundizarse. El empleo registrado de indumentaria que se realizaba en el área metropolitana pasó de 65,2% en 2004 a 72,1% en 2016, cuestión que se explica principalmente por el crecimiento del peso de los puestos de trabajos localizados en los diferentes de partidos de GBA.

Vale la pena destacar, que la información anterior se refiere exclusivamente a puestos de trabajo registrados y no puestos de trabajo totales, puesto que no incluyen a los trabajadores no registrados. No obstante, brinda una idea aproximada respecto a la relevancia que tiene CABA como centro productivo de indumentaria, y en este sentido, la realidad de los trabajadores de indumentaria porteños puede ser considerada como una buena muestra de las condiciones que imperan en dicha industria.

Ahora bien, una primera aproximación a la cuestión se puede realizar a partir del análisis de las condiciones de registración de los trabajadores de indumentaria. Como mencionamos previamente, a nivel nacional y según la EPH, la tasa de no registro en el sector fue del 58%. Por su parte, los datos de la Encuesta Anual de Hogares (EAH) de la Dirección de Estadísticas de la Ciudad de Buenos Aires (Estadísticas GCBA) señalaban que dentro de los trabajadores de indumentaria porteños el 52,9% no estaba registrado mientras la tasa de no registración para el total de asalariados de CABA era de 26%.[6] Es decir, tanto los datos de INDEC como de Estadísticas GCBA son coincidentes respecto a que en el sector de indumentaria la modalidad que prevalece es el trabajo no registrado y que esta tasa es significativamente más elevada a la del conjunto de los asalariados. Por otra parte, vale destacar que no se trata de un fenómeno puntual de un año, sino que cuando se analiza el periodo 2004-2016 en el sector de indumentaria se da la persistencia de elevados niveles de no registro.

---

[6] EAH presenta una mayor fortaleza estadística frente a la EPH, no obstante, tiene como complejidad que mantiene cada vivienda en la muestra por tres años consecutivos, pero no identifica cuáles son dichos solapamientos debido a que las bases de microdatos carecen de un código de identificación que permita asociarlas. Para garantizar que no haya repetición de casos es necesario intercalar las bases cada tres años (Salgado y Carpio, 2017). Por ello, para que los datos presentados tengan una mayor relevancia, y a fin de garantizar que no haya repetición de los casos, se agruparon las bases de los años 2010-2013-2016.

Las condiciones de trabajo de los asalariados no registrados

Como hemos mencionado, la industria de indumentaria se caracteriza por una elevada tercerización laboral que tiene como contracara la precarización de las condiciones laborales.

En la sección anterior destacamos que uno de los rasgos distintivos de esta industria es la no registración de los trabajadores. Sin embargo, dentro del gran paraguas del trabajo "en negro" se esconden un conjunto muy heterogéneo de situaciones.

Diversas fuentes, dan cuenta de las tremendas condiciones de trabajo que tienen lugar al interior la industria, particularmente en los comúnmente denominados talleres clandestinos.

Allí las jornadas laborales suelen superar las 12 horas, el pago se realiza por prenda producida, y los ingresos son sensiblemente menores a los legalmente vigentes. Es frecuente que los trabajadores hayan sido víctimas de trata o que hayan arribado al país junto a sus familias con pasajes costeados por el empleador, generando una deuda con el mismo, a deducir del cobro de los salarios. A su vez, resulta común que los trabajadores y sus familias vivan en el mismo taller, bajo condiciones de hacinamiento, sin intimidad ni la higiene adecuada, y muchas veces se encuentran con posibilidades limitadas de movilidad.

Los menores que viven dentro del taller sufren alteraciones emocionales, a causa de los encierros prolongados a los que se ven sometidos durante la jornada laboral. En materia de salud no solo se ven expuestos a diversas problemáticas asociadas al hacinamiento y la falta de higiene, sino que al trabajar en espacios reducidos durante extensas jornadas se ven expuestos a enfermedades respiratorias causadas por los polvillos expedidos por las telas (Lieutier, 2010; Basualdo, Esponda, 2015) (puede observarse un desarrollo mayor de este aspecto en el artículo de A. Delmonte Allasia en esta obra).

Ahora bien, sin soslayar el dramatismo de estas situaciones, es interés de este trabajo identificar variables cuantitativas que contribuyan a la caracterización de las condiciones de trabajo en la industria de indumentaria. Dichas variables cuantitativas presentan limitaciones, pero resultan esclarecedoras para dimensionar la extensión de la precarización laboral en el sector y avanzar en su caracterización.

A continuación se realizará un análisis en base a fuentes estadísticas de lo que implica, en términos de condiciones de trabajo, estar "no registrado" en la industria de indumentaria y se comparará tanto con sus pares registrados como con los trabajadores no registrados de otros sectores. Como veremos, para un asalariado no estar registrado significa no solo carecer de cobertura de las instituciones protectoras de la seguridad social, sino que conlleva condiciones de trabajo y salarios diferentes.

A efectos de caracterizar esta brecha en las condiciones de trabajo entre trabajadores registrados y no registrados del sector de la indumentaria en la Ciudad de Buenos Aires, y a efectos de dotar de robustez estadística al análisis, se agruparon los microdatos de la EAH de los años 2010, 2013 y 2016 y se analizó la duración de la jornada de trabajo y las brechas salariales.

En lo que se refiere a jornada de trabajo en el Gráfico N°1, se muestra que mientras entre los trabajadores de indumentaria registrados prevalece la jornada normal (entre 35 hs. y 45 hs. semanalmente), dentro de sus pares no registrados dicha modalidad es más la excepción que la regla. En efecto, mientras que el 60,7% de los trabajadores registrados tienen una jornada normal, este guarismo se reduce a apenas el 28,3% entre los trabajadores no registrados.

Gráfico N°1: Horas trabajadas según la condición del trabajador de la indumentaria. Ciudad de Buenos Aires. Años 2010, 2013 y 2016

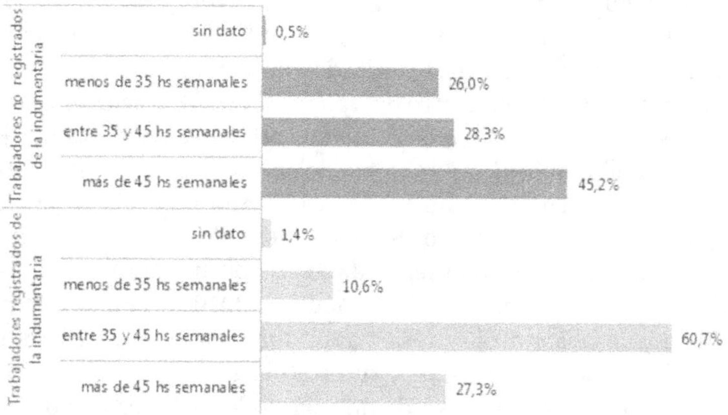

Como porcentaje del total de trabajadores de indumentaria, según condición de registración.

Fuente: Elaboración propia en base a la EAH-Estadísticas GCBA.

Más aún, para los trabajadores no registrados la jornada más frecuente es de más de 45 horas semanales (45,2%), en tanto que la de menos de 35 horas también presenta un valor relativamente elevado (26%). Para los trabajadores registrados, estos valores son de 27,3% y 10,6% respectivamente.

Por otra parte, vale destacar que la jornada más habitual dentro de los trabajadores no registrados de indumentaria es de más de 45 horas semanales y esto es consistente con la caracterización que realizan diversos autores en base a los testimonios de los trabajadores respecto a la persistencia de jornadas extenuantes.

Ahora bien, en este punto vale la pena analizar si la prevalencia de jornadas más extensas que las normales es una característica general de los trabajadores no registrados o si por el contrario se trata de un fenómeno específico del sector de indumentaria. En este punto vale aclarar que el trabajo no registrado es un fenómeno heterogéneo y agruparlo sin discriminar sectores, género o nivel educativo puede generar simplificaciones que induzcan a conclusiones erróneas. Por ello, para mitigar esta situación, y dada las particularidades y el peso que tiene el trabajo en casas particulares se consideró conveniente excluir a éstos de la comparación.[7]

Como se desprende del Gráfico N°2, la jornada laboral de más de 45 horas es más frecuente entre los trabajadores no registrados de indumentaria que entre las del resto de los trabajadores no registrados. En efecto, mientras el 45,2% de los no registrados de indumentaria trabaja más de 45 horas semanales, este valor desciende a 25,7% para el resto de los trabajadores no registrados. Esto da cuenta que las extensas jornadas de trabajo son un rasgo saliente y determinante de la precarización laboral que tiene lugar en el sector de indumentaria no generalizable a los trabajadores no registrados de otros sectores.

Para estudiar la existencia de brechas salariales entre los trabajadores del sector de la indumentaria y dada la heterogeneidad de las jornadas laborales, se procedió a construir una variable de ingreso laboral por hora trabajada.[8] Según este indicador, los salarios horarios de los trabajadores registrados de indumentaria son en promedio 58% más altos que los de sus pares no registrados, tal como se muestra en el Gráfico N°3. Lo que genera que, a pesar de trabajar más horas, el ingreso total de los trabajadores no registrados suele ser menor que el de aquellos de los que están "en blanco".

---

[7] De todas maneras, si en el análisis se incluye a los trabajadores en casas particulares, las conclusiones no difieren significativamente.

[8] En dicho cálculo se excluyeron los casos en los que se declaraba tener de ingresos por actividades laborales secundarias.

**Gráfico N°2: Horas trabajadas por trabajadores asalariados
de indumentaria no registrados en comparación
con el resto de los no registrados (CABA. Años 2010, 2013 y 2016)**
Como porcentaje del total de no registrados
(excluye trabajo en casas particulares)

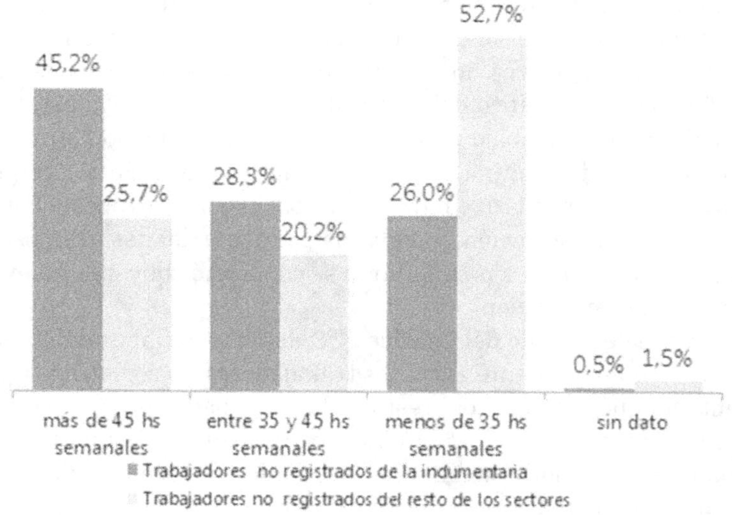

Fuente: Elaboración propia en base a la EAH - Estadísticas GCBA.

Gráfico N°3: Salario horario comparación
Base=100 salario horario de los trabajadores no registrados de indumentaria

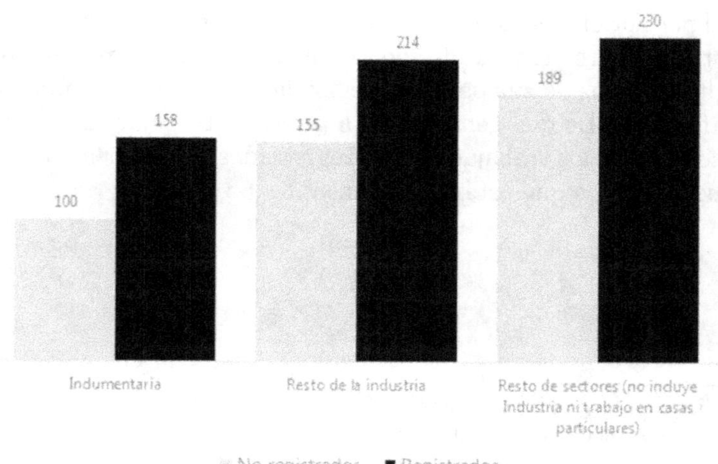

Fuente: Elaboración propia en base a la EAH - Estadísticas GCBA.

Esta brecha en los salarios horarios es particularmente elevada si se la compara con otros sectores. Por ejemplo, entre registrados y no registrados del resto de las actividades industriales (sin indumentaria) esta distancia se reduce al 38% y si se considera al resto de los sectores económicos (excluyendo los trabajadores en casas particulares) ésta alcanza al 22%.

A esta asimetría se suma que el hecho de que los trabajadores no registrados de indumentaria incluso perciben un salario horario menor que aquellos que sin estar registrados se desempeñan en otros sectores: un 36% menos que los del resto de la industria y un 47% por debajo que el resto de los sectores (excluyendo trabajo en casas particulares).

Ahora bien, como hemos mencionado, la no registración implica condiciones de trabajo más precarias, pero también ausencia de cobertura por parte de las instituciones de la seguridad social. En algunos casos esta situación se suple parcialmente a partir de la realización de aportes por cuenta del trabajador.[9] Aproximadamente un 30% de los trabajadores no registrados de CABA realizan aportes por su cuenta y tiene algún tipo de acceso a las prestaciones de la seguridad social, sin embargo, este porcentaje se reduce hasta el 10% de los trabajadores no registrados en el sector de la indumentaria.

En resumidas cuentas, la información disponible permite concluir que la no registración en el sector de la indumentaria implica una notoria precarización de las condiciones de trabajo respecto a sus pares registrados pero además, en términos comparativos, su situación es peor que la del resto de los trabajadores no registrados que se desempeñan en otros sectores de la Ciudad de Buenos Aires.

Caracterización de los trabajadores de indumentaria

En la sección anterior mostramos algunos rasgos distintivos de las condiciones en las que se desempeñan los trabajadores no registrados en el sector de indumentaria. En la presente se abordará un análisis tendiente a identificar quiénes son los que más sufren el "trabajo en negro", así como las características de los establecimientos en los que este tiene lugar.

---

[9] En estos casos, la relación laboral queda enmascarada detrás de una "prestación de servicios" donde el trabajador le emite una factura al empleador, y para poder emitirla, el trabajador debe estar inscripto como monotributista (o autónomo), y al hacerlo tributa a la seguridad social. El sector donde esta modalidad se encuentra más extendida, si bien no es el único, es el sector público, donde prácticamente la totalidad de los trabajadores no registrados realizan aportes por su cuenta.

Para ello, en el Gráfico N°4 se muestra la tasa de no registro de la industria de indumentaria a partir de tres criterios de agrupamiento: género, nacionalidad y tamaño del establecimiento.

**Gráfico N°4: Tasa de no registración de indumentaria
según criterios seleccionados**
*Como porcentaje del total de trabajadores asalariados
de indumentaria de la CABA. (Años 2010, 2013 y 2016)*

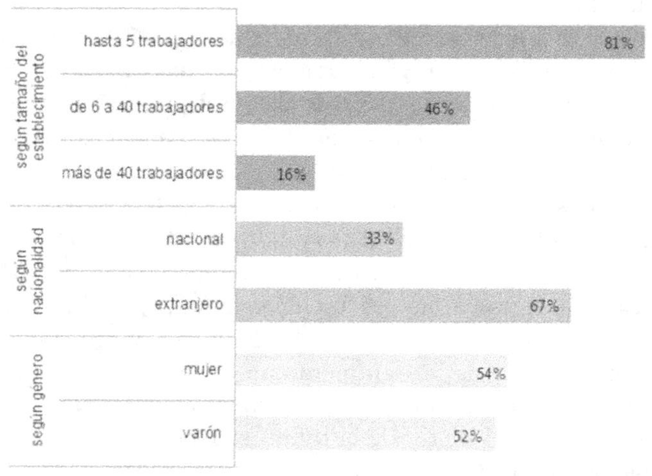

Fuente: Elaboración propia en base a la EAH - Estadísticas GCBA.

Una primera cuestión que llama la atención del gráfico anterior es que la tasa de no registración de las mujeres es prácticamente la misma que la de los hombres (54% y 52%), lo que constituye, a priori, un dato llamativo, si se tiene en cuenta el sesgo discriminador contra las mujeres que suele tener el mercado de trabajo.

La segunda cuestión a destacar es que la no registración es una cuestión que afecta centralmente a los trabajadores migrantes donde más del 67% de los asalariados se encuentran "en negro". Dichos datos contrastan con el 33% de los nacidos en la Argentina, porcentaje que, si bien está por encima de la media porteña, es sensiblemente más bajo que el promedio de la industria de indumentaria.

Finalmente, vale la pena destacar que el tamaño de la unidad productiva resulta determinante en el nivel de registración de los trabajadores de indumentaria. Mientas en unidades relativamente más grandes (más de 40 trabajadores), solo el 16% de los asalariados se encuentra no registrado, este valor asciende al 46% en las unidades de 6 a 40 trabajadores y hasta 81% en las de 5 o menos trabajadores.

Retomando la cuestión de género, vale la pena recordar que tradicionalmente se asocia a la industria de indumentaria como una actividad feminizada, sin embargo, en el caso de CABA, dicha situación no termina de verificarse: el 42% del total de ocupados en la industria de indumentaria son mujeres.

Ahora bien, cuando se agrupa a los trabajadores considerando las dimensiones en conjunto de nacionalidad y género, se obtienen algunos datos que matizan lo anterior.

Gráfico N°5: Trabajadores asalariados de indumentaria según nacionalidad y género
Como porcentaje del total de trabajadores de indumentaria de la CABA (años 2010, 2013 y2016).

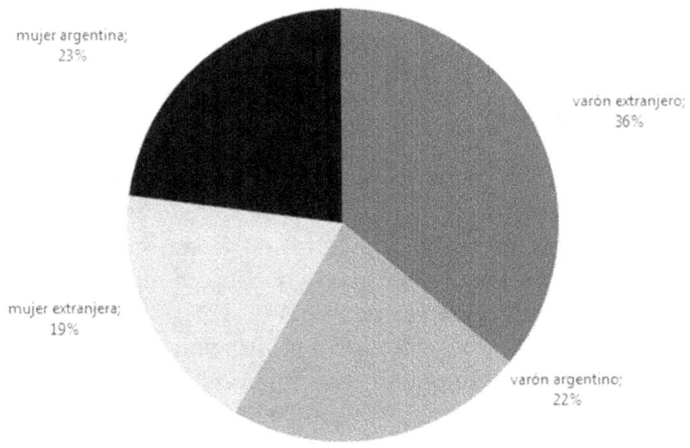

Fuente: Elaboración propia en base a la EAH - Estadísticas GCBA.

En el Gráfico N°5 se muestra que el colectivo más numeroso son los varones extranjeros, 36% del total, le siguen las mujeres argentinas (23%), varones argentinos (23%) y mujeres migrantes (19%). Es decir, dentro de los trabajadores nacidos en Argentina hay prácticamente paridad de género, sin embargo, no sucede lo mismo con los trabajadores migrantes.

Dado el decisivo peso que tienen los varones extranjeros en el total de trabajadores de indumentaria y la elevada tasa de no registro que se verifica entre los migrantes, resulta necesario recalcular las tasas de no registro para hombres y mujeres atendiendo a las diferencias en los lugares de nacimiento, tal como se realiza en el Gráfico N°6.

Gráfico N°6: Tasa de no registro según nacionalidad y género
*Como porcentaje de trabajadores asalariados de indumentaria de cada
nacionalidad y género (años 2010, 2013 y 2016)*

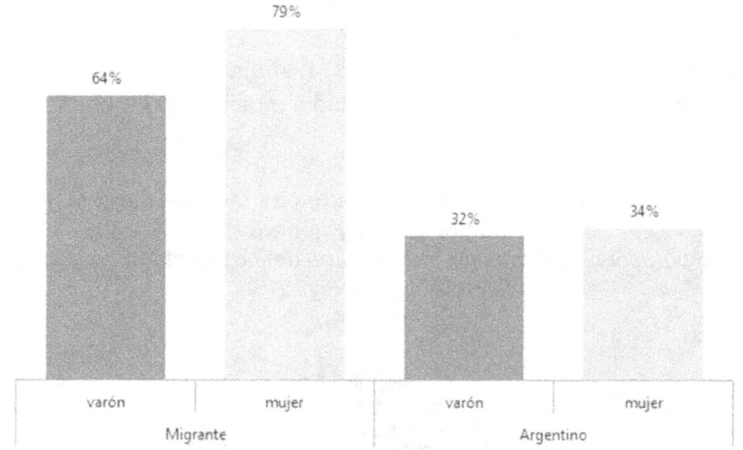

Fuente: Elaboración propia en base a la EAH - Estadísticas GCBA.

En este gráfico se muestra que la precarización es más intensa
entre las mujeres que entre los hombres. En el caso de los migrantes,
las tasas de no registro son 79% contra 64% respectivamente; en tanto
que entre los nacidos en Argentina, la tasa de no registro de las mujeres
es 34% en tanto que para los hombres es 32%.

Asimismo, si el cruce se realiza en función de nacionalidad y tipo
de establecimiento en el que se desempeñan, no solo se observa que a
medida que crece el tamaño del establecimiento se reduce la presencia
de trabajo no registrado, sino que también cae la participación de los
trabajadores migrantes.

En el segmento de empresas de 5 empleados o menos (donde el
trabajo no registrado alcanza casi al 81%), el 61% de los trabajadores
que se desempeñan en este segmento son migrantes, en tanto que en
aquellos establecimientos de entre 6 y 40 empleados (donde la tasa de
no registro alcanza el 46%), los trabajadores migrantes son el 58% del
total y los argentinos el restante 42%. Finalmente, en las empresas de
más de 40 empleados (donde la tasa de no registro es de apenas 16%) es
el único segmento donde predominan los trabajadores argentinos (69%).

Tal como vimos, los trabajadores migrantes tienen mayores dificultades para conseguir ocupar los puestos de trabajo de las unidades
productivas ubicadas en los segmentos donde la tasa de registración es
mayor. Pero la discriminación que sufren los trabajadores migrantes
no termina allí, porque incluso al interior de cada segmento la tasa de
no registración es sensiblemente mayor para los migrantes.

Gráfico N°7: Trabajadores asalariados de indumentaria según nacionalidad y tipo de unidad productiva

Como porcentaje del total de trabajadores de cada tipo de unidad productiva
(años 2010, 2013 y 2016)

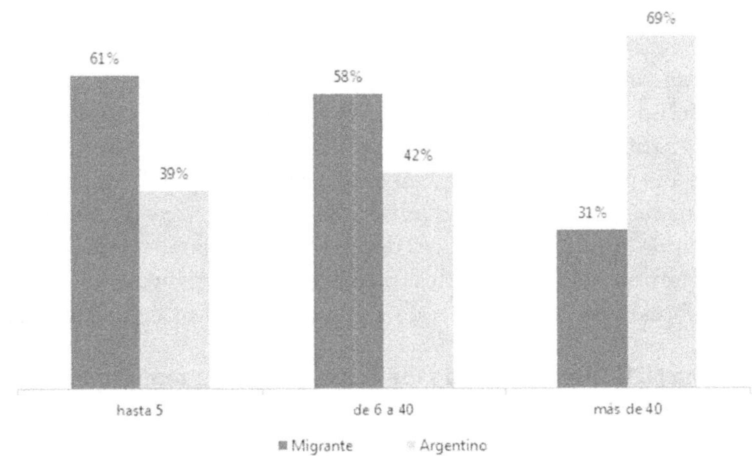

Fuente: Elaboración propia en base a la EAH - Estadísticas GCBA.

Gráfico N°8: Tasa de no registro en indumentaria según nacionalidad y tipo de unidad productiva

Como porcentaje del total trabajadores de cada nacionalidad en cada tipo de unidad productiva
(años 2010, 2013 y2016).

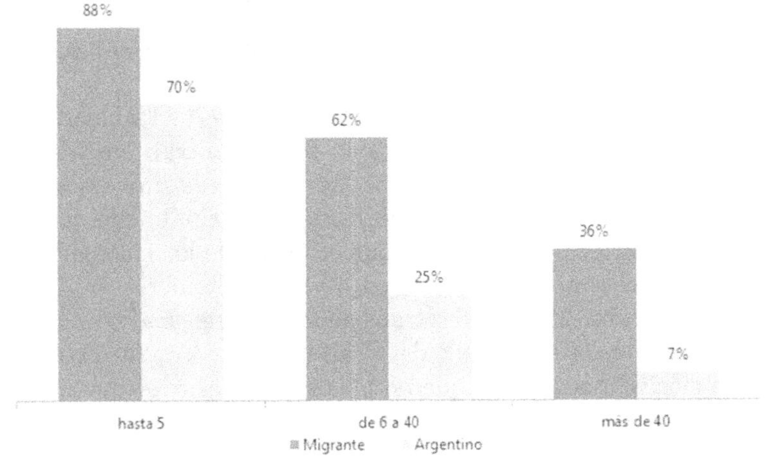

Fuente: Elaboración propia en base a la EAH - Estadísticas GCBA.

En efecto, en el segmento de empresas de 5 trabajadores o menos el 88% de los trabajadores migrantes se encuentra no registrado, en tanto que dicha proporción desciende a 70% para los nacionales. Este segmento es, en rigor, el más igualitario, ya que en el siguiente (empresas de entre 6 y 40 trabajadores), la tasa de no registro para los trabajadores nacionales desciende abruptamente al 25%, en tanto que para los migrantes se mantiene elevada superando el 62%.

Incluso en el segmento de empresas de más de 40 empleados (al que los migrantes tiene serias dificultades para acceder), la tasa de no registro de las personas nacidas en el exterior es sensiblemente mayor que la de los nacidos en nuestro país: 36% contra 7% respectivamente.

A partir de los diferentes cruces desarrollados en la presente sección es posible trazar una radiografía de los trabajadores no registrados en la industria de confección de indumentaria, tal como se muestra en la Tabla N°1.

Tabla N°1: Distribución de los trabajadores no registrados en el sector de indumentaria, en función de género, nacionalidad y tipo de unidad productiva
Como porcentaje del total de trabajadores no registrados del sector (años 2010, 2013 y 2016)

	Hasta 5 empleados	de 6 a 40 empleados	más de 40 empleados	sin datos	Total
Varón migrante	18,1%	21,3%	2,8%	1,2%	43,3%
Mujer migrante	15,4%	11,6%	0,8%	0,2%	28,0%
Varón argentino	7,9%	4,6%	0,7%	0,6%	13,8%
Mujer argentina	9,0%	5,1%	0,8%	0,0%	14,9%
Total	50,4%	42,5%	5,1%	2,0%	100,0%

Fuente: Elaboración propia en base a la EAH 2012-2016 - Estadísticas GCBA.

De lo anterior se desprende que el 92,9% de los trabajadores no registrados del sector de indumentaria se encuentran empleados en empresas de menos de 40 empleados, dentro de ese universo, la mayoría corresponde a trabajadores migrantes, principalmente hombres.

En este sentido, vale destacar que el 71,3% de los trabajadores no registrados en el sector son migrantes, 43,3% son hombres y el 28% son mujeres. El restante 28,7% de los trabajadores no registrados se distribuye en mujeres argentinas (14,9% del total) y varones argentinos (13,8%).

Una cuestión adicional, que no puede soslayarse es que en la intersección en la que se ubican la mayor cantidad de trabajadores no registrados es la de varones migrantes que trabajan en el segmento de 6 a 40 empleados. El 21,3% de los trabajadores no registrados se corresponden con esta situación.

Esto es particularmente llamativo si se considera que este porcentaje es mayor que el de los varones migrantes que se ubican en el segmento de hasta 5 empleados (18,1%). Esta situación no sucede con el resto de los cruces realizados (varón argentino, mujer argentina y mujer migrante) donde la relevancia del peso de los trabajadores en empresas pequeñas (hasta 5 empleados) en el empleo no registrado es mayor que en el mediano (de entre 6 a 40 trabajadores).

Esta cuestión está asociada a que la unidad productiva referida (de 6 a 40) que releva la EAH es demasiado amplia y en la misma respuesta se puede estar captando desde pequeñas PYMES industriales "formales" hasta talleres clandestinos medianos. En este sentido, una hipótesis plausible (aunque no sea factible demostrarla cabalmente con la información disponible) es que este tipo de unidades "medianas" donde se desempeñan los migrantes (mayormente varones), no tienen las mismas características que las empresas "medianas" en las que se encuentran empleados los trabajadores argentinos, y que aquellas tienen características de precariedad e informalidad más similares a talleres clandestinos que a empresas industriales pequeñas.

El precio como mecanismo de precarización

La cadena de valor de confección de indumentaria al estar descompuesta en diferentes eslabones lleva implícita una serie de transacciones que se encuentran mediadas por los precios que rigen la compra de la prenda en sus diferentes etapas. La asimetría evidente que existe entre los diferentes actores de la cadena, que tiene su basamento en el mismo proceso de tercerización, hace que estos precios no tengan que ver necesariamente con el valor agregado al proceso productivo por cada actor sino al poder que cada uno de estos detenten en la cadena.

En este sentido, el reparto de los márgenes y utilidades en la cadena refleja las jerarquías existentes en su interior y la apropiación de las ganancias en esta industria responde directamente a la capacidad de negociación de los actores intervinientes (Montero Bressán, 2015).

Diversos trabajos han abordado la tarea de reconstruir y conceptualizar el sendero que transita una prenda desde la materia prima hasta la comercialización, tratando de identificar tanto los precios que rigen en cada una de las etapas. A continuación se analizarán los trabajos de Lieutier (2010), Kestelboin (2012), Montero Bressán (2015) y Ludmer (2016), quienes si bien establecen un agrupamiento diferente de las tareas e incluso utilizan "prendas testigos" distintas, coinciden en que expresan los diferentes costos, gastos y transacciones de la industria como un porcentaje del precio final que paga el consumidor por la prenda. En el cuadro siguiente se presenta un análisis comparado de dichos trabajos.

Tabla N°2: Gastos y transacciones en la cadena de confección de indumentaria, incluyendo etapas de comercialización y desarrollo de marca. *Como porcentaje del precio que paga el consumidor final*

Trabajo		Ludmer (2016)	Kestelboin (2012)	Lieutier (2010)	Montero (2015)
Tipo de prenda analizada		Promedio de diferetes prendas confeccionadas en circuito formal	Prenda premium confeccionada circuito formal	Prenda de calidad media confeccionada en taller clandestino	Prenda primera línea confeccionada en taller clandestino
Materia Prima		**5,3%**	**3,8%**	**11,0%**	**7,3%**
Confección de Indumentaria	Costo salarial	5,8%	9,7%	1,8%	0,8%
	Otros gastos de taller	7,3%		1,0%	4,0%
	Tareas y margen del intemediario			5,4%	
	Magen del tallerista/ confeccionista	1,6%	0,9%	0,3%	0,9%
	Subtotal confección (sin materias primas)	**14,7%**	**10,6%**	**8,5%**	**5,7%**
Costo prenda terminada (materia prima + confección)		**20,0%**	**14,4%**	**19,5%**	**13,0%**
Desarrollo de Marca y Comercialización	Gastos financieros	15,0%	8,0%	39,0%	12,4%
	Alquileres	14,9%	31,2%		25,5%
	otros gastos comerciales	19,8%			
	Desarrollo de marca y otros gastos		12,8%	19,5%	
	Ganancia de la marca de indumentaria	4,8%	6,5%		27,0%
	Subtotal marca y comercialización	**54,5%**	**58,5%**	**58,5%**	**64,9%**
Impuestos		25,5%	27,0%	22,0%	22,0%
Total		**100%**	**100%**	**100%**	**100%**

Fuente: Elaboración propia en base Ludmer (2016), Kestelboin (2012), Lieutier (2010) y Montero Bressán (2015).

Los autores analizados presentan aperturas de rubros diferentes que hacen que no sean estrictamente comparables, y toman en consideración prendas confeccionadas en circuitos diferentes. Por caso vale destacar que mientras Ludmer (2016) y Lieutier (2010) se enfocan en prendas de calidad media, Kestelboin (2012) y Montero Bressán (2015) analizan productos de marcas premium. En lo que se refiere a los canales de comercialización, Ludmer (2016) y Kestelboin (2012) analizan el sector de confección formal y Montero Bressán (2015) y Lieutier (2010) abordan el circuito de confección informal.

Ahora bien, más allá de estas discrepancias la totalidad de autores coinciden en un hecho relevante: el costo de elaboración de la prenda tiene un peso limitado en el precio final que paga el consumidor (ver Gráfico N°9), en el caso de Lieutier (2010) y Ludmer (2016) que analizan prendas de calidad media, estos se ubican en torno al 20%, mientas que para Montero Bressán (2015) y Kestelboin (2012), que se enfocan en el sector de marcas premium, se ubica por debajo del 15%.

Gráfico N°9: Gastos y transacciones en la cadena de confección de indumentaria, exclusivamente en la etapa de elaboración de la prenda
Como porcentaje del precio que paga el consumidor final

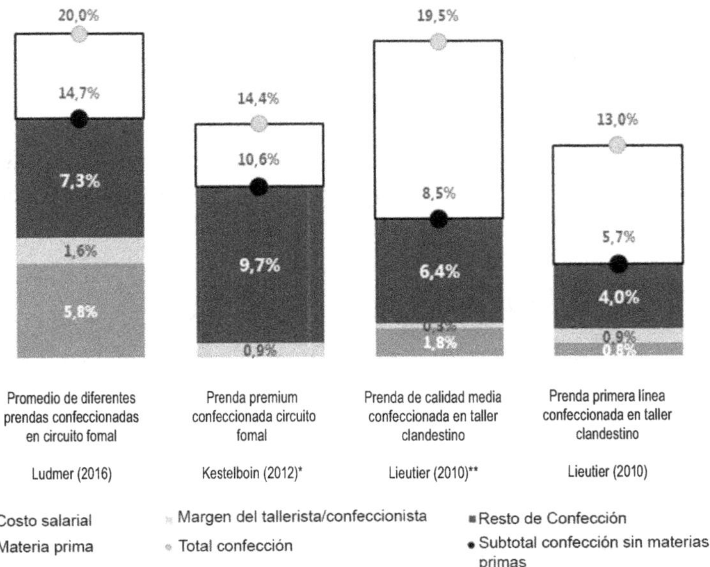

**Kestelboin (2012) no desagrega el costo salarial de confección.*
***Lieutier (2010) incorpora las tareas de cortado en el costo de la materia prima y no el resto de las tareas de confección como otros de los autores.*

Fuente: Elaboración propia en base Ludmer (2016), Kestelboin (2012), Lieutier (2010) y Montero Bressán (2015).

También, coinciden en el hecho de que las tareas propiamente de confección (es decir excluida la materia prima) tiene una participación acotada en el precio final de la prenda y va desde el 14,7% en el caso de Ludmer (2016) hasta 5,7% en caso de Montero Bressán (2015). Dentro de ellos, el costo salarial de la confección aparece como poco relevante, ya que para Ludmer (2016) representa el 5,8% del precio final de la prenda (confeccionada en el segmento formal), mientras que en el sector de confección informal en tanto que se reduce significativamente: para Lieutier (2010) es el 1,8% y para Montero Bressán (2015) es todavía menor: 0,9%.

De manera análoga, surge que la rentabilidad del confeccionista/tallerista también es reducida (medido como porcentaje del precio de venta), 1,6% para Ludmer (2016), 0,9% para Kestelboin (2012) y Montero Bressán (2015), y 0,3% para Lieutier (2010).

En definitiva, a pesar de los diferentes enfoques y aproximaciones que realizan los autores reseñados es posible concluir que la tercerización en la industria de confección genera que las tareas propiamente productivas tengan un peso relativamente menor en el precio final de la prenda. Es a través de esta que se imponen los bajos salarios que rigen en la industria, pero también los escasos márgenes para los confeccionistas o talleristas.

De esta manera, si la puja entre capital y trabajo tiene lugar al interior de la fábrica (o taller) esta tiene escasa relevancia, ya que se trata de una disputa por un margen muy pequeño del excedente que se genera en la cadena de valor (Lieutier, 2010).

En definitiva, mediante la tercerización laboral las marcas imponen "precios" bajos a las fábricas y talleres y esto tiene su correlato en las condiciones de trabajo que imperan en ellos.

Reflexiones finales

A lo largo del presente trabajo hemos realizado una caracterización en base a fuentes estadísticas de las condiciones de trabajo que tienen lugar en la industria de indumentaria. Dentro de las principales conclusiones que se desprenden del mismo es que el trabajo no registrado no solo se encuentra más extendido que en el conjunto de la economía, sino que, además, ser "informal" en el sector de indumentaria implica peores condiciones que las del resto de los trabajadores no registrados. Esta situación también afecta a los trabajadores registrados: según datos de OEDE (MTEySS), el salario de indumentaria es el segundo más bajo dentro de la industria.

Semejantes condiciones de trabajo solo es posible que sean aceptadas por los trabajadores por la vulnerabilidad social en la que se encuentran. Por ello, no sorprende que la mayoría de los trabajadores asalariados no registrados sean migrantes, y que la tasa de no registro de estos sea notablemente más elevada que la de los argentinos.

Por otra parte, si bien el parteaguas en lo que se refiere a no registración es el carácter de migrante, ello no anula la dimensión de género y, como mostramos, tanto entre los trabajadores nacidos en el exterior como en nuestro país las mujeres tienen una tasa de trabajo no registrado mayor que los varones.

Ahora bien, problematizar las condiciones de trabajo en el sector de indumentaria, implica necesariamente discutir la tercerización, ya que aquellas sólo son posibles por la separación que se da entre las empresas que se dedican al desarrollo marcario y los espacios en los que efectivamente tiene lugar la producción.

La desvinculación de las "marcas" del proceso productivo, implica el traslado a terceros de una parte del riesgo empresario, a la vez que la posición dominante que detentan en la cadena les permite imponer a intermediarios y talleres plazos de entrega y retribuciones económicas exiguas.

Esto a su vez dentro del taller se traslada a los trabajadores, y deviene en bajos salarios y extensas jornadas, consumando así el ciclo de precarización que tiene su puntapié inicial en la tercerización laboral.

Bibliografía

Amengual, M. (2011). "Cambios en la capacidad del Estado para enfrentar las violaciones de las normas laborales: los talleres de confección de prendas de vestir en Buenos Aires. Desarrollo Económico, Vol.51, n° 202-203. Julio-diciembre.

Basualdo V. y D. Morales (coords.) (2014). "La tercerización laboral: orígenes, impacto y claves para su análisis." Siglo Veintiuno Editores, Bs. As.

Basualdo V. y Esponda, A (2015). "Tercerización y derechos laborales en la Argentina Actual". Editorial la Página.

Echeverría Tortello, Magdalena L. (2001). El otro trabajo: el suministro de personas en las empresas, Cuaderno de investigación, núm. 7, Dirección del Trabajo.

Etchemendy, S. (coord.), Gianibelli, G., Mangini, M., O´Farrell, J., Ottaviano, J., Perelman, L., Strada, J. (2018). "La Tercerización Laboral en Argentina: Evidencia, Análisis y Propuesta deRegulación", Editorial Biblos, Argentina.

Kestelboin, M. (2012). "La formación del precio de la ropa".

Lieutier, A. (2010) "Esclavos. Los trabajadores costureros de la Ciudad de Buenos Aires", Retórica Ediciones, Argentina.

Lieutier, A., Ludmer, G. y Woyechezsen, S. (2011). "Empleo no registrado: de la distinción conceptual a la diferenciación de políticas". 3er Congreso Anual de la Asociación de Economía para el Desarrollo de la Argentina (AEDA). Buenos Aires.

Ludmer, G. (2010). "Informalidad laboral en la industria textil y de indumentaria: un análisis desde la estructura productiva". 2do Congreso Anual Asociación de Economía para el Desarrollo de la Argentina (AEDA). Agosto. Buenos Aires.

Ludmer, G. (2016). "Análisis de la composición del precio de la ropa en Argentina", presentado en el II Congreso de Pensamiento Económico Latinoamericano, Bolivia.

Iranzo C. y Richter, J. (2012). "Las implicaciones de la subcontratación laboral" en La Subcontratación Laboral en América Latina: Miradas Multidimensionales (Coord. Juan Carlos Celis Ospina).

Montero Bressán, J. (2015). "Los talleres clandestinos y el funcionamiento de la industria de la indumentaria: El gobierno de la cadena productiva" (mimeo).

Organización Internacional del Trabajo (2008). "Informe de Misión de Evaluación de las Plantas Embotelladoras de Coca-Cola".

Palomino, H. (2000). Del trabajo asalariado a la sujeción indirecta del trabajo al capital. Un ensayo sobre los cambios contemporáneos en las relaciones sociales. Ponencia presentada en III Congreso Latinoamericano de Sociología del Trabajo, 17 al 20 mayo, Buenos Aires

Pérez Larumbe, Oscar (2007). Proyecto de regularización del empleo no registrado presidente de la CIAI. Revista Mundo Textil, n°27.

Salgado, Paula y Carpio, Jorge (2017): Superexplotación, Informalidad y Precariedad. Reflexiones a partir del trabajo en la industria de la confección. Estudios del Trabajo N°54.

Uriarte O. y N. Colotuzzo (2009). "Descentralización, Tercerización, Subcontratación".

Superexplotación laboral y acceso al derecho en la industria de la confección de indumentaria. Reflexiones en torno a las condiciones laborales y migratorias

Paula Salgado[1]

Introducción

El presente artículo se inserta en el marco de un trabajo de investigación de mayor amplitud en el que nos interrogamos por las dimensiones que confluyen y, en su articulación, generan una existencia estable de las relaciones de superexplotación laboral en la industria de la confección en la Ciudad de Buenos Aires. El caso seleccionado resulta crítico para abordar este análisis, ya que allí esta forma de explotación es parte constitutiva de la dinámica de producción.

El objetivo del este estudio es dar cuenta del enlace existente entre la superexplotación del trabajo en la rama y el registro tanto laboral, como migratorio. Asimismo, se enseñan diferentes aspectos que esta articulación expone a lo largo de todo el espectro de (in)formalidades que recorre la cadena de explotación existente en la industria de la indumentaria y que representa un acceso diferencial al derecho.

Este trabajo se estructura a partir de una indagación sobre dos ejes que se encuentran en interdependencia dialéctica y aquí hacemos el esfuerzo de escindirlos a fin de alcanzar una mayor nitidez analítica. Uno de ellos es la superexplotación laboral (Marini, 2008), cuya construcción conceptual aquí se expone haciendo foco en una de sus

---

[1] Universidad Nacional de Tres de Febrero, pauladinorah@gmail.com.

dimensiones: el valor de la fuerza de trabajo. El segundo eje remite a la existencia estable de un vasto conjunto de la población en condiciones laborales precarias –no como excepción, sino como norma–, que muestra una asociación estrecha con procesos migratorios –mayormente no regularizados– (Munck, 2013).

En este marco, la pregunta guía del presente trabajo se define de la siguiente manera:

> ¿Cómo se relaciona el acceso al derecho laboral y migratorio con las dinámicas de superexplotación del trabajo existentes en la industria de la confección?

La indagación se realiza a partir de una estrategia de triangulación metodológica. El abordaje cuantitativo se centra en los mecanismos clásicos que componen a la superexplotación laboral, acorde a la definición elaborada por Marini (2008) y retomada por Osorio (2004) y Sotelo Valencia (2003): valor de la fuerza de trabajo, extensión de la jornada e intensidad laboral. A estas adicionamos otras que muestran una relevancia sustantiva para el caso estudiado y que pueden ser cuantificadas a partir de las estadísticas disponibles: migración y registro. Finalmente, otro conjunto de categorías cualitativas, que no son relevadas por dichas fuentes, son expuestas junto a las dimensiones que emergieron a partir del trabajo de campo: los mecanismos de fijación del valor del trabajo; el amalgamamiento entre el registro y el no registro, que recorre el amplio espectro de formas que asume el trabajo y genera un efecto de disciplinamiento; y el vínculo entre el registro laboral y el registro migratorio con la superexplotación del trabajo, que hace inteligible la restricción existente para un conjunto de la población en cuanto al acceso al derecho.

El trabajo en la industria de la confección

En la industria de la indumentaria, las relaciones de superexplotación laboral emergen de la conjunción de factores estructurales con otros de reciente aparición. Históricamente ha tenido un significativo porcentaje de trabajo manual tercerizado a talleres y unidades domésticas (Abramo, Rodríguez Calderón, y Rossignotti, 2004; Adúriz, 2009; Belini, 2008; Kosacoff, 2004; Montero Bressán, 2018; Pascucci, 2007; Salgado, 2015). Los bajos requisitos en cuanto a maquinaria, escala y calificación permitieron históricamente el ingreso a la producción con un bajo capital inicial. Asimismo, el tamaño de las máquinas posibilita su ocultamiento en viviendas y su potencial uso doméstico favorece el camuflaje impositivo. Estas condiciones son algunas de las que ubicaron a la rama en el límite inferior del conjunto industrial, carácter que recrudeció a partir de los años setenta en línea con la creciente precarización laboral adyacente al fin del fordismo como modelo hegemónico de producción (puede encontrarse mayor desarrollo en los capítulos de J. Montero Bressán y A. Matta et al en esta obra).

Las últimas décadas se caracterizaron por la proliferación de marcas –a cargo de diseñar, planificar, controlar, etc.– y la tercerización de gran parte de la confección fabril a talleres (Lieutier, 2010; Schorr y Ferreira, 2013; Montero Bressán, 2011). La expansión posterior a la crisis de 2001 acentuó esta polaridad y la atomización de talleres fue acompañada por el surgimiento de intermediarios que complejizaron la cadena de explotación (Etchegorry, Magnano, Orchansky, y Matta, 2018; Ludmer, 2018), menoscabando aún más el poder de negociación de las y los trabajadores.

El crecimiento que sobrevino a la salida de la crisis del modelo de paridad cambiaria, no tuvo correlato equivalente en términos relativos en la reducción de los puestos precarios (Chitarroni y Cimillo, 2007; Novick, 2006; Féliz y Pérez, 2007). En línea con la tendencia de la industria nacional, el sector textil incorporó a un 40% más de asalariados-as entre 2002 y 2008. Sin embargo, aún existe una diferencia sustantiva en relación a los niveles anteriores a la retracción de los noventa (Salgado, 2012). Según los datos estimados por el Instituto Nacional de Tecnología Industrial (INTI, 2012), entre 2003 y 2012 el empleo registrado creció el 57%, en tanto el no registrado lo hizo un 200%. En base a estadísticas de población, el trabajo no registrado representa entre el 36 y el 58% del total del empleo asalariado en la rama en la Ciudad de Buenos Aires, desde 2004 a 2015. Proporción que se eleva en el orden de los 10 puntos porcentuales para las y los nacidxs en países limítrofes –en su mayoría procedentes Bolivia–.

Una parte de las y los trabajadores nacidxs en Bolivia, son empleadxs en talleres de confección no registradxs, reclutadxs a través de redes de trata de personas. Los relatos y las denuncias indican que, en esos casos, fueron traídos mediante engaños en cuanto a las condiciones de trabajo y vivienda. Como parte del mecanismo, se les carga una deuda por "gastos de viaje", a la que se adiciona la alimentación y vivienda y se lxs hace ingresar así en un círculo de dependencia (D´Ovidio, Malamud, Cremona, Martelletti, y Peña, 2007; Lieutier, 2010; Colectivo Simbiosis/Colectivo Situaciones, 2011). La migración no registrada potencia aún más su situación de indefensión, la cual es utilizada por los talleristas para garantizar su permanencia a través de la construcción de un afuera amenazador, que se logra fundamentalmente a partir de infundir el miedo a una supuesta deportación

(De Genova, 2002). Existen también otros mecanismos más explícitos como la retención de la documentación y/o el cierre del taller bajo llave para impedir la libre circulación. Quienes trabajan y viven en estos talleres cumplen jornadas laborales superiores a las 12 horas. El salario se paga discrecionalmente y/o a través de "vales", perciben pago a destajo y el monto está muy por debajo del establecido en las negociaciones paritarias.

El trabajo en estas condiciones, en la confección de indumentaria, cobró estado público a partir del incendio de un taller ubicado en la calle Luis Viale, ocurrido el 30 de marzo de 2006, en el que murió una mujer embarazada y cinco menores de edad, que allí vivían y se encontraban bajo llave. En junio de 2016 se condenó a los encargados del taller a la pena de 13 años de prisión por el delito de reducción a la servidumbre en concurso ideal con estrago culposo seguido de muerte [puede verse un mayor desarrollo de este caso en el artículo de A. Arcos en esta obra). En el año 2015, nueve años después de aquel trágico incendio, otro siniestro de similares características en un taller del barrio de Flores, se llevó la vida de dos menores que vivían allí y se encontraban encerrados. El problema volvió a cobrar resonancia pública dejando a la vista la exigua intervención estatal y sindical que no generó modificaciones sustantivas entre un incendio y otro.

Metodología

La presente investigación se ha basado en la triangulación de estrategias metodológicas (Hesse-Biber, 2010). La decisión de utilizar estadísticas de población estuvo fundada en la necesidad de construir una aproximación confiable y representativa de una porción considerable del universo en estudio —las y los trabajadores visibles de la confección—,[2] así como para refinar los estimadores de aquella porción del trabajo que se asigna a talleres vinculados con la trata de personas. Este objetivo fue incorporado a la investigación debido a la carencia de dichos datos.

En el marco de la estrategia cuantitativa, el proceso de definición y selección de los indicadores que van a utilizarse en la medición de

---

[2] Las estadísticas poblacionales son recolectados por una dependencia del Estado y, por esta naturaleza, sólo abarcan a la región ostensible del universo de estudio. El hecho mismo de acceder a contestar, da cuenta de un determinado nivel de visibilidad. Posiblemente, quienes trabajan privados/as de su libertad en talleres, se encuentren dentro del porcentaje de no respuesta. Es por esto que los resultados expuestos corresponden a la porción que definimos como *las y los trabajadores visibles de la confección de indumentaria*. El detalle sobre la construcción de estos datos se expone en Salgado y Carpio (2017).

un concepto abstracto, es llamado operacionalización. Teniendo en cuenta la complejidad de dicho procedimiento, consideramos necesario plantear una serie de observaciones respecto a la operacionalización del concepto de superexplotación. Si bien para su abordaje se requeriría un estudio *ad hoc*, aún llevándolo a cabo presentaría dos importantes limitaciones: por un lado no permitiría un análisis retrospectivo y por el otro, obligaría a desarrollar estrategias específicas para garantizar el alcance y la representatividad de la población que trabaja en condiciones que han sido definidas como "reducción a la servidumbre".[3] Otra limitación en la que queremos detenernos, refiere al *a priori* teórico que supondría una indagación de estas características. Hemos decidido al comienzo de esta investigación priorizar el carácter exploratorio en la aproximación al campo, en línea con los preceptos del constructivismo, a fin de poder elaborar una reconstrucción de las relaciones sociales basadas en el trabajo desde la perspectiva de las y los sujetos. En este sentido, el concepto de superexplotación laboral ha sido un punto de llegada, al que se ha arribado desde el trabajo de campo cualitativo.

El abordaje cuantitativo, ha permitido generar datos extensivos al total de la Ciudad de Buenos Aires, debido a que a partir de la mancomunación o *pool* de datos[4] estas regiones alcanzaron un Coeficiente de Variación (CV)[5] razonable. El presente trabajo se ha efectuado a partir del análisis de microdatos correspondientes a la Encuesta Anual de Hogares (EAH) de la Dirección General de Estadísticas y Censos del Gobierno de la Ciudad de Buenos Aires. Este operativo presenta mayor fortaleza a nivel de muestra –y, por tanto, de capacidad de repre-

---

[3] En el marco del Código Penal vigente, estas dinámicas son tipificadas, en su artículo 140, como "reducción a la servidumbre". En su letra prevé sanciones de reclusión o prisión para quien "redujere a una persona a esclavitud o servidumbre, bajo cualquier modalidad, y el que la recibiere en tal condición para mantenerla en ella. En la misma pena incurrirá el que obligare a una persona a realizar trabajos o servicios forzados o a contraer matrimonio servil" (Código Penal de la Nación Argentina; Ley 11.179, V, Delitos contra la libertad, artículo 140).

[4] Se aplicó un procedimiento de mancomunación (*pool*) de datos a fin de mejorar la precisión de las fuentes utilizadas, que cuentan con un pequeño en cada onda. El mismo consistió en la sumatoria de diferentes ondas y pudo desarrollarse considerando dos factores: la estabilidad de las variables analizadas a lo largo del período en estudio y la garantía de inexistencia de casos repetidos entre las distintas muestras. Este último aspecto pudo llevarse a cabo a través de saltear los dos años posteriores a la onda seleccionada, debido a que las muestras cuentan con un solapamiento que no puede rastrearse por falta de un código de identificación que relacione los casos entre una y otra onda.

[5] La precisión de los datos se refleja en el Coeficiente de Variación (CV) -medida que relaciona el Desvío Estándar de un estimador y el valor de esa estimación-. La estimación resulta precisa, cuando el CV no sobrepasa el 10/15% (EAH, 2017: 22).

sentación–, que la Encuesta Permanente de Hogares (EPH) realizada por el INDEC. Por ello, se privilegia su utilización para referirnos a la capital del país.[6] El período relevado inicia en 2004 hasta 2015, debido a que presenta mayor estabilidad respecto a las variables analizadas, condición necesaria para la confección de la base mancomunada –*pool* de datos–.

La metodología cualitativa permite una aproximación naturalista e interpretativa al fenómeno en estudio (Denzin y Lincoln, 1994), a la vez que garantiza la posibilidad de comprender a los sujetos "en términos de su propio mundo de la vida" (Vasilachis de Gialdino, 2007: 57) y habilita a la emergencia de nuevas dimensiones explicativas. Además, su diseño flexible e interactivo brinda la posibilidad de ir nutriendo y reformulando sus componentes en las diferentes etapas (Maxwell, 1996).

El trabajo de campo cualitativo se desarrolló entre 2009 y 2015, y fue organizado a partir del empleo de las siguientes técnicas:

- Observación participante realizada en celebraciones, festivales, desfiles y ferias organizados por agrupaciones de la colectividad boliviana; fábricas textiles y de indumentaria; talleres de formación sindical organizados por el Movimiento de Costureros Inmigrantes Bolivianos (MCIBol); movilizaciones convocadas por la Unión de Trabajadores Costureros (UTC – La Alameda).

- Entrevistas en profundidad realizadas a trabajadoras y trabajadores de la industria textil y de la confección que se desempeñan en distintos tipos de establecimientos productivos: fábricas, talleres y cooperativas. Migrantes y no migrantes, entre ellxs delegadxs afines al sindicato, en oposición al mismo y otrxs sin participación gremial. Asimismo se entrevistó gerentes de producción y de personal de fábricas textiles y de indumentaria.

Para la selección de entrevistas y ámbitos en los que realizar observaciones se realizó un muestreo según propósitos (Maxwell, 1996).

A partir de las primeras aproximaciones al caso, definimos como característica productiva de la rama el crecimiento en base al aumento del plusvalor absoluto (Salgado, 2012). La noción de superexplotación vino a complejizar esta mirada y a darle matices específicos capaces de dar cuenta del deterioro del cuerpo humano que supone esta forma de explotación del trabajo (Salgado, 2014; Salgado y Carpio, 2015, 2017).

Es importante destacar el proceso de esta construcción conceptual, ya que se distancia de la indagación más frecuente de la sociología

----

[6] El detalle del proceso de construcción de datos se expone en Salgado y Carpio (2017).

del trabajo basada en estadísticas de población. El análisis que aquí se expone, procura combinar la potencia de representación de dichos relevamientos, con la profundidad que caracteriza al abordaje cualitativo y que se expresa en nuevas dimensiones analíticas (Mertens, 2007). Estas no pueden ser cuantificadas, debido a que no son relevadas por los operativos estadísticos que utilizamos. Sin embargo, resultan válidas desde la estrategia cualitativa, por su saliencia.

Las diversas dimensiones a partir de las que se ha operacionalizado el concepto de superexplotación, se exponen a continuación y son relevadas tanto desde los indicadores cuantitativos, como desde las categorías y propiedades que emergieron a partir de la estrategia cualitativa.

El aporte singular del concepto de Superexplotación del trabajo

El concepto de superexplotación laboral resulta nodal para el análisis del presente caso. Por un lado, porque aporta un contorno teórico nítido para el abordaje de una dinámica que asume la relación capital-trabajo ubicada en un extremo del amplio espectro que comprende el concepto de "precariedad". Por el otro, porque permite extraer estas dinámicas del campo de la excepcionalidad para situarlas en el acontecer habitual y consolidado.

El concepto de superexplotación laboral ha sido acuñado por Marini, economista brasileño y exponente de la corriente de la Teoría de la Dependencia. El autor la define "por la mayor explotación de la fuerza física del trabajador, en contraposición a la explotación resultante del aumento de su productividad, y tiende normalmente a expresarse en el hecho de que la fuerza de trabajo se remunere por debajo de su valor real" (Marini, 2008: 158).

El autor identifica tres mecanismos fundamentales a través de los que se efectiviza la superexplotación: la prolongación de la jornada reglamentaria, el aumento de la intensidad del trabajo y la remuneración de la fuerza de trabajo por debajo de su valor. Así los describe:

> En los tres mecanismos considerados, la característica esencial está dada por el hecho de que al trabajador se le niegan las condiciones necesarias para reponer el desgaste de su fuerza de trabajo: en los dos primeros casos, porque se le obliga a un dispendio de fuerza de trabajo superior al que debería proporcionar normalmente, provocándose así su agotamiento prematuro; en el último, porque se le retira incluso la posibilidad de consumir lo estrictamente indispensable para conservar su fuerza de trabajo en estado normal.

> En términos capitalistas, estos mecanismos (que además se pueden
> dar, y normalmente se dan, en forma combinada) significan que el
> trabajo se remunera por debajo de su valor (...) y corresponden, pues,
> a una superexplotación del trabajo (Marini, 2008: 125).

La magnitud que adquieren estas dimensiones en la industria de la indumentaria descuella en comparación a otras ramas y al conjunto del trabajo (Schorr y Ferreira, 2013). En otros estudios abordamos el desenvolvimiento reciente a partir del análisis cuantitativo de estadísticas de población. Allí incorporamos como variable constitutiva de este fenómeno a la migración, específicamente la procedente de países limítrofes –con mayor presencia de las y los nacidos en Bolivia–, dado que la superexplotación laboral aumenta en cerca de 20 puntos porcentuales para este conjunto en relación a quienes nacieron en el territorio estudiado (Salgado y Carpio, 2015, 2017; Salgado, 2014), como se verá adelante.

Clasificación tipo de talleres según tipos de registro

Antes de avanzar en el abordaje de los diferentes aspectos que componen a la superexplotación laboral, cabe detenernos en la dimensión del registro, ya que guarda un estrecho vínculo con esta forma de explotación (Courtis y Pacecca, 2006). Además del registro laboral, otros tipos tienen incidencia en el fenómeno: el relativo a la habilitación de los lugares de trabajo, del que se deriva el acogimiento a la normativa en materia de seguridad e higiene y repercute directamente en la salud; y el registro migratorio que incide en el acceso a los derechos de ciudadanía y cuya carencia es utilizada como plataforma material para desplegar diversos mecanismos de coerción, como la estigmatización y la amenaza de deportación, entre otros.

A partir de las fuentes cualitativas, hemos construido la Tabla 1 en la que se expone una clasificación de los diferentes tipos de registro que coexisten en los distintos ámbitos productivos. Allí se detallan las características del registro laboral, del establecimiento de explotación y migratorio de las y los extranjeros que allí trabajan.

En el nivel más próximo a la formalidad se encuentran las fábricas de indumentaria. En el caso de los talleres, en el extremo más formal hallamos a los que cumplen lo establecido por la Ley 12.713 de Trabajo a Domicilio. La misma presume el lazo solidario con la marca y por esto representa una valiosa herramienta de protección laboral. La categoría siguiente corresponde a talleres que cuentan con la habilitación del establecimiento y se inscriben en el régimen de Monotributo, forma de fraude laboral en una relación de dependencia. Finalmente entre los que carecen de registro existe una distinción clave: para unos la confección es una estrategia de subsistencia del hogar; mientras que otros emplean a personas en condición de reducción a la servidumbre, reclutadas y trasladadas a través de redes de trata de personas.

Tabla 1: Clasificación de las condiciones de registro imperantes según tipo de establecimiento

	Registro laboral	Registro migratorio	Habilitación del establecimiento
Fábricas	Si	Si	Si
Talleres formales	Si	Si	Si
Talleres semi-formales	Monotributo	Si	Si o registro inapropiado
Talleres familiares	No	Si o No	No
Talleres vinculados a redes de trata de personas	No o Monotributo	No	No o registro inapropiado

FUENTE: Elaboración propia a partir de fuentes cualitativas.

Otro aspecto a destacar consiste la relación entre el lugar de trabajo y la vivienda. Entre los talleres existen dos categorías: "cama adentro" y "con retiro". Esta última modalidad no involucra vivienda en el lugar de trabajo. Retomaremos este aspecto adelante.

Si bien formalidad e informalidad o registro y no registro parecen escindibles desde el discurso mediático, así como desde parte de la sociología del trabajo, su vínculo en la rama es superior a un mero entrecruzamiento: conforman un conjunto homogéneo que da su impronta específica a la producción y es muestra cabal de la instalación de la superexplotación laboral en todo su espectro.

Entonces, lejos de identificar una línea divisoria, encontramos un entrecruzamiento al que denominamos "desplazamientos precarizantes" (Salgado y Carpio, 2017). En este sentido, Munck (2013) destaca la debilidad analítica que representa un análisis en términos binarios —formalidad e informalidad—, dado que

plantea dos sectores herméticamente sellados, que simplemente no pueden distinguirse en la práctica y es incapaz de ver categorías intermedias o híbridas de empleo. Ello no niega la importancia de una relación no regulada/informal de la producción ni la generación de ingresos que no es `marginal´ para el desarrollo capitalista, sino que es un elemento integral de su dinámica (Munck, 2013: 47).

La interacción entre el registro y el no registro no se limita a una compartimentación de la cadena de explotación. Mercancías producidas en uno y otro ámbito conviven en locales de venta minorista o, como se expone en el siguiente relato, en un ámbito registrado se incorporan productos procedentes de otros establecimientos que, partiendo del cálculo de precios, indican la irregularidad registral:

[1] Por ejemplo en nuestra fábrica, que trabajamos para marcas más grandes, empecé a ver que venían de las camionetas los cortes de las musculosas de entrenamiento todas azules, armadas directamente, y en la fábrica se les pegaba el transfer y la composición que te dan las marcas. Ahí están donde aprietan las marcas a las empresas. Las empresas arreglan con las marcas un costo de una camiseta de fútbol que estaba $1500 en las casas, pero a los amigos que les venden una camiseta de clubes de fútbol, me vale $300. Y ellos ganan todavía, o sea, imagínense la ganancia que tienen las empresas. Y también las empresas grandes usan los talleres clandestinos (...) Después las marcas aprietan al empresario y por eso terminamos cada vez más bajos con el tema de los costos (...) Después los que salimos perjudicados somos nosotros, porque tenemos que producir más para ganar. Es la única manera que las empresas ganen (E15: Trabajador en fábrica de indumentaria al momento de la entrevista, nacido en Argentina).

Esta cita refleja el efecto que surte el trabajo en talleres no registrados al conjunto productivo. La modalidad imperante allí, que describimos a través del concepto de superexplotación, presiona a la baja a las condiciones propias del ámbito registrado. Del mismo modo que la desocupación –en términos de ejército de reserva– incide en el conjunto de asalariados/as ocupados/as, la expansión de condiciones precarias de trabajo en el ámbito no registrado retraen los límites de exigencia pensables dentro del ámbito formal (Salgado, 2015; Salgado y Carpio, 2017). Lejos de una compartimentación entre formalidad e informalidad, encontramos un flujo de comunicación en constante actualización, tanto desde la relación con el producto terminado –como se enseña en la cita anterior–, como a partir de las trayectorias laborales que atraviesan todo el espectro, tal como se expone en las siguientes líneas (ver también artículo de Matta et al en esta obra).

A continuación presentamos el análisis de las dimensiones que componen al concepto de superexplotación laboral acorde a la definición realizada por Marini. Aquí hemos enfocado el abordaje a partir de diversos aspectos relativos al valor de la fuerza de trabajo. Desde allí se analizan las interacciones con los otros mecanismos. Posteriormente incorporamos otras dimensiones que nos permiten ampliar el concepto en línea con los hallazgos del trabajo de campo.

Valor de la fuerza de trabajo, sobre su definición y abordaje

El primer interrogante que enfrentamos al indagar en esta dimensión remite a la naturaleza de establecimiento del valor de la fuerza de trabajo. Siguiendo a Marx, "este valor se determina por la cantidad de trabajo necesaria para su producción, [es decir,] por el *valor de los artículos de primera necesidad* imprescindibles para producir, desarrollar, mantener y perpetuar la fuerza de trabajo" (Marx, 1980: 30; cursiva en el original). Entonces,

> con el valor de estos medios de subsistencia está dado el valor de su fuerza de trabajo; con el valor de su fuerza de trabajo, la magnitud de su tiempo de trabajo necesario. Pero la magnitud del plustrabajo se obtiene sustrayendo de la jornada laboral total el tiempo de trabajo necesario (Marx, 2002: 380).

En este sentido, el salario resulta una forma transmutada del valor de la fuerza de trabajo, que encubre el tiempo de trabajo apropiado por el capitalista: el plustrabajo (Marx, 2002).

Acorde a la operacionalización propuesta por el autor, su medida requiere de un complejo análisis, así como de un abundante conjunto de datos. Debido a la complejidad metodológica que esto supondría, en el marco de la estrategia cuantitativa, utilizamos un indicador que nos aproxima —aunque de modo grosero y estandarizado— al límite inferior admitido legalmente en materia de ingresos por trabajo: el salario mínimo, vital y móvil.[7] A pesar de su falta de precisión para la rama en particular, este dato da cuenta del límite de lo aceptado como garantía para la reproducción de la fuerza de trabajo de todos los sectores, y enseña el piso de valor de la fuerza de trabajo admitida por el gobierno (Salgado y Carpio, 2017). Al recorrer estas páginas es necesario recordar que se trata de una ponderación hacia el mínimo

---

[7] En el año 2004 a través del Decreto 1095, el Poder Ejecutivo Nacional convocó al Consejo Nacional del Empleo, La Productividad y el Salario Mínimo, Vital y Móvil, creado en el año 1991 e inactivo por casi diez años. A partir de entonces se fueron actualizando los montos anual o semestralmente durante el período analizado. El detalle metodológico de su construcción puede consultarse en Salgado y Carpio (2017).

indispensable. Sin embargo, consideramos que este límite provee una valiosa información sobre el desenvolvimiento del ingreso por trabajo.

A continuación se analiza un conjunto de subdimensiones que complejizan la mirada respecto del valor de la fuerza de trabajo. La primera de ellas se trata de la más abordada tradicionalmente por la economía: el monto. Seguidamente se exponen otras dos de forma interrelacionada, que han emergido del campo cualitativo. Ambas se vinculan con el factor económico al tiempo que dan cuenta de mecanismos de coerción que alimentan relaciones de poder, los cuales redundan en una forma particular de acceso al cobro por trabajo. Se trata de la modalidad de fijación del valor del trabajo y de la forma de cobro. Finalmente se sintetiza el análisis respecto al registro y la migración, que recorren transversalmente a las subdimensiones abordadas.

Monto

El análisis del conjunto de ondas de la EAH cuenta con fortaleza para esta variable entre 2005 y 2012 –años en que la categoría "por debajo del salario mínimo" presenta un CV aceptable.[8] En el Gráfico 1 se expone el conjunto de la serie.

Al comienzo del período que se analiza se encuentran los niveles más altos de no registro y de sobreocupación horaria, sin embargo, la tendencia es inversa en cuanto a la percepción de ingresos.

La categoría "por encima del salario mínimo" se comporta en relación inversa a la analizada anteriormente. Sus valores más bajos se hallan entre 2008 y 2012. De 2013 a 2015 se evidencia una recomposición que alcanza al 50% en este último año. Lejos de tratarse de un dato auspicioso, vemos que este valor se encuentra 10 puntos porcentuales por debajo del conjunto de ocupadxs residentes en la Ciudad de Buenos Aires y en torno a los 5 puntos porcentuales abajo de las y los ocupados en la industria.

Estos datos enseñan el deterioro en materia de ingresos de las personas que trabajan en la rama, el cual no ha mostrado una recuperación sustantiva en los primeros 12 años del Siglo. Es decir, incluso existiendo leves mejorías en materia de registro y extensión de la jornada (como veremos más adelante), el ingreso no ha logrado una recomposición de similar magnitud para las y los trabajadores de la confección.

A partir de la base de datos mancomunada podemos controlar esta relación introduciendo la variable "registro".[9] Así vemos que la

---

[8] Ver nota 4.

[9] Se ha elegido el aporte jubilatorio como indicador de registro. En el relevamiento se establece una diferenciación entre quienes cuentan con aportes y quienes aportan por su cuenta. Esto permite sortear el falso registro laboral que supone el monotributo

tendencia se profundiza para el conjunto no registrado: el 54% de lxs trabajadores no registradxs de la confección tienen ingresos inferiores al salario mínimo, mientras que para el conjunto registrado el 11% se encuentra en esa categoría (Gráfico 2).

Gráfico 1: Ocupadxs de la confección según ingreso horario por trabajo. Residentes en CABA

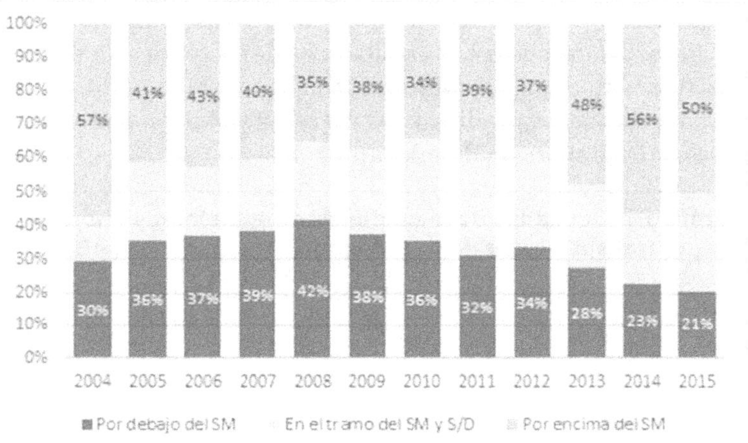

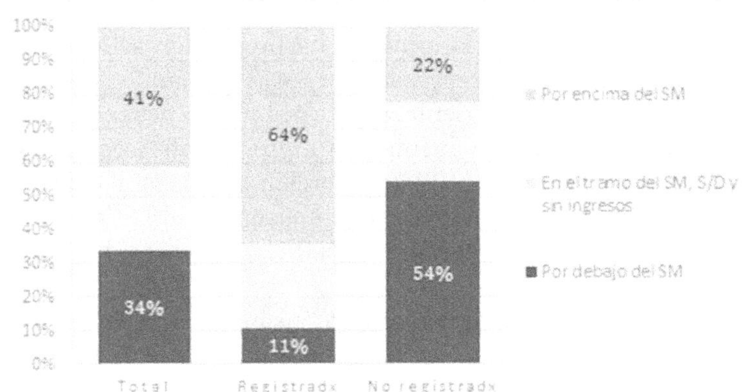

FUENTE: Elaboración propia a partir de las bases EAH04, EAH05, EAH06, EAH07, EAH08, EAH09, EAH10, EAH11, EAH12, EAH13, EAH14 y EAH15.
Dirección General de Estadística y Censos (Ministerio de Hacienda de GCBA).

Gráfico 2: Asalariadxs de la confección según ingreso horario por trabajo y registro (descuento por aportes jubilatorios). Residentes en CABA

FUENTE: Elaboración propia. Base mancomunada a partir de EAH06, EAH09, EAH12 y EAH15.
Dirección General de Estadística y Censos (Ministerio de Hacienda de GCBA).

Algo similar ocurre al controlar la relación mediante la variable país de nacimiento. En el Gráfico 3 se exponen dichos datos para el conjunto de ocupadxs de la confección.[10] Allí se evidencia que 1 de cada 2 migrantes limítrofes que trabajan en la confección, tienen ingresos inferiores al salario mínimo. Dicha proporción es significativamente superior a lxs nacidxs en otros orígenes. El dato resulta por demás alarmante, si consideramos que el 35% de del trabajo en la rama es llevado adelante por nacidxs en países limítrofes (Salgado y Carpio, 2017).[11] Recordemos que estas estadísticas dan cuenta solo del trabajo "visible" (ver nota al pie 1) y que en el conjunto que "no está a la vista" estas tendencias se profundizan: los ingresos y el nivel de registro son inferiores, y la proporción de migrantes, mayor.

Gráfico 3: Ocupadxs de la confección según ingreso horario por trabajo y lugar de nacimiento. Residentes en CABA

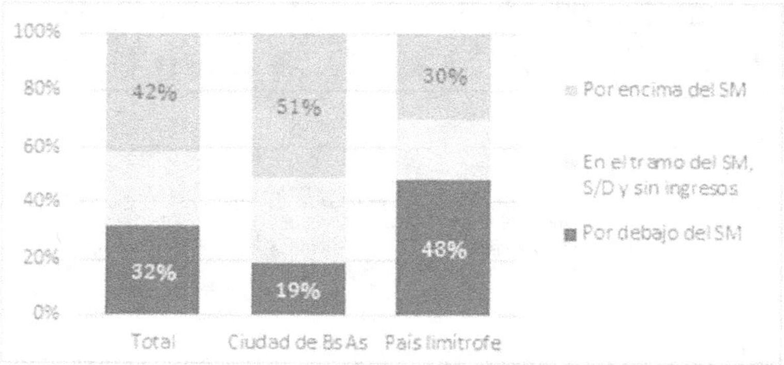

FUENTE: Elaboración propia. Base mancomunada a partir de EAH06, EAH09, EAH12 y EAH15. Dirección General de Estadística y Censos (Ministerio de Hacienda de GCBA).

El 11,7% del conjunto de ocupadxs en todas las actividades percibe ingresos inferiores al salario mínimo. La proporción se reduce para los porteñxs, para quienes representa el 8,4% –tomando el total de la ocupación–. Atendiendo particularmente al total de ocupadxs nacidxs en países limítrofes, el 30% cuenta con ingresos inferiores al salario mínimo (Salgado y Carpio, 2017), proporción que para el conjunto de la confección alcanza al 48%, como se enseña en el Gráfico 3. Esta diferencia da cuenta de las precarias condiciones laborales existentes en la rama.

Este recorrido por las grandes tendencias, realizado a partir de la estrategia cuantitativa, ofrece un panorama valioso de la situación

---

[10] Ello explica la diferencia existente en los totales de los Gráficos 2 y 3.

[11] Al analizar el conjunto asalariado, la proporción de migrantes limítrofes asciende al 40%.

de la rama, fundamentalmente porque da cuenta de la magnitud que tienen los bajos ingresos para estas trabajadoras y trabajadores, y cómo afecta particularmente a quienes carecen de registro, así como a quienes han nacido en países limítrofes. Con este mapa en mente, podemos adentrarnos en la comprensión de diversas dinámicas existentes, que sostienen la reproducción de magros ingresos. En este sentido, el trabajo de campo cualitativo nos ha aportado información que remite a las relaciones que soportan formas particulares de determinar el valor de la fuerza de trabajo y el régimen de pago del salario.

A continuación, se exponen las categorías y sus propiedades.

Fijación del valor

El pago a destajo es la forma prevalente utilizada en el segmento no registrado o registrado de modo inapropiado.[12] Es necesario aquí establecer una distinción. A partir de las entrevistas surgen dos categorías nítidas relacionadas a la forma de pago o de cálculo del salario en talleres: "por prenda" o "por hora" (Arcos y Montero, 2011).

Incluso en el segmento de mayor formalidad, las fábricas, aparecen diversos mecanismos tendientes a incrementar la productividad, que colocan a las y los trabajadores en la posición de calcular su producción y los empujan a incrementarla en afán de acceder a los llamados "premios por productividad" (Bair y Gereffi, 2003; Guadarrama Olivera, Hualde Alfaro, y López Estrada, 2012). Marx sostiene que así como el salario por tiempo es la forma transmutada del valor o precio de la fuerza de trabajo, el pago a destajo es la forma transmutada del salario por tiempo. Según el autor, la diferencia entre el salario por tiempo y el pago a destajo no modifica la esencia del salario, una es tan irracional como la otra y ninguna expresa directamente una relación de valor. Sin embargo, bajo la modalidad de pago a destajo –a diferencia del salario por tiempo– "la calidad del trabajo está controlada aquí por la obra misma, que debe poseer la calidad media para que se pague íntegramente el precio de cada pieza. El pago a destajo se convierte, en este sentido, en fuente abundantísima de descuentos salariales y fullería capitalista" (Marx, 2002: 674). El vínculo entre las y los trabajadores, y el volumen de producción asociado a al tiempo, aparece en todo el espectro de relaciones laborales en la rama. Si bien el monto por producción varía según las diferentes modalidades de establecimiento del valor del trabajo, su presencia es mayoritaria.

---

[12] La OIT estima que esta modalidad se replica en todo el mundo y los montos que se pagan suelen ser inferiores que los de trabajadores fabriles (OIT, 1996).

A continuación se enseñan las categorías emergentes del campo cualitativo y que se han organizado atendiendo a la forma de fijación del valor de la fuerza de trabajo y a su relación con la modalidad de cobro. Aquí se exponen en un gradiente que guarda relación con una trayectoria lineal de incorporación de bolivianxs al ámbito de la confección de Buenos Aires –a la manera de tipo puro ideal–, y pensando exclusivamente en los casos de mayor trascendencia –aquellos que se asocian a redes de trata de personas–.

Salario por tiempo de fijación discrecional

En el taller de llegada, en muchas ocasiones, el propietario o el contacto es algún familiar o paisano de su localidad de origen. El salario de los primeros meses usualmente es retenido en concepto de "gastos de viaje". La forma en que se aborda la temática de la "deuda" contraída por los "gastos de viaje", es relacionada principalmente con la dilación en el cobro del salario. La existencia de esta deuda legitima la falta de cobro por periodos muy variables, tal como lo relatan dos entrevistados:

> [2] [Con relación al pago del pasaje de Bolivia a Argentina]...teníamos que cumplir dos meses que le trabajamos gratis sin ver el salario (...) tenía que devolverle con la mano de obra, con la fuente de trabajo"(E1: Trabajador en taller formal al momento de la entrevista, nacido en Bolivia).

> [3] Tuve que trabajar 3 meses para pagar el pasaje (...) Vine en septiembre. Octubre, noviembre, diciembre como 4 meses, ponele. Me acuerdo que pasado año nuevo sacamos cuentas: `a ver cuánto trabajaste y cuánto tienes´, me dice. El trabajo era pesado (...) Cuando saqué cuentas, solo salvaba el pasaje que debía, nada más. Y le dije: "no, tampoco". A mí me inculcó mi familia que si es un primo, te tienes que bancar. A un familiar se tiene que ayudar (...) pero tampoco es así (E5: Trabajador en cooperativa de confección al momento de la entrevista, nacido en Bolivia).

Una modalidad de cobro parcial del salario, extendida en este tipo de talleres es el pago de pequeños adelantos a los que se llama "vales":

> [4] – ...en realidad cuando llegué no conocía el salario (...)
> – *¿Y cómo hacías para ir a un locutorio, por ejemplo?*
> – Me daban vales por $50,-
> – *¿Y qué hacías con el vale?*
> – Ibas por ejemplo al Súper...
> – *¿Y en el Súper te aceptaban el vale?*
> – No, $50 en efectivo, a eso le decimos vale (E1: Trabajador en taller formal al momento de la entrevista, nacido en Bolivia).

Incluso el pago de estos magros "vales" suelen ser resistido por el tallerista, generando en el/la trabajador/a temor a solicitar el pago de su salario:

[5] `¿Para qué?´, me dice, `¿Y más o menos cuánto necesitas?´. Como que daba miedo de decir: `voy a necesitar 200 o 300 pesos´ porque no le podía decir para qué. Si le decía eso, me iba a decir: `¿en qué vas a gastar?´. Si le digo: `voy a comprar esto´, pero no iba a comprar... yo quería tener dinero porque sales afuera y tienes que tener dinero. Me sentía muy chico sin el dinero, no podía salir. Decía: `necesito 20 pesos, estoy yendo al super´, y me daba. Pero como que más no podía pedir. `No, tienes que ahorrar´, me dice. (...) Me daba vergüenza, pero..., digamos que le pedía 20 pesos, pero yo calculaba que iba a gastar todo esos 20 pesos. Entonces la próxima tenía que volver a pedirle. Entonces le decía: `dame unos 200 pesos así no te vuelvo a molestar la próxima semana´. `No, no hay problema´. Como que no me quería dar más. `Bueno, entonces dame 20´. Y la próxima, otra vez. Pero a mí como que me daba cosa (E5: Trabajador en cooperativa de confección al momento de la entrevista, nacido en Bolivia).

En esta cita se pone de manifiesto la representación capaz de construirse en torno al salario: no hay una apropiación directa sobre el salario, este no tiene norma conocida o controlable por parte del trabajador/a. No disponer del pago de un modo regular, es mucho más que forzar a la subsistencia e imposibilitar cualquier tipo de planificación. Subyuga. Inclina los términos de la relación capital-trabajo de un modo tan pronunciado, que ni siquiera lo único de lo que dispone la persona "doblemente libre" parece pertenecerle.

En el extremo de las experiencias a las que pudimos acceder desde el trabajo cualitativo, encontramos una relación estrecha entre las dinámicas expuestas en esta categoría y mecanismos de restricción de la libre circulación, que pueden incluir la retención de la documentación. En ese contexto, la falta de cobro asociada a una suerte de concesión que se tuvo que hacer para poder salir del taller, es una categoría en sí misma:

[6] –¿Y qué me iba a hacer? Me llevé unos pantalones, cinco de esos y me escapé [del taller].
– ¿Y cómo hiciste para salir?
– El tema es que ellos se van a veces a vender, metían las cosas al camión y se iban. Uno se quedaba de encargado y después volvía la camioneta. Ellos cargaron el camión, se fueron con las cosas para vender y quedamos con un encargado viejo; nosotros le decíamos que queríamos salir a comprar, y nos dejaba salir hasta el lugar nada más (...) Te dejaba salir; pero cuando estaba el dueño no te dejaba salir. Y me salí de ahí con las prendas.

> – *¿Y no volviste a cobrar?*
> – ¡No! ¿qué me va a pagar? No van a preguntar por mí... Aquí vine
> y no tenía nada, me quedé sin nada, sin ropa ni papeles, todo voló
> eso... (E6: Ex-trabajador en taller carente de registros, nacido en
> Bolivia).

Este tipo de talleres se encuentra en la categoría más alejada de
la formalidad (acorde a la Tabla 1 presentada anteriormente). Allí se
trabaja "cama adentro", y el precio del trabajo es establecido en términos mensuales y de modo arbitrario, apelando al desconocimiento de
la legislación laboral de la persona recién llegada, tal como lo enuncia
otro trabajador:

> [7] ...trabajando desde las 7 hasta las 10 de la noche (...) y no sé
> cómo carajo aguanté, pero pasó rapidísimo... dos años; y ahí recién
> me di cuenta que estaba siendo explotado en un taller clandestino.
> En el primer momento no me di cuenta de nada, para mí era normal
> que..., por eso te dije que no sabía cuáles eran mis derechos como
> trabajador acá en la Argentina (E1: Trabajador en taller formal al
> momento de la entrevista, nacido en Bolivia).

Es frecuente que la salida de estos talleres sea hacia otro en el
que se paga "por hora" o "por prenda". La modalidad "cama adentro"
suele ser preferente, ya que permite resolver con rapidez la cuestión
habitacional cuando se sale de un taller de las características señaladas
arriba.[13] La migración no registrada potencia aún más la situación
de indefensión de las personas empleadas en estos talleres, la cual es
utilizada por los talleristas para garantizar su permanencia a través
de la construcción de un afuera amenazador, que se logra fundamentalmente a partir de infundir el miedo a una supuesta deportación.
Así se expone en el siguiente testimonio:

> [8] Sí, sí. Tenía miedo, pero ya no... Esa vez ya salía solo. Él [el
> tallerista] decía: `mirá, es peligroso, te estoy diciendo que por ahí
> nomás te pasa algo, como no tienes documento, todo eso, no te con-
> viene´ (E5: Trabajador en cooperativa de confección al momento de
> la entrevista, nacido en Bolivia).

Las siguientes categorías son experimentadas como superadoras
de la relatada arriba.

---

[13] Este aspecto es de relevancia, ya que en muchos casos la salida de estos talleres se
lleva a cabo a partir de un conflicto. Existe una modalidad intermedia en la que se trabaja "cama adentro" de lunes a viernes y en el fin de semana se alquila una habitación.

Establecimiento del valor del trabajo "por hora"

La fijación del precio del salario fraccionada por horas, presenta una mejora en las condiciones en relación a la categoría anterior, no solo en materia del monto final percibido, sino también en cuanto a la extensión de la jornada. Sin embargo, las condiciones laborales están aún muy lejos de lo establecido por la legislación laboral. En la siguiente cita, un trabajador relata los aspectos que implicaron una mejoría en comparación al taller de llegada:

> [9] Yo no tenía nada, sólo una valija; y en ese momento tenía un amigo que ya estaba hacía muchos años acá, que él tenía una pieza que pagaba el alquiler, por Flores (…) y él un día me había comentado que trabajaba con unos coreanos que le pagaban por hora; y a mí me interesaba eso: que me paguen por hora, trabajar de 8 a 20 y ganaba tres horas, porque en el otro trabajaba de 7 a 22 y a veces estaba hasta las 23 (E1: Trabajador en taller formal al momento de la entrevista, nacido en Bolivia).

Jornadas que rondan las 12 horas, trabajo no registrado, fijación arbitraria del precio de la hora, son algunas de las características imperantes bajo esta modalidad. Si bien se destaca que la presión es inferior a la propia del pago "por prenda", existe un cálculo de la productividad realizado por el tallerista, como se relata en la siguiente cita:

> [10] Había un encargado donde él aprobaba si yo podía trabajar o no. Me miró como casi todo el día. Para ver cómo yo trabajo (…) Y yo estaba nervioso. No podía trabajar normal. Más tarde me llamó el dueño y me dijo: `mirá, vas a ganar tanto´ (…) Me dijo un precio por hora (E5: Trabajador en cooperativa de confección al momento de la entrevista, nacido en Bolivia).

Si bien, entre quienes trabajan en la costura, se plantean como categorías diferenciadas el pago "por prenda" y el pago "por horas", ambas son formas de pago a destajo. En el segundo caso, la fijación de un objetivo de producción o el establecimiento diferencial del precio por horas sujeto a la calificación, lo convierte en un pago a destajo encubierto.

Establecimiento del valor del trabajo "por prenda"

El pago "por hora" aparece asociado a menor presión laboral. Sin embargo, se destaca un alto nivel de sobreocupación horaria, salarios más bajos y peores condiciones laborales en comparación a los talleres "por prenda". Así es señalado por un trabajador:

> [11] [En el taller `por hora´] no era tan explotado... en otro sentido,
> sí: con el horario, con el tema de la alimentación que no era buena,
> solamente que no te metían mucha presión nada más; la diferencia
> sería eso: la presión que recibís (...) En ese taller [`por prenda´] lo
> pasé un poco mal, tal vez en el taller que llegué [`por hora´] pasé
> un poco mejor que en el otro; tal vez no tenía esa mucha presión,
> tenía en la cabeza un poco más de libertad (E1: Trabajador en taller
> formal al momento de la entrevista, nacido en Bolivia).

En este relato, la presión recibida es colocada como indicador de explotación y de falta de libertad.

En relación al cálculo del salario, en reiteradas entrevistas figura un gradiente según el cual el pago "por prenda" se encuentra por encima de aquél "por hora".

> [12] Salió otro taller que hacían pantalones, ahí sí trabajábamos
> un montón de personas, pero sabíamos todos cuál era el precio del
> pantalón (...) entonces vos sabes cuántas prendas podés terminar
> al día. (...) Más que todo él [el tallerista] era muy ambicioso, tenía
> su coche y todas las cosas; pero él era explotador. Porque te pagaba
> una miseria, el costo del pantalón te pagaba, 80 centavos el panta-
> lón (E1: Trabajador en taller formal al momento de la entrevista,
> nacido en Bolivia).

El pago por prenda aparece asociado a mayor claridad. En el pago por hora, el objetivo productivo resulta más difícil de ponderar. En ese sentido, la prenda aporta una unidad de medida, un equivalente. En un contexto de desconocimiento de las escalas salariales, las categorías y los derechos asociados, esta unidad de medida facilita el cálculo. Sin embargo, como remarca el entrevistado citado arriba en su testimonio, es "una miseria".

Otro aspecto que se destaca es la presión cotidiana que supone esta forma de cálculo del salario:

> [13] A veces llegabas a las diez y terminabas el día hecho mierda,
> como algo y ya fue... te acostabas. Al día siguiente te levantabas y
> otra vez a trabajar. Eras muy explotado. (...) Trabajabas muy ten-
> sionado porque tenías que terminar 80 pantalones por día, tenías
> que trabajar muy acelerado (...) pero trabajando desde las 7 hasta
> las 10 de la noche (E1: Trabajador en taller formal al momento de
> la entrevista, nacido en Bolivia).

En algunos casos, el pago por prenda se encuentra en un estadio superior en materia salarial, estrechamente ligado a la calificación:

> [14] Me decía ella [la tallerista]: `Cuando aprendés, podés trabajar por prenda, si querés apurarte, te apurás; si querés ganar más, hacés más; es como vos quieras, hasta la hora que quieras podés trabajar´ (E7: Trabajadora en taller familiar carente de registro al momento de la entrevista, nacido en Bolivia).

Ilusión de libertad:

Otro aspecto para destacar del pago a destajo es la ilusión de libertad a la que se asocia. Ilusión, decimos, porque encubre la relación salarial en pos de una autodeterminación que difícilmente se ejerce en el marco de estas relaciones. Así se expresa en este extracto:

> [15] Como estoy por prenda, yo puedo entrar a la hora que quiero y puedo salir a la hora que quiero; no me dice que tengo que cumplir un horario o no cumpliste tu horario te faltan quince minutos. No, ellos saben que yo salgo y entro, depende la hora que sea. También tengo que ser consciente y no me puedo pasar por el hecho que estoy por prendas, tengo que poner de mi voluntad. Además, a mí me conviene y a ella también le conviene: si me apuro hago más y cobro más; si no me apuro, voy a tener que cobrar la quincena o a la hora que llega el pago voy a cobrar poquito, por eso me tengo que apurar si quiero hacerlo rápido, si es fácil hago más rápido pero hay algunos que son más difícil: los bolsillos, las pespunteada, el dobladillo, hacer las figuritas en el bolsillo, las puntitas y todo eso, a mí me gusta hacer bien prolijo y no cualquier cosa, y eso toma más tiempo"(E7: Trabajadora en taller familiar carente de registro al momento de la entrevista, nacido en Bolivia).

La libertad que se enuncia aparece matizada con una obligación tácita: "tengo que poner voluntad".[14] La vigilancia aparece introyectada y, en este sentido, empuja al incremento de la intensidad. En línea con esta argumentación, Marx sostiene que "el mayor campo de acción que el pago a destajo ofrece a la individualidad, tiende por una parte a desarrollar dicha individualidad y con ella el sentimiento de libertad, la independencia y el autocontrol de los obreros, y por otra parte la *competencia entre ellos mismos, de unos contra otros*" (Marx, 2002: 677; cursiva en el original).

Las categorías hasta aquí desarrolladas remiten a los talleres vinculados a redes de trata de personas, talleres familiares y talleres semi-formales, acorde a la clasificación expuesta en la Tabla 1. Estas realidades difícilmente se encuentran reflejadas en las estadísticas

---

[14] Este comentario se enmarca en la argumentación respecto a la conveniencia de no estar registrada. Se trata de un discurso reiterado y reproducido en ámbitos en los que el trabajo no registrado es el más frecuente.

de población: o bien porque están en la región de no respuesta, o bien se hallan sub-representadas. Es necesario insistir sobre este punto para que sea debidamente considerado a la hora de interpretar los datos de dichas fuentes. Asimismo, esta porción "no visible" por las estadísticas poblacionales es muestra de la gravedad que revisten las condiciones laborales en la rama, superior aún a los alarmantes datos de los que sí dan cuenta.

Otros conceptos suelen ser incluidos en la composición salarial, tales como la vivienda y la comida.

[16] "Digamos que una prenda sale 2 pesos, de esos 2 pesos él descontaba para la comida 5 centavos. El té, 5 centavos, ponele. El restante te iba a pagar" (E5: Trabajador en cooperativa de confección al momento de la entrevista, nacido en Bolivia).

[17] En realidad, ellos tienen un costo, el fabricante le dice que paga el pantalón $6, el tallerista divide esos $6: para el trabajador $1; para el almuerzo $0,50; para la vivienda con $1 está bien, o sea que tienen $3 que se queda el tallerista, o sea que el tallerista se queda con la mitad (…) [En relación al conocimiento del monto pagado por el fabricante] nunca sabíamos; solamente que el chabón decía "tanto me pagan", pero no sé si era así; él dividía así, por ahí le estaban pagando $6 y él te decía que le estaban pagando $4 (E1: Trabajador en taller formal al momento de la entrevista, nacido en Bolivia).

Registro y Acceso al Derecho:
Las categorías hasta aquí desarrolladas se caracterizan por sus altos niveles de no registro. Esta dimensión es sustantiva para el abordaje de la superexplotación laboral. Referencias tanto al registro laboral, como al migratorio atraviesan todas las trayectorias laborales a las que hemos accedido a partir del campo cualitativo. Su vínculo con el alcance de "lo esperable" y "lo exigible" en el marco de la relación laboral es tan estrecho, que podríamos hablar de una suerte de amalgamamiento. Por supuesto, el acceso a la modalidad de establecimiento del precio del trabajo que determina la Ley, tiene que ver con el conocimiento de la misma:

[18] *–¿Alguna vez a ellos les reclamaste algo, que te paguen más o algo así?*
–No, en ese momento no, porque no tenía idea de cuánto pagaba un fabricante a alguien, entonces no podía reclamar nada, tampoco sabía el salario básico que fijaba el Ministerio de Trabajo, en eso era muy inexperto; no conocía cuáles eran mis derechos como trabaja-

dor, así que no reclamaba nada; para mí era normal que me pague eso, yo pensaba que estaba bien (E1: Trabajador en taller formal al momento de la entrevista, nacido en Bolivia).

Entonces, una instancia anterior al acceso al registro, está dada por el conocimiento de los derechos. Esto aparece como un hallazgo que irrumpe en la aceptación de lo dado y reorienta el rumbo.

Nadie –ninguna institución formal– forma a las y los trabajadores para que tengan conocimiento de sus derechos antes de incorporarse al mundo del trabajo. Menos aún a quienes han nacido en otros países y llegan a éste sin registro migratorio.

El conocimiento del derecho es indispensable para dar nitidez al horizonte de acción legitimado. Pero previo a conocer, debe existir un camino, en lo posible despejado y señalizado. Esto es a lo que llamamos "acceso al derecho", a la disponibilidad de canales para conocer.

En este sentido, la situación salarial se encuentra fuertemente ligada a la condición registral. A su vez, el registro laboral guarda una relación estrecha con el registro migratorio.

Segmentación étnica:
En el caso del trabajo carente de registro o con registro inapropiado, tanto el mecanismo de fijación del valor como la modalidad de cobro son asignados a los usos y costumbres de diversos colectivos:

[19] –Yo trabajé con tres coreanos, el coreano te pagaba por hora pero cuando no había trabajo para la recta, que no hay pespunte, el coreano decía `mañana la recta para´ y ese día no ganaba nada (…).
–*¿Y los coreanos todos pagan por hora?*
– Sí, la mayoría.
– *¿Y en la colectividad boliviana?*
–Por prenda; hay algunos que otro paga mensual, pero la mayoría es por prenda (E1: Trabajador en taller formal al momento de la entrevista, nacido en Bolivia).

Sin ánimos de profundizar en estas hojas sobre los debates que este concepto suscita, resulta de interés exponer la saliencia de esta compartimentación de prácticas, que se inserta en el campo de discusión sobre la "segmentación étnica" del trabajo.

Salario por tiempo en ámbitos registrados
En los ámbitos de mayor formalidad –con registro apropiado del establecimiento, laboral y migratorio–, existen diversos mecanismos que vinculan a las y los trabajadores con objetivos de producción. Mo-

dalidades extendidas a todas las ramas y sectores tales como "premios" por producción o presentismo se encuentran insertas en el convenio colectivo. Como ha sido abundantemente documentado, se trata de "premios" que favorecen la individualización salarial (Marticorena, 2011) y que promueven la auto-explotación. Así lo relata una trabajadora fabril:

> [20] A mí ahora me aumenta el alquiler, tengo que laburar todo el mes y no puedo faltar un día porque si faltás un día perdés todos los premios, entonces seguís laburando todo el mes. Yo, en premios, tengo $1.500 ¡es un montón de plata! Entonces, todo el mes tenés que estar laburando, no tenés que llegar tarde, ni nada. Si llegás tarde, perdiste un premio de $200 y si llegaste tarde la segunda vez, los $1.500; así que olvidate, los perdiste. Entonces tenés que estar todo el tiempo... y me cuesta mucho (E8: Trabajadora en fábrica de indumentaria al momento de la entrevista, nacida en Argentina).

En una rama como la indumentaria la relación con estas exigencias tiene una gravitación singular debido a la presencia activa de la producción no registrada y las condiciones allí existentes (como se expone en la cita 1). Asimismo, las modalidades imperantes en el amplio espectro que asumen las dinámicas de explotación en la indumentaria, también se manifiestan en el ámbito formal. De este modo lo relata una trabajadora cortadora referenciando al conjunto de trabajadoras-es abocadas-os a la confección en la misma planta:

> [21] Tienen un premio por producción y cuando la fábrica necesita que saquen la producción mayor les pagan un plus, les pagan por prenda. O sea, tenés que sacar 1.200 prendas por día y después, todo lo que sacas de más, te lo pagan por prenda; entonces ellos laburan, laburan, laburan y te sacan 1.700 prendas por día; y aparte del sueldo se están llevando como $2.000 más (E8: Trabajadora en fábrica de indumentaria al momento de la entrevista, nacida en Argentina).

Un trabajador empaquetador relata una situación similar en su planta refiriéndose a trabajadoras-es dedicadas-os a la confección:

> [22] Te piden 1.000 prendas por día y a veces no llegás ni a 700. Pero a veces las chicas [quienes se dedican a la confección] se pelean entre ellas o se apuran por llegar a una producción que es inalcanzable, porque te pagan un premio por producción"(E15: Trabajador en fábrica de indumentaria al momento de la entrevista, nacido en Argentina).

Los relatos evidencian la incidencia en el incremento de la intensidad laboral, así como en la extensión de la jornada, que parten del ordenamiento del trabajo en base a un objetivo de producción. Si bien, en cierta medida cuenta con un reconocimiento formal desde el convenio colectivo, esta realidad –como todas las escritas en la ley– puede ser mirada críticamente. Incluso desde una posición que avale estas normas, los relatos dan cuenta de un corrimiento que aleja a estas relaciones laborales del cálculo por tiempo y las acerca al pago a destajo.

Corresponde señalar que en el ámbito de mayor formalidad, una porción del salario usualmente se cobra "por sobre", es decir: de forma no registrada. Así es relatado en el siguiente testimonio:

> [23] "El premio por productividad lo cobramos en negro; la gente lo hizo así (…) y como es algo extra del Convenio Colectivo, se cobra así" (E12: Trabajador en fábrica de indumentaria al momento de la entrevista, nacido en Bolivia).

Lejos de tratarse de una excepcionalidad, el cobro de una parte del salario por fuera del monto registrado es una práctica extendida en la industria de la confección, incluso en el ámbito de mayor formalidad. Así lo relata el gerente de producción de una fábrica de indumentaria:

> [24] Lo que no podés hacer es pagar menos de los convenios, obviamente no podés, porque lo que está en convenio lo sabe todo el mundo, está escrito en todos lados. Después, para arriba, podés hacer algún un plus, pero es algo a título de las partes. Eso, yo creo que existe en general salvo en las grandes corporaciones que no pueden hacerlo de otra manera, no porque no quieran, sino que no pueden por la operatoria. Imaginate una multinacional como Coca Cola administrando uno a uno… sobre por debajo de la mesa a fin de mes, no… no lo pueden hacer ni queriendo, esa es la realidad; pero en industrias chicas: ʻflaco, una hora extra te la pago por afuera, o te doy un premio a fin de mes para colaborar con tus hijos en el colegioʼ no sé, cualquier cosa, eso existe y va a seguir existiendo de por vida. El inmaculado acá, el Papa, ya está coronado. Esa es la realidad y ocurre en todos lados (E24: Gerente de producción en fábrica de indumentaria al momento de la entrevista, nacido en Argentina).

En este extracto se da cuenta del nivel de legitimación que tiene esta práctica, que para las y los trabajadores implica la falta de protección prevista por el sistema de seguridad social vinculado a ese monto; y la individualización de la negociación salarial, que redunda en discrecionalidad y carencia de garantía de continuidad, para señalar algunos aspectos.

Como se evidencia, la precariedad presente en la rama, existe con una fuerza particular en el ámbito más formal: las fábricas. A continuación se relata la operatoria de los pagos retrasados:

[25] Siempre atrasada y decía 'aguántenme porque no me pagó, porque nos atrasamos con el trabajo. La próxima se los pagamos'. Y la próxima nos pagaba. Pero poco a poco entraba más gente, compraba más máquinas y la deuda me parece que era más ya. Porque había un montón. Nosotros teníamos que cobrar esta semana, este viernes, nos retrasaba una semana. Y al que tiene que cobrar esa semana, le retrasaba otra. Y ya de dos, de tres semanas nos pagaba (E5: Trabajador en cooperativa de confección al momento de la entrevista, nacido en Bolivia).

A esta modalidad se agregan otras relacionadas con el hostigamiento:

[26] Estabas lleno de trabajo, te pagaban siempre los 17 (los compañeros han llegado a estar tres meses sin cobrar), dentro de eso era un hervidero todo el tiempo, el tipo bajaba y te puteaba, te zamarreaba... era una relación ya establecida. Cruzaba el tipo y yo veía a mis compañeros ponerse a llorar de verdad (E3: Trabajador en fábrica de indumentaria al momento de la entrevista, nacido en Argentina).

Los datos hasta aquí expuestos dan cuenta de la interrelación existente entre las diferentes dimensiones. Tal como señalaba Marini (2008), estos tres mecanismos –prolongación de la jornada reglamentaria, aumento de la intensidad del trabajo y remuneración de la fuerza de trabajo por debajo de su valor– se suelen dar de manera combinada. Ese corrimiento por debajo del límite del valor de la fuerza de trabajo, es lo que el autor denomina –y aquí retomamos– como superexplotación laboral.

Asimismo, a partir de la investigación que desarrollamos, hallamos otras dimensiones que pronuncian aún más estas condiciones: el registro laboral y la migración.[15]

A su vez, otras dimensiones se enlazan y dan forma al fenómeno. Por motivos de extensión, aquí privilegiamos a aquellas que se relacionan con más fuerza con el argumento del presente estudio. Sin embargo, es menester señalar a las que han tenido gran saliencia y no se desarrollan de forma extendida en este trabajo, tales como el género, el vínculo familiar, la pertenencia colectiva ligada al país de origen y la coincidencia del lugar de vivienda con el lugar de trabajo, entre otras.

---

[15] Un abordaje pormenorizado de esta relación a partir de datos estadísticos se encuentra en Salgado y Carpio (2017).

Hacia una ampliación del concepto de superexplotación

A fin de profundizar en la relación existente entre las dimensiones que destaca Marini, a partir de datos cuantitativos, se ha construido la Tabla 2. Allí se relacionan las variables que definen a la superexplotación: extensión de la jornada y pago del salario por debajo de su valor. Se han tomado como indicadores los límites admitidos por la Ley laboral argentina en cuanto a extensión de la jornada –48 horas semanales– y límite del Salario Mínimo Vital y Móvil. La intensidad del trabajo no puede ser calculada a partir de las fuentes cuantitativas.[16] Sin embargo, como se ha señalado a lo largo de estas páginas, el pago a destajo está vinculado a una elevada intensidad.

A su vez, en la Tabla 2 se incorporan las variables que amplían el concepto de superexplotación, de acuerdo a los hallazgos de nuestra investigación.

La variable compleja construida da cuenta de una distribución diferencial para el conjunto de trabajadoras y trabajadores procedentes de países limítrofes, en comparación con el promedio y, particularmente, con aquellxs nacidxs en la Ciudad de Buenos Aires. Cerca del 30% del conjunto de migrantes trabaja más de 49 horas semanales y percibe ingresos inferiores al salario mínimo, mientras que el 10% de las y los nativos de la ciudad cuentan con esas condiciones laborales. A la inversa ocurre con el segmento de mayor formalidad, donde también encontramos una diferencia cercana a los 20 puntos porcentuales.

El conjunto de factores que coexisten y dan forma a una dinámica de superexplotación capaz de sostenerse en el tiempo, adquieren una dimensión particular para las y los trabajadores migrantes. Así se evidencia tanto desde la estrategia cuantitativa, como desde la cualitativa.

En trabajos anteriores advertimos que esta dimensión –en relación al caso de estudio– es constitutiva de la dinámica de superexplotación (Salgado, 2015). Asimismo, precisamos que dicha integración se desarrolla de modo dialéctico: no se trata de una relación de causalidad lineal. Lejos de ese enfoque, nos preocupamos por alimentar constantemente mecanismos de vigilancia epistemológica, que nos permitan centrarnos en dar cuenta de los factores que se presentan de modo significativo en el marco de la existencia de este fenómeno social, cuya naturaleza específica responde a su ubicación histórica, espa-

---

[16] Las estadísticas de población recaban información desde las y los trabajadores y no desde las unidades industriales, por lo que no resulta viable relacionar los datos de esta fuente con estadísticas industriales de modo que pueda cuantificarse la intensidad laboral.

cial y temporal. De este modo, enfatizar el carácter migratorio como constitutivo de esta dinámica, no equivale a sostener que la migración explica la superexplotación. La aclaración se extiende a la unidad activa que representa la conjunción de estas dimensiones: las mismas se interrelacionan en la composición de una suerte de maquinaria en permanente movimiento, pero una maquinaria que también se modifica a sí misma en su devenir (Salgado y Carpio, 2017).

Tabla 2: Distribución de trabajadores/as de la industria de la confección según indicadores de superexplotación y lugar de nacimiento

	TOTAL	CV	Nacidxs en CABA	CV	Nacidxs en país limítrofe	CV
Por debajo del SM | Más de 49hs	16,7%	10,3%	5,5%	30,5%	28,8%	12,6%
Por debajo del SM | Hasta 48hs	15,1%	10,8%	13,1%	19,7%	19,3%	15,5%
En el tramo del SM | Más de 49hs	3,8%	21,5%	1,4%	60,0%	6,3%	27,1%
En el tramo del SM | Hasta 48hs	2,7%	25,6%	1,0%	70,6%	3,5%	36,3%
Por encima del SM | Más de 49hs	9,5%	13,7%	11,9%	20,7%	8,2%	23,7%
Por encima del SM | Hasta 48hs	32,0%	7,4%	39,3%	11,4%	21,7%	14,6%
Tuvo ingresos y no declara monto / Se desconoce si tuvo ingresos | Más de 49hs	4,2%	20,6%	4,8%	32,4%	3,4%	36,9%
Tuvo ingresos y no declara monto / Se desconoce si tuvo ingresos | Hasta 48hs	12,1%	12,1%	18,5%	16,6%	4,8%	30,8%
Sin Datos / Sin ingresos	3,9%		4,6%		4,1%	
Total	100,0%	4,2%	100,0%	7,1%	100,0%	6,8%
	138.616		48.368		53.350	

FUENTE: Elaboración propia. Base mancomunada a partir de EAH06, EAH09, EAH12 y EAH15. Dirección General de Estadística y Censos (Ministerio de Hacienda de GCBA).

Dando un paso más en el análisis de las características que asume la migración específicamente en el trabajo en la rama, reparamos en que el aspecto sustantivo está dado por las limitaciones que supone para el acceso al derecho. Si bien la migración implica una constelación de dimensiones que merecen un abordaje pormenorizado, desde el enfoque que proyectamos en este trabajo sobre el fenómeno, tanto ésta como el registro laboral dan cuenta de una condición de base: la posibilidad de acceder al derecho (ver otros aspectos de este tema en el artículo de A. Delmonte en esta obra).

Los datos de la Tabla 2 enseñan tanto de la presencia estable –no excepcional– de la precariedad en la rama, como la magnitud particular que asume para el las y los trabajadores migrantes.

Asimismo, a partir del trabajo cualitativo encontramos una estrecha relación entre formalidad laboral y migratoria o inversamente: trabajo precario – ciudadanía precaria. Esta relación no puede ser abordada desde las fuentes estadísticas, ya que no recaban información sobre el estatus migratorio. La siguiente cita da cuenta de este vínculo:

> [27] "Mi propósito era entrar en un trabajo estable, que esté bien conforme con el salario. Sí, más que todo era eso y tener la ´precaria´[17] para entrar en un trabajo en blanco, porque siempre me pedían el documento" (E1: Trabajador en taller formal al momento de la entrevista, nacido en Bolivia).

La convergencia de estas dimensiones genera un asidero estable para lo que definimos como superexplotación laboral. A este respecto Munck (2013), retomando a Bauder (2006), identifica a la migración internacional como un mecanismo de regulación del trabajo "que permite a los patrones reducir los salarios y los estándares laborales por medio de la introducción de una fuerza de trabajo 'barata y flexible'" (Munck, 2013: 52).

A esta integración, distinta del fraccionamiento, en términos de representación, entre formalidad e informalidad, la denominamos "desplazamientos precarizantes". Si bien la atención puesta sobre el desplazamiento indica un recorrido no intuitivo, elegimos este término para acercarnos de un modo más amable a la escisión formal-informal tan extendida desde los estudios académicos. Se trata de un paso en un movimiento progresivo que facilite el enlazamiento de dimensiones que en la realidad operan de conjunto, pero en nuestras representaciones aparecen compartimentadas. En el "desplazamiento" creamos puentes, abrimos caminos. Desde nuestra concepción nutrida de la dualidad formal-informal esta idea es requerida para enlazar lo que en apariencia se muestra escindido. A eso se orienta este concepto. Surge de identificar a partir del trabajo de campo que uno y otro ámbito están estrechamente integrados –al

---

[17] El documento de ciudadanía conocido como "la precaria" provee a trabajadores-as de una regularización migratoria provisional. A través de este mecanismo se habilita el acceso a los servicios de salud, las instituciones educativas y a trabajar bajo la legislación laboral vigente (Díaz, 2018). Sin embargo, debe ser renovada cada tres meses, lo que provoca problemas relacionados a la continuidad laboral en el marco del trabajo formal (Urrea-Espinoza, 2018; Grabner, 2012).

punto, en ocasiones, de no poder distinguir qué pertenece a cuál– y que logran que la superexplotación del trabajo recorra todo el espectro de formas que asumen las relaciones laborales en la rama: con gran intensidad en el conjunto menos resguardado en materia de reconocimiento de derechos y en la forma de ecos disciplinantes en el extremo más protegido.

Reflexiones finales

A lo largo de estas páginas hemos descripto algunos aspectos que conciernen a la dinámica de relaciones laborales existentes en la actualidad en la industria de la confección de indumentaria de la Ciudad de Buenos Aires. El análisis nos ha conducido a destacar la pertinencia del concepto de superexplotación laboral elaborado por Marini (2008), entendido como la interrelación entre extensas jornadas de trabajo, alta intensidad laboral y pago del trabajo por debajo de su valor. El abordaje inicial se realizó a partir de esta última dimensión: el valor de la fuerza de trabajo. Desde este punto y a través de una estrategia de triangulación metodológica, se ha indagado en las dimensiones señaladas en relación con otras que han emergido en el trabajo de campo cualitativo: mecanismos prevalentes de establecimiento del valor del trabajo en ámbitos no o parcialmente registrados y su relación particular con la extensión de la jornada, así como con la intensidad. La modalidad de pago a destajo ha resultado sustantiva para interpretar la magnitud que adquiere la superexplotación en la rama.

En el ámbito de la confección de indumentaria existe un amplio espectro de formas de explotación del trabajo. Aquí hemos señalado cómo la relación entre formalidad e informalidad recorre transversalmente todas estas formas: no a la manera de entidades discretas (Munck, 2013), sino en interacción dialéctica. En este sentido, la superexplotación laboral atraviesa todo el gradiente de formas que asume el trabajo en la rama con diversas especificidades e intensidades. A este flujo denominamos "desplazamientos precarizantes". En esta línea, la superexplotación laboral resulta constitutiva de la dinámica de producción en la rama, empujando las condiciones laborales y salariales hacia su límite inferior.

Otro aspecto cuyo tránsito es perpendicular al conjunto de formas del trabajo, está dado por la relación entre el registro laboral y el registro migratorio. Así, la dinámica de superexplotación se emplaza con mayor virulencia en el marco de procesos migratorios no regularizados. A la inversa ocurre en los ámbitos de mayor formalidad laboral, donde es requisito la regularización del estatus migratorio.

El vínculo que hemos identificado remite en última instancia a la accesibilidad al derecho. Como se ha señalado en estas páginas, su conocimiento resulta indispensable para dar nitidez al horizonte de acción legitimado. Esto debe ser necesariamente promovido a fin de generar igualdad de condiciones en cuanto al *"acceso al derecho"*.

Bibliografía

Abramo, L., Rodríguez Calderón, E., y Rossignotti, G. (2004). *Cadenas productivas, trabajo a domicilio y organización sindical.* Organización Internacional del Trabajo (OIT). Lima: OIT.

Adúriz, I. (2009). *La Industria Textil en Argentina. Su evolución y sus condiciones de trabajo.* Foro Ciudadano de Participación por la Justicia y los Derechos Humanos (FOCO); Instituto para la Participación y el Desarrollo (INPADE), Buenos Aires.

Arcos, A., y Montero, C. (2011). Detrás de la industria de la moda. Un estudio sobre talleres clandestinos. *V Encuentro Internacional de Economía Política y DDHH.* Buenos Aires.

Bair, J., y Gereffi, G. (2003). Los conglomerados locales en las cadenas globales: la industria maquiladora de confección en Torreón, México. *Comercio Exterior, 53*(4), 338-355.

Bauder, H. (2006). *Labor movement. How migration regulates labor markets.* Oxford: Oxford University Press.

Belini, C. (Diciembre de 2008). Una época de cambios: la industria textil argentina entre dos crisis, 1914-1933. *Estudos Ibero-Americanos*(34), 31-48.

Chitarroni, H., y Cimillo, E. (Primavera/verano de 2007). ¿Resurge el sujeto histórico? Cambios en el colectivo del trabajo asalariado: 1974-2006. (H. y. Chitarroni, Ed.) *Lavboratorio*(21), 5-11.

Colectivo Simbiosis/Colectivo Situaciones. (2011). *De chuequistas y overlockas. Una discusión en torno a los talleres textiles.* Buenos Aires: Tinta Limón/ Retazos.

Courtis, C. y Pacecca, M. (2006). Migración y trabajo precario: ¿un par desarticulable?. *E-misférica. Fronteras. Imaginaciones híbridas / Geografías fracturadas,* 3(2).

D´Ovidio, M., Malamud, L., Cremona, M., Martelletti, L., y Peña, J. (2007). *Quién es quién en la cadena de valor del sector de indumentaria textil, hacia una solución conjunta en el sector.* Fundación El Otro; Interrupción. Buenos Aires: Fundación El Otro / Interrupción.

De Genova, N. P. (Octubre de 2002). Migrant 'illegality' and deportability in everyday life. *Annual Review of Anthropology*(31), 419–447.

Denzin, N. K., y Lincoln, Y. S. (1994). Introduction: Entering the field of qualitative research. En N. K. Denzin, y Y. S. Lincoln, *Handbook of Qualitative Research*. California: Sage Publications.

Díaz, C. (2018). `Sentirse con derechos´: *Entre políticas de regularización migratoria y prácticas de organización colectiva, una mirada desde la experiencia de la extensión universitaria con migrantes*. Tesis de grado, Universidad Nacional de La Plata. Facultad de Humanidades y Ciencias de la Educación.

Encuesta Anual de Hogares (EAH) (2017). *Base Usuarios 2016. Documento metodológico*. Buenos Aires: Dirección General de Estadística y Censos del Ministerio de Hacienda Gobierno de la Ciudad de Buenos Aires.

Etchegorry, C., Magnano, C., Orchansky, C., y Matta, A. (Jul-Dic de 2018). El marco normativo e institucional en la configuración del régimen sociotécnico de la confección de indumentaria en Córdoba. *Estudios Del Trabajo (ASET)*(56).

Féliz, M., y Pérez, P. E. (2007). ¿Tiempos de cambio? Contradicciones y conflictos en la política económica de la posconvertibilidad. En R. Boyer, y J. C. Neffa (Edits.), *Salida de crisis y estrategias alternativas de desarrollo. La experiencia argentina*. Buenos Aires: Institut CDC pour la Recherche; Miño y Dávila; CEIL-PIETTE; Trabajo y Sociedad.

Grabner, S. (2012). Africans in a Country `Without Blacks´: Challenges and Accomplishments of the Integration of Recent African Immigrants in Argentina-Africanos en un País donde "No Hay Negros": Los Logros y Desafíos de la Integración de los Recientes Inmigrantes Africanos en la Argentina. *Independent Study Project (ISP) Collection*(1398).

Guadarrama Olivera, R., Hualde Alfaro, A., y López Estrada, S. (2012). Precariedad laboral y heterogeneidad ocupacional: una propuesta teórico-metodológica. *Revista mexicana de sociología, 74*(2), 213-243.

Hesse-Biber, S. J. (2010). Qualitative Approaches to Mixed Methods Practice. *Qualitative Inquiry, 16*(6), 455-468.

INTI. (2012). *Información Económica Nacional*. Instituto Nacional de Tecnología Industrial (INTI), Centro de Investigación y Desarrollo Textil , Buenos Aires.

Kosacoff, B. (Ed.). (2004). *Evaluación de un escenario posible y deseable de reestructuración y fortalecimiento del Complejo Textil argentino*. Buenos Aires: Comisión Económica para América Latina y el Caribe (CEPAL).

Lieutier, A. (2010). *Esclavos: los trabajadores costureros de la ciudad de Buenos Aires*. Buenos Aires: Retórica Ediciones.

Ludmer, G. (Diciembre de 2018). Distribución de la renta en la cadena de valor de indumentaria Argentina. *H-industri@: Revista de Historia de la Industria, los Servicios y las Empresas en América Latina*(23), 91-113.

Marini, R. M. (2008). *América Latina, dependencia y globalización*. Bogotá: Siglo del Hombre / CLACSO.

Marticorena, C. (2011). Contrapuntos de la negociación colectiva en la industria manufacturera durante el período postconvertibilidad. *10° Congreso Nacional de Estudios del Trabajo*. Buenos Aires: ASET.

Marx, K. (1980). Salario, precio y ganancia. En K. Marx, *Obras Escogidas* (Vol. II). Moscú: Progreso.

Marx, K. (2002). *El Capital. Libro primero. El proceso de producción del capital*. Buenos Aires: Siglo XXI.

Maxwell, J. (1996). *Qualitative Research Design. An interactive Approach*. Thousand Oacks: Sage Publications.

Mertens, D. M. (2007). Transformative Paradigm: Mixed Methods and Social Justice. *Journal of Mixed Methods Research, I*(3), 212-225.

Montero Bressán, J. (2018) Impacto de las importaciones de indumentaria en la producción y el empleo en Argentina (1990-2015): ¿Desindustrialización o informalización?. *Cuadernos de Economía Crítica*, 5(9), 97-127.

Montero Bressán, J. (2011). Neoliberal fashion: The political economy of sweatshops in Europe and Latin America. *Durham theses*. Durham: Durham University.

Munck, R. (2013). ¿Más allá del norte y del sur? Migración, informalización y revitalización sindical. *Migración y desarrollo, 11*(20), 43-66.

Novick, M. (2006). ¿Emerge un nuevo modelo económico y social? El caso argentino 2003-2006. *Revista latinoamericana de Estudios del Trabajo, 11*(18).

Osorio, J. (2004). *Crítica de la economía vulgar Reproducción del capital y dependencia*. México: Miguel Ángel Porrua-UAZ.

Pascucci, S. (2007). *Costureras, monjas y anarquistas: trabajo femenino, Iglesia y lucha de clases en la industria del vestido, Buenos Aires, 1890-1940*. Buenos Aires: Ediciones RyR.

Salgado, P. D. (Verano de 2012). El trabajo en la industria de la indumentaria: una aproximación a partir del caso argentino. *Trabajo y Sociedad, XV*(18), 59-68.

Salgado, P. D. (2014). El trabajo en la industria de la confección de indumentaria en Argentina. Aproximaciones a partir de las transformaciones recientes en la cadena de valor. *Congreso de Economía Política Internacional.* . Moreno: Universidad de Moreno.

Salgado, P. D. (2015). Deslocalización de la producción y la fuerza de trabajo: Bolivia-Argentina y las tendencias mundiales en la confección de indumentaria. *XV*(1), 169-198.

Salgado, P. D., y Carpio, J. (enero-junio de 2015). Deslocalización de la producción y la fuerza de trabajo: Bolivia-Argentina y las tendencias mundiales en la confección de indumentaria. *Si Somos Americanos. Revista de Estudios Transfronterizos , XV*(1), 169-198.

Salgado, P. D., y Carpio, J. (Julio-Diciembre de 2017). Superexplotación, Informalidad y Precariedad: Reflexiones a partir del trabajo en la industria de la confección. *Estudios del trabajo*(54), 55-89.

Schorr, M., y Ferreira, E. (2013). La industria textil y de indumentaria en la Argentina. Informalidad y tensiones estructurales en la posconvertibilidad. En M. Schorr (Ed.), *Argentina en la posconvertibilidad: ¿desarrollo o crecimiento industrial? Estudios de economía política.* Buenos Aires: Miño y Dávila.

Sotelo Valencia, A. (2003). *La reestructuración del mundo del trabajo Superexplotación y nuevos paradigmas de la organización del trabajo.* México: Itaca-Universidad Obrera de México y Escuela Nacional para Trabajadores.

Urrea-Espinoza, J. (2018). El empoderamiento de la mujer migrante: una historia de vida que ilustra este aprendizaje en la Asociación de Mujeres Unidas, Migrantes y Refugiadas en Argentina (AMUMRA) . *Independent Study Project (ISP) Collection*(2764).

Vasilachis de Gialdino, I. (2007). *Estrategias de investigación cualitativa.* Barcelona: Gedisa.

El incendio de "Luis Viale". Un caso sobre migración y organización de la producción en los talleres de costura

Ayelén Arcos[1]

Introducción

El siguiente artículo sintetiza algunos elementos principales de la organización del trabajo dentro de los talleres de costura, a partir de la reconstrucción de un caso emblemático sobre los llamados "talleres clandestinos": el incendio del taller de la calle Luis Viale, en la Ciudad de Buenos Aires. El objetivo consiste en exponer la complejidad y diversidad de la organización del trabajo, las formas de remuneración, el reclutamiento de los trabajadores y las relaciones que se tejen dentro de los talleres de costura domiciliarios.

El carácter de la investigación, cuyos resultados parciales se detallan aquí, fue prioritariamente empírico, apelando al uso de diversas fuentes y metodologías. La información presentada ha sido el resultado de un análisis comparativo y de articulación entre las declaraciones incluidas en el expediente judicial del caso, entrevistas etnográficas a ex costureros de aquel taller y visitas y períodos de trabajo de campo en Cohana (el pueblo de procedencia de los trabajadores del mencionado taller) y en la zona comercial de Flores, respectivamente. El foco ha sido depositado sobre algunas de las trayectorias migratorias y laborales de los costureros, así como sobre ciertos elementos intrínsecos a la organización de la producción y las relaciones de parentesco y paisanaje que actúan como mecanismos de generación de consenso.

---

[1] CONICET/FFyL-Universidad de Buenos Aires ayearcos@gmail.com.

El artículo describe, en primer lugar, algunas características elementales de Cohana. A partir de ello, se destacan las diversas trayectorias migratorias de los trabajadores, para luego presentar la reconstrucción de las variadas condiciones laborales existentes dentro del taller. Seguidamente, se sintetizan las relaciones que mediaban entre aquella unidad productiva y los eslabones superiores en la cadena de producción y comercialización de las prendas fabricadas.

Finalmente se ofrece un sucinto análisis acerca de ciertos elementos relativos a la migración y de algunas características inherentes al proceso productivo que abonan a la reproducción de estas modalidades de trabajo. Con ello se pretende cuestionar y debatir las nociones más extendidas que ubican a los talleres entre formas de producción exógenas y/o exóticas respecto al capitalismo, calificándolas como "trabajo esclavo", o bien como "pautas culturales" de los pueblos andinos. Como conclusión, se proponen algunas vías interpretativas para aportar al cuestionamiento de estas formas de organización de la producción entre los mismos sujetos involucrados.

Cohana

Cohana es un pequeño pueblo ganadero boliviano de habla aymara, perteneciente al municipio de Pucarani. Este último se ubica dentro de la provincia de Los Andes en el departamento de La Paz (a 70 kilómetros de la ciudad homónima), a una altura de entre 3.800 y 4.000 metros sobre el nivel del mar. Para llegar hasta allí pueden tomarse colectivos que salen dos veces por día desde la terminal de El Alto, o combinando un minibus hasta el pueblo de Batallas por la ruta nacional 2, con otro que recorre aproximadamente unos 30 kilómetros por un camino desolado de tierra. En mayo de 2017 el costo de viajar desde La Paz hasta Cohana, rondaba los USD 1,40.

Casi la totalidad de los 3.200 habitantes cohaneños registrados en el último censo boliviano desarrollan actividades agrícolas y ganaderas sobre la Bahía de Cohana que rodea el Lago Menor del Titicaca. Sin embargo, en los últimos años esta región ha recibido la atención de los medios, y de organizaciones gubernamentales e internacionales a raíz de las consecuencias de la contaminación provocada por los desechos patógenos, urbanos e industriales de El Alto a través de los ríos Seco, Pallina y Katari. La misma, ha afectado las tradicionales actividades económicas como la pesca, la agricultura y la cría del ganado de los poblados próximos al Titicaca. En el año 2007 fueron advertidas las elevadas concentraciones de cadmio, plomo y arsénico que afectaban a más de 400 familias de la Bahía de Cohana. La Autoridad Binacional

Autónoma del Lago Titicaca (ALT) registró que entre 2003 y 2007, los niveles de contaminación se elevaron en un 2.000%, y los niveles de plomo y arsénico en un 1.000%. Esto último como producto de la actividad minera y metalúrgica. Otras fuentes de contaminación correspondían a los mataderos, las curtiembres (que desechan cromo hexavalente), la pequeña industria alimenticia, así como las aguas servidas de El Alto, y de otras comunidades bolivianas y peruanas aledañas al lago que no cuentan con alcantarillado, ni con procesos de tratamiento del agua (Periódico digital, 18/12/2007; Los Andes, 26/06/2015).

Los metales pesados y otros contaminantes son absorbidos por las plantas que crecen dentro de la bahía, como la totora y, en mayor medida, la lenteja de agua. Ambas guardan una importancia fundamental para la subsistencia de los pobladores de la región, tanto para la agricultura como para el forraje de ganado vacuno. La utilización de la lenteja como abono para los cultivos ha resultado en la transferencia de aquellos metales pesados al suelo. Del mismo modo, ha contribuido a la extensión de la fasciola hepática, una enfermedad ocasionada por un parásito que provoca el enmagrecimiento de las vacas, afectando la producción de leches y quesos (Abduca, S/F; Castellon Quisbert, 2006; Molina et. al., 2017). En los últimos años, los periódicos han recogido testimonios de pobladores que observan el decrecimiento del tamaño de sus cultivos como la papa, así como la migración de aves y otros peces como el karachi y la extinción de las ranas gigantes. En consecuencia, los productos de la pesca y la agricultura que anteriormente podían ser comercializados en ferias de pueblos aledaños, fueron cada vez más relegados al consumo doméstico (Los Andes, 26/06/2015). La declinación de estas actividades económicas, que pudo haber implicado una reducción del ingreso de dinero metálico en los hogares de Cohana, ha estimulado la migración de sus pobladores a destinos como Argentina.

2.724 kilómetros

Entre 2002 y 2005, algunos cohaneños partieron hacia Buenos Aires motorizados por la "ilusión de trabajar y ahorrar" y "porque en Bolivia no se encuentra fácil la plata". Entre ellos se encontraban LSC, su esposa e hijos. Como muestran sus propias declaraciones en el expediente judicial de la causa, LSC había nacido en 1967 en Cohana y había migrado a Buenos Aires en 2002. Tres años más tarde administraba un taller ubicado en la calle Agustín García, donde conjuntamente con otras tres familias cosían pantalones de Jean, mayormente para las marcas pertenecientes a las familias Fischberg y Geiler. Eventualmente LSC, bajo el acicate de su "socio" argentino y las familias "fabricantes", trasladó toda su producción a un taller más grande. Allí incrementó la cantidad de trabajadores bajo su dirección, alcanzando a albergar hasta 66 personas, todas ellas oriundas de Bolivia. Entre ellas fueron registradas por lo menos 40 individuos procedentes de la Provincia de Los Andes, mayormente de Cohana.

Leticia,[2] había migrado desde Cohana en 2004 porque la situación era "muy mala" en Bolivia y conoció el taller a través de comentarios de sus paisanos. Enrique, por su parte, había ingresado a la Argentina como turista en 2003, y al no contar con dinero para retornar, trabajó en un taller de costura que luego fue clausurado. Allí, había oficiado como ayudante desde las 7 de la mañana hasta las 24 horas, a cambio de un ingreso significativamente menor al mínimo salarial vigente. Su jefe le decía que podían deportarlo por no poseer DNI y por ello Enrique apenas salía del taller. En 2005 en la calle Bonorino, a través de un primo lejano, contactó a LSC, oriundo de su pueblo natal. Enrique fue seguido por sus hermanos Ezequiel y Estela, junto con el esposo de esta última —Ernesto— y sus pequeños hijos, entre los últimos meses de 2005 y principios de 2006. Eventualmente, el padre de Enrique también migró hacia Argentina con uno de sus nietos —e hijo de Estela—. En secreto, Enrique inició una relación amorosa con una de las hijas de LSC y, paulatinamente, fue mediando entre otros paisanos de Cohana y el tallerista boliviano, para que aquellos fuesen empleados en el taller. Tal fue el caso de los hermanos Damián, Diego y Danilo, quienes habían migrado a la Argentina desde Cohana, en diferentes momentos entre 2004 y mayo de 2005. En talleres previos aprendieron el oficio de costura y fueron luego reclutados en el taller de LSC a través de Enrique. A ellos los siguieron otro hermano a fines de 2005, y su padre Dino, con su esposa y otros tres hijos pequeños, a mediados de 2005.

En otros casos, como el de Gustavo y su familia, vendieron su ganado, migraron hacia Argentina y arribaron a un taller donde la tallerista les descontaba dinero de sus salarios en concepto de gastos por los pasajes desde Bolivia. En dicho taller, Gustavo aprendió a coser. A través de comentarios de una "paisana" terminaron trabajando junto con uno de sus hijos en el taller que administraba LSC. Alberto y Julio, en cambio, fueron reclutados por LSC y migraron directamente desde sus pueblos hacia el taller de Luis Viale en Buenos Aires a fines del 2005.

---

[2] Los nombres de los trabajadores han sido trastocados, obedeciendo un orden alfabético que agrupa a los miembros de cada familia bajo una misma inicial para facilitar la visualización de los lazos de parentesco, por ejemplo Carmen y Carlos pertenecen a la familia "C". En cambio, siendo que el caso presentado ha adquirido cierta visibilidad mediática, los talleristas son evocados con sus iniciales.

Las relaciones de paisanaje y parentesco fueron significativas para que algunos cohaneños obtuvieran empleo en Buenos Aires. Carmen y Carlos, también declararon haber ingresado como costureros en el taller por haber sido paisanos de LSC y compañeros de trabajo en el pastoreo de vacas en Bolivia. Carlos manifestó en 2016 haberse sentido conforme en el taller ya que tenía a toda "la familia reunida". El tallerista JMC, cuyo rol destacaremos más adelante, había declarado en 2006 que "siempre se tomaban empleados de origen boliviano, contratados por su socio LSC ya que eran conocidos de éste". En su declaración del año 2007, JMC afirmaba que:

> *Lo manejaba todo LSC, trabajó muchísimo con talleres, iba a buscar a los talleres, y les ofrecía mejores condiciones. Se los tomaba a prueba, y si servían, quedaban [...]...no tuve peruanos y argentinos, pero la verdad es que son todos parientes, o conocidos, para evitar robos, creo que el 60% eran familiares. Nosotros no buscábamos, ellos venían, recién estábamos abriendo, se enteraban y venían.*

Según, LSC, en cambio,

> *ellos venían, me preguntaban, eran todos conocidos, todos paisanos'. Preguntado por S.S. para que diga qué significa "paisanos",* contestó: *"significa de un mismo pueblo, eran todos de Cohana, donde yo vivía cuando estaba en Bolivia [...] no les pedía nada, como eran todos conocidos y familiares, y a los que no conocía les pedía un documento.*

Entre las declaraciones que componen el expediente, se mencionan diversas trayectorias recorridas por quienes terminaron cosiendo en Luis Viale. Aquí apenas hicimos alusión a algunas de ellas, a fin de sugerir la existencia de una variedad de mecanismos y circuitos por los que transita la fuerza de trabajo que se incorpora a los talleres de costura, como en el caso que nos ocupa. A menudo, el tratamiento mediático ha colaborado en reducir la explicación acerca de cómo estos trabajadores son reclutados aludiendo a delitos como la trata y el tráfico de personas, omitiendo en muchos casos los complejos vínculos de paisanaje y parentesco que entrecruzan las relaciones dentro de un taller de costura. La significatividad de dichos lazos no se limita a su papel en el traslado o migración de los pobladores de un pequeño pueblo rural de Los Andes hacia una gran ciudad como Buenos Aires, como puede deducirse hasta aquí. Estos lazos han sido igualmente importantes para entender la reproducción de las relaciones y condiciones de trabajo al interior del taller que describiremos a continuación.

El taller

Las condiciones edilicias y sanitarias del taller eran extremadamente precarias. Si bien contaba con una habilitación desde el año 2001 para el funcionamiento de cinco máquinas en una superficie de 406,80 mts^2, esta capacidad estaba claramente saturada en marzo de 2006 cuando se registraron alrededor de 66 personas,[3] de las cuales aproximadamente la mitad eran niños. El taller contaba con dos plantas y un entretecho. En la planta baja se disponían unas treinta máquinas de costura, una oficina y una cocina. Hacia el fondo se ubicaba un pequeño patio donde había algunas máquinas y telas. Apenas funcionaba un baño, que contaba con un orificio en la pared desde donde emanaba agua fría a través de un carretel de hilo, oficiando de única "ducha" para más de 60 personas. Esto implicaba hacer fila hasta la madrugada para poder bañarse. Al no contar con agua caliente, los niños eran higienizados en el patio con palanganas de agua calentada en la cocina. Algunos costureros declararon posteriormente que no precisaban agua caliente ya que "hacía calor", agregando que en Bolivia tampoco disponían de este servicio.

En la planta superior se distribuían las camas. Machimbres, telas y cartones prensados que no llegaban hasta el techo delimitaban los habitáculos de las familias o de los solteros y las solteras. El espacio y las camas eran insuficientes, obligando a los adultos a compartir los colchones con sus niños. Algunos se habían ubicado incluso en el caluroso entretecho de machimbre (por ejemplo, LSC y algunos de sus hijos). Este sector era utilizado además como depósito de insumos de producción y de otros elementos necesarios para la cocina. La falta de condiciones adecuadas de higiene, la escasa ventilación y presencia constante de polvillo de tela, sumadas a los mínimos recaudos y condiciones de seguridad, agravaban las condiciones de vida y trabajo. El cableado que alimentaba a las máquinas en la planta baja estaba colocado irregularmente, algunos cables pendían sobre las hornallas de la improvisada cocina, y en los habitáculos del primer piso se encadenaban zapatillas para suministrar energía a múltiples artefactos (incluyendo heladeras).

Los trabajadores habían sido reclutados mediante distintos acuerdos y ofertas laborales y salariales. Alberto declaró en 2006 que el acuerdo consistía en que se pagarían $400 mensuales a los responsables de colocar botones. Trabajaba desde las 7 hasta las 22 con dos lapsos

---

[3] Al menos 66 personas diferentes aparecen mencionadas en el expediente como residentes de Luis Viale 1269 al momento del incendio (y otras cinco personas como ex trabajadores de Viale).

de media hora para desayunar y merendar, y otro lapso de una hora para almorzar. Su pareja se encontraba aprendiendo a usar la recta y por ello no cobraría el primer mes de aprendizaje, aunque luego se le abonaría $0,70 por la costura de pantalones de modelo clásico. A Alina, cuñada de Alberto, le pagarían $300 mensuales por tareas de ayudante (cargando y ordenando prendas) de 7 a 22 horas. Al mes siguiente, le ofrecieron tareas de cocinera a cambio de $450 mensuales. En los hechos, a Alberto le pagaron apenas $100 semanales para él y su mujer, y $50 a Alina. Según declaró ante el juez, para recibir la totalidad del salario debían dar aviso de su renuncia con dos semanas de antelación. Pese a lo que se evidencia como un incumplimiento en el pacto laboral establecido inicialmente, Alberto se limitó a reclamar los pagos adeudados a su cuñada y a su mujer.

Bruno, cosía en la recta de 8.30 a 20 horas de lunes a viernes y los sábados hasta el mediodía. Afirmó que era opcional extender la jornada si se deseaba cobrar más, ya que el pago era por prenda. Dependiendo del modelo de pantalón podían abonársele entre $1 y $1,20. Sostuvo que él y su esposa Beatriz habían pactado cobrar cada tres meses, calculando que entre ambos (ella lo asistía y cuidaba a los niños) cosían unos 500 pantalones por semana y que ello debía representarles una suma mensual de $1000. Sólo recibió vales semanales de $100 para su familia. Si bien declaró haber firmado una planilla cada vez que recibía un vale, desconocía si se le adeudaba dinero.

Carmen cosía asistida por su esposo de 7 a 20 o 22 horas de lunes a viernes y los sábados hasta el mediodía, habiendo pactado una cifra mensual de $400 para cada uno. Su hijo de 15 años cosía en la recta a la par de ellos, bajo la promesa de recibir $0.90 por prenda. Sólo llegaron a recibir los vales semanales de $50. A Gustavo, en cambio, le habían prometido entre $0,70 y $1,20 por prenda trabajando de 8 hasta las 20.30 horas. Al igual que los ejemplos anteriores, solo recibió vales de $100 para él y su mujer que luego serían descontados del sueldo total. Declaró que fue suya la decisión de cobrar cada tres meses, para así poder ahorrar el dinero y enviarlo a Bolivia. Al mismo tiempo, recordó haber pensado en aquel momento que "en la costura se trabajaba así, cobrando cada tres meses". Como en el caso de Bruno, sostuvo que LSC era quien llevaba anotada la cantidad de prendas producidas, por lo que desconocía cuánto era lo que se le adeudaba (aunque estimaba que la deuda por tres meses impagos rondaría los $400). Iván, por otro lado, maniobraba la overlock, motivo por el cual le habían sido prometidos salarios mensuales de $400. Al igual que el resto, en los cinco meses de trabajo, sólo recibió adelantos semanales de $50 que eran consignados en una planilla.

Nicolás trabajó inicialmente cosiendo pantalones, y por un breve periodo ofició de "encargado", cargando y descargando mercadería, y distribuyendo el trabajo entre los restantes costureros. Trabajaba de 7 a 22 horas. Como encargado cobraría $900, pero al deponer esta función a partir de enero, recibiría la misma promesa de pago por prenda que el resto de los costureros. LSC le dijo que no podría pagarle mensualmente ya que estaba comprometido con otros gastos, entre ellos, la maquinaria nueva. Según Nicolás el trato era por pareja, unos $1.400 mensuales. Sin embargo, solo le abonaron parcialmente el salario hacia fines de enero: $2.400 como retribución por los meses de noviembre, diciembre y enero. Desde entonces, hasta el día del incendio a fines de marzo, sólo recibió vales de $100 semanales que compartía con su pareja Natalia y dos hijos. Asimismo sostuvo que LSC le mencionó la posibilidad de ayudarlo a poner su propio negocio. Natalia, cosía junto con Nicolás entre 500 y 600 pantalones por semana. También trabajó en la cocina, donde contrajo una parálisis facial. Declaró que a causa del dinero adeudado y las malas condiciones de vivienda y trabajo, con Nicolás decidieron abandonar del taller pero no podían hacerlo mientras LSC no les pagara la totalidad del ingreso.

Finalmente, Dino y su esposa trabajaron en el taller como ayudantes, "acercando" prendas y emprolijándolas desde las 7.30 hasta las 22 horas, bajo la promesa de recibir $350 mensuales cada uno. Solo recibieron vales semanales de $100 entre ambos. Su hijo David sostuvo que sus ingresos eran magros porque "no sabía coser muy bien".[4]

En síntesis, existían al menos dos tarifas de pago por prenda, dependiendo de la cantidad de piezas del modelo a fabricar. Según JMC, Fischberg y Geiler les abonarían a él y a LSC $1,80 o $3,50 por cada pantalón. De acuerdo a los testimonios ofrecidos por los trabajadores, se deduce que al rectista se le pagaría $0,80 o $1,20, mientras que a los operarios de otras máquinas y los ayudantes cobrarían sumas fijas de $300 o $400 por mes. Cada rectista cosía entre 100 y 120 pantalones por día, aproximadamente unos 500 pantalones por semana. Ello no sólo fue sostenido por los trabajadores. En su declaración, JMC precisó que a los rectistas, se les pagaría $0,80 o $0,90 el "clásico" y $1,50 el "de recorte" y que el taller producía entre 40 y 50 mil prendas por mes.[5] Aclaró además que, mientras que al rectista

---

[4] En sus primeras declaraciones ante la justicia, la esposa de Dino necesitó la asistencia de un traductor de aymara. Se comprobó luego que el mismo era un reconocido dirigente de la colectividad afín a las organizaciones de talleristas.

[5] De ello se deduce que, si cada rectista debía armar los cortes de 500 pantalones por semana, y se producían entre 40 mil y 50 mil pantalones por mes, en el taller de Viale existían entre 20 y 25 rectistas. Esto significa que la forma predominante de remuneración dentro del taller se efectuaba a destajo. Asimismo, es dable suponer que solo

se le pagaba por prenda y que al cabo de cada semana elaboraba 500 pantalones, al overlockista se le pagaba aparte.[6]

Estos ejemplos retratan la diversidad de modalidades de cobro y de organización de la jornada de trabajo, así como las diferentes tareas que puede desarrollar un mismo trabajador a lo largo de su estancia y contratación en un taller de costura. Podemos ver, entonces, que mientras los rectistas[7] recibían un pago por prenda que variaba según la cantidad de operaciones que implicase cada pantalón, los overlockistas pactaban montos fijos mensuales, al igual que los ayudantes y cocineros. Esto tenía su traducción en la extensión de las jornadas laborales, siendo prolongable en el caso de los rectistas.

La asignación de los trabajos consistía en el armado semanal de aproximadamente 500 pantalones por cada rectista. La experiencia de Nicolás ilustraba la existencia de una figura intermedia entre el tallerista y el costurero, una suerte de "encargado" del trabajo, a quien se le prometía una cifra mayor a cambio de responsabilizarse por la distribución de los cortes entre las diferentes máquinas. Lejos de reducirse al "sistema de cama caliente" y pago a destajo, el trabajo dentro de talleres como el de Luis Viale acaba por desglosarse en una compleja articulación de "pactos" acerca de las jornadas y las remuneraciones. Esto último se plasma en la organización de las tareas y en la interdependencia entre los mismos trabajadores. Dar cuenta de ello introduce nuevos elementos para alcanzar una comprensión más aproximada acerca de las formas de cooperación dentro del proceso productivo y de las sutiles estrategias de reproducción de estas relaciones de trabajo al interior mismo de la esfera de la producción.

Hablamos de "pactos" puesto que en cinco meses de trabajo casi nadie había recibido el salario total prometido. Del ejemplo de Nicolás obtenemos que la justificación ofrecida por el tallerista para no efectuar el pago total del salario, radica en su compromiso con otros gastos y con la compra de maquinaria. En este sentido, la irregularidad e informalidad en el pago de las remuneraciones configura un mecanismo de retención de la fuerza de trabajo en el taller, a la vez que constituye un engranaje más dentro de una cadena de tercerización donde los salarios son variables flexiblemente ajustables. Esto es, la

---

por la producción de modelos clásicos a \$0,80 cada uno, cada rectista debería haber recibido \$400 semanales (\$1200 mensuales). En cambio, únicamente recibieron \$200 mensuales en concepto de adelantos.

[6] Uno de los trabajadores que utilizaba la única "metra" del taller (máquina utilizada entre otras cosas, para cerrar las entrepiernas de los pantalones de jean) declaró que cobraría \$0,10 por prenda.

[7] Los rectistas son los operarios de la máquina recta, los overlockistas de la overlock y los metristas de la ametralladora o metra.

precariedad del trabajo en la costura ofrece grandes ventajas en el financiamiento de la producción: el pago de salarios queda supeditado a la compra de maquinaria o a la devolución de sumas adeudadas a terceros o a dadores de empleo.

Luis Viale 1269

El taller en cuestión se ubicaba en la calle Luis Viale, en un sector residencial de clase media del barrio de Caballito. Allí se fabricaban pantalones de jean para las marcas Wol, Factown, JD, Loderville, pertenecientes a dos familias locales de apellidos Fischberg y Geiler. Dichas marcas eran comercializadas en una zona de venta de indumentaria al por mayor del barrio de Flores, ubicada sobre la avenida Avellaneda. Esta zona se caracteriza por ofrecer prendas al por menor y al por mayor a precios notoriamente inferiores que las marcas reconocidas. Jaime Geiler y Daniel Fischberg –cuñados entre sí– compartían[8] la propiedad del inmueble de Luis Viale 1269 desde junio de 1974. También contaban con otra propiedad localizada a tan solo 200 metros de aquel, sobre la calle Galicia. En esta última realizaban la moldería y los cortes de telas, que luego eran distribuidos en los diversos talleres donde tercerizaban las tareas de armado y confección de pantalones. Entre los modelistas que trabajaban para esta sociedad, se encontraba JAC. Su hijo, JMC, un joven argentino de 25 años, oficiaba de fasonero, llevando los cortes a talleres como el que en 2005 regenteaba LSC en la calle Agustín García.

En noviembre de 2005 los empresarios Daniel Fischberg y Jaime Geiler le brindaron a JMC la posibilidad de administrar el taller de la calle Luis Viale, para confeccionar los pantalones de sus marcas y así incrementar su producción. A tal fin, celebraron un contrato de alquiler tomando como garantía el sueldo de su padre. Además, le otorgaron un préstamo de entre diez y quince mil dólares para la compra de maquinaria, y le "abastecieron la producción". El préstamo sería descontado de los pagos por los trabajos de confección en Luis Viale. JMC aceptó emprender este proyecto conjuntamente con su "compadre" LSC. Para fines de 2005, este último solicitó préstamos a dos entidades financieras bolivianas, y trasladó a Luis Viale su hogar, sus máquinas y algunos de los trabajadores que residían en el taller que administraba en Agustín García, a quienes prometió mejores condiciones de vida y salario.

De este modo, la sociedad conformada por la familia Fischberg-Geiler era propietaria del predio y virtualmente de la mayor parte de la

---

[8] Junto a Víctor Morgenfeld (miembro político de la familia Fischberg).

maquinaria a través del préstamo conferido. A su vez, era prácticamente la titular de las únicas marcas[9] que se confeccionaban en Luis Viale, y por ello –según establece la Ley 12.713 que regula el trabajo a domicilio por cuenta ajena (art.4)– eran responsables del pago de los haberes y de las condiciones de trabajo dentro del taller. Cumplían, entonces, el rol de "fabricantes", según se los denomina en el sector.

El taller de Luis Viale se mantuvo en funcionamiento apenas cinco meses desde noviembre de 2005. En la tarde del día 30 de marzo de 2006 los cables que pendían sobre las habitaciones del piso superior se recalentaron, ocasionando el desprendimiento del material aislante que los recubría sobre elementos inflamables como cartones y telas. El fuego se extendió aceleradamente sobre el primer piso donde descansaban algunas trabajadoras y niños, que no pudieron salir dado que las ventanas se hallaban enrejadas. El resultado del incendio fue la muerte de una joven embarazada de 25 años y cinco niños de entre 15 y 3 años.

A lo largo de diez años, las contradicciones entre las diversas instancias judiciales colaboraron en que el incendio del taller de la calle Luis Viale se dirimiera oralmente en 2016, resolviendo la condena de los talleristas JMC y LSC por reducción a la servidumbre y estrago doloso seguido de muerte, y ordenando la investigación de las responsabilidades de funcionarios de inspección y de los fabricantes.

Talleres de costura domiciliarios

Migración, parentesco y paisanaje

Existe una amplitud de mecanismos y circuitos mediante los cuales los trabajadores migrantes acceden a estos empleos, que incluyen desde avisos en los medios de comunicación, en la vía pública o a través de una red de conocidos, paisanos, compañeros o familiares que prometen remuneraciones y condiciones relativamente "mejores" a las disponibles en Bolivia. Como se evidencia en numerosos relatos de ex trabajadores de Luis Viale, el reclutamiento puede ser efectuado directamente por el tallerista, o puede ser mediado por diversos actores (familiares, vecinos, otros trabajadores del taller) a través de diferentes estrategias. En ocasiones, es el tallerista quien se responsabiliza del traslado del trabajador adelantando el dinero necesario para el pasaje o gestionándolo personalmente. En ambos casos, el "costo" del traslado del costurero

---

[9] Entre las declaraciones de LSC se menciona la marca FACTOWN de Jaime Shatal, quien a su vez produce actualmente para otras marcas reconocidas como 47 Street, Portsaid y Pampero, así como para "Como quieres que te quiera" y Cheeky, pertenecientes al cuñado del actual presidente Mauricio Macri.

suele ser descontado de sus ingresos, asumiendo una deuda que puede acrecentarse gracias a los denominados "adelantos" o "vales".

Las relaciones de parentesco y "paisanaje" han conformado un elemento significativo para comprender cómo se construyen y reproducen las relaciones al interior del taller. Buena parte de los lazos familiares presentes en Luis Viale fueron apenas aludidos en todo el proceso judicial. La dificultad en el trazado de los vínculos de parentesco entre los trabajadores, así como entre éstos y los talleristas, trajo aparejada la incomprensión por parte del Tribunal a cargo del juicio de ciertas expresiones de "conformidad" entre los ex costureros de Viale. En este artículo, la mayor parte de las relaciones de este tipo fue reconstruida mediante un ejercicio de cotejamiento, análisis comparativo entre las declaraciones y alusiones dispersas en el expediente y en el juicio oral. Así, fue posible componer los lazos directos entre la familia "D" y "E", ambas ligadas con menor o mayor proximidad a LSC. Juntas congregaban al menos a veinte personas que vivían y trabajaban en Luis Viale. Otros elementos de estas relaciones fueron revelados indirectamente en la fase de juicio oral en 2016, como por ejemplo, el hecho de que una de las costureras hubiese perdido no solo un hijo, sino además un nieto.

En otros casos, los trabajadores no arriban directamente al taller. Migran en busca de mejores condiciones de vida y empleo, y es en Buenos Aires donde se informan sobre las ofertas laborales dentro de los talleres de confección. Existen, incluso, espacios específicos dentro de la ciudad de Buenos Aires donde costureros regatean el precio de su trabajo en una suerte de "subasta" de empleo, como por ejemplo en la intersección de las avenidas Cobo y Curapaligüe. Otros puntos específicos suelen ser las canchas de fútbol, parques, asociaciones y avenidas cercanas a los barrios que cuentan con una mayor presencia de migrantes. Este fue el caso de Iván, quien contactó a LSC en las canchas de fútbol de la Asociación Deportiva del Altiplano. También el de Nicolás, quien había migrado en una ocasión previa a Buenos Aires para trabajar en el oficio de costura que conocía gracias a su padre. Al volver en 2005 a Buenos Aires le recomendaron dirigirse a un torneo de fútbol de migrantes donde contactó a LSC, a quien ya conocía de sus viajes anteriores.

Casos como el de Nicolás, o como el de Bruno (detallado más adelante), son habituales, y exponen trayectorias de empleo y migración en las que el trabajador regresa a Buenos Aires al cabo de unos años, y es empleado en el mismo taller de la experiencia migratoria anterior. Ese también fue el caso de Fausto de La Paz, quien ya conocía Argentina desde 1999. Cuando volvió a Buenos Aires entre 2004 y 2005, se contactó con LSC, a quien conocía de migraciones previas, e ingresó a trabajar en Luis Viale. Los retornos periódicos son abonados por las modalidades estacionales que asume la planificación del trabajo en costura: una vez terminada la temporada de producción (entre seis y nueve meses aproximadamente), el periodo de desocupación no es contemplado en los ingresos que recibe el costurero.

Al puntualizar sobre los procesos migratorios entre los factores que contribuyen a caracterizar las relaciones existentes dentro del taller, cabe reparar en el origen urbano o rural de los trabajadores, y con ello en sus trayectorias de vida y empleo. La abrumadora mayoría de los trabajadores de Viale provenían tanto de Cohana como de otras áreas rurales. Si bien los censos elaborados por el Instituto Nacional de Estadística (INE) de Bolivia, en los años 2001 y 2012 muestran una leve disminución de la ruralidad en el total del país, en el Municipio de Pucarani ésta se mantuvo en el 100% para todo el periodo.

Así, en 2001, la agricultura, ganadería, caza y silvicultura ocupaban en el departamento de La Paz al 29,62% de la población. Once años más tarde, esta cifra sufriría un leve descenso alcanzando el 28,67% de la población económicamente activa. Específicamente en el municipio de Pucarani, las cifras indicaban en 2001 una clara predominancia de estas actividades con un 69,87%, seguida por la actividad manufacturera con un 6,82% y luego por el comercio al por menor y mayor con un 6,78%. En el censo de 2012, un 58,44% se dedicaba a la agricultura, ganadería, silvicultura y pesca, seguida por el comercio y reparación de vehículos con un 8,75%, y un 6,98% en la industria manufacturera.

Si bien no es privativo del caso boliviano, cabe advertir que ciertos indicadores que contribuyen a caracterizar las condiciones de salud, infraestructura y educación, expresan una significativa disparidad a lo largo de un mismo período entre los sectores rurales respecto de los urbanos. Por ejemplo, mientras en 2001 se registraba un 15,58% de analfabetismo entre las 7.409.992 personas incluidas en la estimación para toda Bolivia, y un 13,17% para La Paz, esta cifra ascendía a un 21% en el municipio de Pucarani. Otro tanto puede decirse respecto a determinados indicadores referidos a las condiciones de vivienda. Así, el censo de 2001 registraba que en Pucarani, el 72,6% de la población no contaba con abastecimiento de agua por cañería (cuando esta cifra para toda Bolivia era de un 28,67%). Entre ambos censos se observan mejoras en estos indicadores, pasando de un 15,03% de la población de Pucarani abastecida por cañería de red en 2001 a un 27,79% en 2012. No obstante, aún prevalecía el abastecimiento por medio de pozo o noria sin bomba, alcanzando el 46,04% en dicho municipio.

También se observa una reducción en la incidencia de la pobreza a nivel nacional, que pasa de un 66,38% de la población en 2000 a un 59,92% en 2006. Correlativamente, el mismo fenómeno se observa en las áreas rurales donde se pasa de un 87,25% de incidencia de pobreza en 2000 a un 76,47% en 2006. En cuanto a la pobreza extrema, en cambio, si bien se observa un proceso de reducción de las cifras nacionales de un 39,85% a un 37,68% entre el 2000 y el 2006, en las áreas rurales esta cifra experimenta un leve aumento para el mismo periodo, pasando del 59,89% al 62,25%. Esto último difiere notablemente de lo que sucede en las áreas urbanas, donde se registra una sostenida reducción de esta variable (de un 28,42% en 2000 a 23,36% en 2006) en consonancia con las variaciones en el total del país.

Es dable suponer que la articulación entre factores sociales generales asociados a la calidad de vida y empleo, con otros de menor escala (por ejemplo, el decrecimiento de las actividades productivas en la Bahía de Cohana como resultado de la contaminación del Lago Titicaca), han incidido en las trayectorias vitales y laborales de los trabajadores que, entre noviembre de 2005 y enero de 2006, abandonaron el pueblo de Cohana para trabajar en costura en la ciudad de Buenos Aires. Asimismo, la imbricación de estos factores ha cimentado la naturalización de experiencias en empleos informales y precarios.

En el censo boliviano de 2012, se obtuvo información vinculada al fenómeno de la migración, registrando un total de 489.559 casos de emigración desde Bolivia. Un 27,58% de esos casos pertenecían al departamento de La Paz, mientras que en el municipio de Pucarani se registraron 1.299 casos de emigración. Cruzando los datos entre el país de destino y el origen urbano/rural de los y las migrantes encontramos que entre las viviendas del área urbana predomina Argentina como país de destino, con un total de 31.550 casos, seguido por Brasil con 26.202 casos. Sin embargo, entre las viviendas de origen rural, Brasil lidera el conteo con 17.929 casos, seguido por Argentina con 16.552 casos. De acuerdo al último censo argentino llevado a cabo en el año 2010, la comunidad boliviana en el país conforma la segunda colectividad migratoria más grande con el 19,1% de los extranjeros censados. Esto mismo ha sido confirmado por las estimaciones periódicas elaboradas por la Dirección Nacional de Migraciones, donde se registra que un 36,7% de los migrantes bolivianos arribó al país entre los años 2002 y 2010, concentrándose en la Capital Federal y Provincia de Buenos Aires (INDEC, 2012).

Buena parte de los bolivianos emigran con la expectativa de poder ahorrar sus salarios para luego remitirlos a sus hogares en Bolivia. En el año 2012, por ejemplo, las remesas familiares recibidas en Bolivia alcanzaron los USD 1.094 millones, superando en un 8,1% los USD 1.012 millones percibidos el año anterior (BCB, 2013a). Entonces, Argentina ocupaba el tercer lugar de importancia como origen de remesas con el 12,1% de los envíos de dinero (un total de USD 131,28 millones).

Las remesas guardan un importante papel en la economía boliviana, sea por su aporte en la demanda interna o como fuente de divisas. En promedio, cada receptor de remesas recibe 120 dólares ocho veces al año desde Latinoamérica o Estados Unidos, y 200 euros para el caso de quienes residen en España, y se estima que el 45% de las mismas se destinan a gastos diarios (Ventura Callejas, 2014; IBCE, 2015). Asimismo, según los datos proporcionados por el Instituto Boliviano de Comercio Exterior (IBCE, 2015), las remesas de los más de 2 millones de bolivianos que residen en el exterior son la segunda fuente de divisas después de la venta de gas natural a Brasil y Argentina.[10]

La información presentada hasta aquí ha tenido como finalidad el contribuir a nuestro objetivo de enmarcar y significar las trayectorias particulares de ciertos trabajadores migrantes presentadas en apartados anteriores. Hemos atendido someramente a la dialéctica existente entre procesos sociales particulares y generales que inciden sobre las prácticas y representaciones de aquel grupo social. Con ello aspiramos a poner en cuestión las justificaciones "esencialistas" que reducen las modalidades de producción en costura a "pautas culturales" andinas. Las mismas serán abordadas en el apartado que sigue.

Organización del trabajo

A través de la lectura del expediente hemos podido reconstruir la organización del trabajo existente en Luis Viale. En primera instancia, los cortes de telas realizados en la fábrica principal (sobre la calle Galicia) eran trasladados 200 metros hasta Luis Viale. Allí eran redistribuidos por los talleristas a un "encargado", esto es, un costurero asignado por aquellos, quien a su vez dividía los cortes entre los rectistas para luego articular las diversas operaciones que componían la confección de los pantalones de jean. El taller contaba con al menos siete tipos de máquinas para coser dicha prenda: recta, overlock, doble costura, "metra", ojaladora, cinturera y botonera. Cada una de esas máquinas era manipulada por un operario específico. Las tres primeras integraban la mayor parte de las aproximadamente treinta máquinas del taller, mientras que de las últimas se disponía apenas de un ejemplar. JMC se encargaba de los pagos semanales y de la supervisión del trabajo. LSC regulaba el trabajo dentro del taller a la vez que desempeñaba algunas labores directamente ligadas a la confección. Vivía con su familia en Luis Viale, compartiendo las

---

[10] Las remesas de trabajadores que ingresaron a Bolivia entre el período 2006 y el mes de julio del 2015 acumularon 9.772 millones de dólares según las estimaciones del IBCE con fuente en el Banco Central boliviano.

mismas condiciones de vida que el resto de los costureros. Algunos de sus hijos también realizaban tareas productivas.

Asumiendo que el precio de venta del pantalón oscilaba alrededor de los $100, como figura en las declaraciones del querellante,[11] el monto abonado al costurero representaría entre 0,8 y 1,2%, porcentaje que a grandes rasgos coincide con las estimaciones de Lieutier (2010) y Montero Bressán (2016) para prendas confeccionadas en este tipo de talleres. Simplificando las estimaciones proporcionadas por los costureros, y ciñéndonos al caso de los rectistas, el costurero recibiría un 44,44% del monto remunerado por los fabricantes a los talleristas por cada pantalón simple, mientras que en el modelo más complejo esta cifra descendería a un 34,28%. Es decir que el ingreso del tallerista por cada prenda también era magro en proporción al precio final de la misma. Sin embargo, mientras el monto abonado al costurero correspondería a cada pantalón producido por este, en el caso de los talleristas el monto se multiplicaría por la cantidad de prendas elaboradas dentro del taller por cada uno de los rectistas.

Durante los cinco meses de funcionamiento del taller de Luis Viale los trabajadores apenas recibieron "adelantos" o "vales". Los mismos consistían en sumas semanales de $50 para los solteros y $100 para los jefes de familia, otorgadas cada viernes o sábado para cubrir las comidas de los costureros y sus familias durante el fin de semana y otras compras personales. Algunos trabajadores relataron haber sido notificados que cobrarían cada tres meses, una vez que ya habían empezado a trabajar en el taller. Al momento del incendio, cinco meses después del inicio del "contrato", pocos habían percibido un ajuste parcial entre los "vales" y el salario.

En todos los casos, las sumas remuneradas eran significativamente inferiores al mínimo salarial vigente.[12] El monto y la modalidad de cobro del salario (por tiempo, por prenda u operación) variaban de acuerdo a: lo pactado entre el tallerista y el fabricante, la complejidad del proceso de confección, el estado de la maquinaria, el tipo de tarea realizada, etc. Sin embargo, como se observa en el caso de Luis Viale, diversos mecanismos confluyeron para la obtención de trabajo totalmente gratuito a lo largo varios meses. Al igual que en otros talleres, los talleristas administran el dinero que recibían de los fabricantes (cuando lo recibían), apelando usualmente a diversos mecanismos de retención de los salarios de

---

[11] Según las declaraciones de Nicolás uno de los pantalones retornó al taller con la etiqueta de precio que era de $100.

[12] Al momento del incendio, el salario mínimo establecido por Resolución 2/05 del Concejo Nacional del Empleo, la Productividad y el Salario Mínimo, Vital y Móvil era de $630.

los trabajadores. Así, pueden argumentar que retienen sus ingresos para ayudarlos a ahorrar, en concepto de deudas por el pasaje, alojamiento, vivienda, o bien, suministrando "créditos" para comprar artefactos y otros bienes. También aducen que existe una inversión en el taller que les impide destinar aquel monto a salarios.

El sistema de "vales" o "adelantos" semanales que son "ajustados" a (descontados de) los eventuales ingresos de los costureros, integran una de las estrategias de retención salarial que resultan, en gran parte de los casos, en la sujeción de los trabajadores al taller. Como ejemplo de ello, algunos trabajadores habían renunciado días antes del incendio, pero permanecieron en el taller aguardando la liquidación de sus salarios adeudados (fue el caso de uno de los querellantes, así como de una de las víctimas fatales). Cabe reiterar que todos estos mecanismos abrevaron en un circuito de financiamiento de la producción que recayó pesadamente sobre el costurero y el tallerista. Así, en 2007 LSC declaró ante el juez,

> *Yo al momento de ingresar a trabajar, a los trabajadores, que son la mayoría parientes y conocidos, les contaba cuál era la situación, que teníamos muchas deudas, y que se les iría pagando en la medida de lo posible, y que esa situación duraría como mucho tres meses, y luego se ajustarían las cuentas. Así yo repartía el dinero que entraba para ir cubriendo las necesidades más urgentes, y así una semana se pagaban alquileres y banco por ejemplo, la otra semana pagaba a los trabajadores, y así íbamos manejando la situación.*

Por otra parte, la extensión de las jornadas laborales era correlativa a las formas de remuneración. Aquella superaba las diez horas de trabajo y podía ser establecida y comunicada al trabajador antes de su inicio en las tareas laborales, o bien era el resultado concreto de la conjunción de diversos factores sistemáticos en la organización del trabajo en el taller, como el bajo precio pagado a destajo, la falta de experiencia de la mayor parte de los costureros, el estado de la maquinaria, etc. Los mismos talleristas describían las condiciones de trabajo en consonancia con lo detallado por los costureros. Ante el juez, JMC declaró en enero de 2007 que se había negado inicialmente a que los trabajadores residieran en Luis Viale:

> *Yo me negaba a que durmieran en Luis Viale, me pareció ilógico. Yo discutí mucho con ellos, pero ellos son así, sino me quedaba sin gente, ellos viven así, quieren trabajar y vivir en el mismo lugar... Yo les decía que se alquilaran habitaciones, pero no querían, tenían miedo que les roben, si los chicos iban al colegio se les complicaba más. Ellos viven así. Las condiciones las fijaban ellos, no yo. Yo les*

> *pagaba todo, la comida, el papel higiénico, la luz, el gas, todo, ellos viven así. La mentalidad de ellos es así... vienen al país en pareja a ganar plata, llegan y juntan plata dos años y ponen un taller. Por eso querían vivir en el mismo lugar donde trabajan, así no gastan dinero en vivienda, colectivos, y no perdían tiempo en viajes. Es el estilo de vida de ellos. Yo también pensé en alquilar una casa a dos cuadras, en una esquina, pero se me iban los costos, no me redituaba. Yo todavía debo plata por las máquinas, tanto yo como LSC estamos muy endeudados. [...] Si no te adaptás, te quedás sin taller. A mí me molestaba tener que comprarles la comida, me gastaba más de mil y pico de pesos de comida por semana.*

En las declaraciones indagatorias, cuando las respuestas de JMC insinuaban un sentimiento de obligación generado por las demandas de los trabajadores con una "mentalidad" particular, las preguntas y respuestas se reorientaban hacia las características de los mismos trabajadores bolivianos:

> *Preguntado por S.S. para que diga si no conseguía gente de nacionalidad boliviana que trabajara de la manera que le pareciera correcta, por qué no contrataba trabajadores de otra nacionalidad, [JMC] contestó: 'porque los mejores que trabajaban eran los bolivianos, sacaban el doble de producción, argentinos o peruanos no duraban más de dos o tres días, se iban, no les gustaba el trabajo. Por otro lado, lo que pasa es que no puede meterse cualquiera en el taller, por un tema de seguridad de robos, hay mucho dinero en mercadería y máquinas.*

Eso último entra en consonancia con un argumento relativamente extendido entre ciertas asociaciones de migrantes bolivianos en Buenos Aires (en muchos casos lideradas por sectores talleristas). El mismo se afirma sobre el señalamiento de supuestas particularidades de la cultura andina, con raíces ancestrales, que propicia la existencia de características como el "trabajo duro" y la "sumisión" entre los trabajadores bolivianos. Este tipo de justificaciones esencialistas han tenido su lugar en fallos judiciales emblemáticos y en alegatos de casos reconocidos entre los que se incluye el nuestro. Así, en el año 2007, los jueces Cattani e Irurzun declararon la falta de mérito en la causa que implicaba a los titulares de un taller de costura en el delito de violación a la Ley de Migraciones, haciendo lugar al argumento de las defensas que afirmaban que las formas de producción encontradas en dicho taller correspondían a "costumbres y pautas culturales de los pueblos originarios del altiplano boliviano". Las defensas en cuestión pertenecían a ACIFEBOL, una asociación civil que, arrogándose la representatividad de la colectividad boliviana en Buenos Aires, actuaba en favor de los intereses de los sectores talleristas. El mismo argumento fue reutilizado por el juez Oyarbide en 2008, esta vez para sobreseer a los titulares de la marca de indumentaria SOHO por infringir la Ley de Trabajo a Domicilio y la Ley de Migraciones. El recurso "esencialista" acerca de las particularidades culturales de los trabajadores también ha sido evocado en los alegatos de las defensas de otros casos reconocidos como el de "Salazar Nina y otros" (TOC 6, 2014) y el caso de nuestro estudio. En este último, la defensora de LSC aludió expresamente a la "mentalidad primitiva" de su defendido y remitió las condiciones del taller a "delitos culturalmente motivados". De este modo, remitió las precarias condiciones de vida en el taller al hecho de que los trabajadores bolivianos no se hallaban acostumbrados a bañarse (o "ducharse la cara" como, según la defensora, se decía entre los bolivianos).

Lejos de reducirse a una particularidad cultural de los migrantes andinos, existe un vasto conjunto de variables que explican la permanencia de los trabajadores en estos empleos. Sin duda, la búsqueda de ahorrar, acumular y escapar a un ciclo signado por la pobreza o el desempleo son el puntapié inicial. Otro elemento primordial corresponde a la práctica de estrategias coercitivas de diversa índole, a saber: amenazas de deportación, engaños, ostentación de vínculos con la policía por parte de los talleristas, retención de los documentos y salarios, amedrentamiento con advertencias de una sociedad local xenófoba y racista, llegando al extremo de la violencia directa física o sexual. Asimismo, el desconocimiento del lugar y de sus propios derechos, la atomización de las unidades productivas y las modalidades de pago por prenda —o a destajo— que implantan sentimientos de sobreexigencia individual y refuerzan la competencia entre los costureros, dificultan la organización y la construcción de alternativas al empleo en los talleres de costura. Como resultado de esto, los costureros acaban destinando su tiempo libre a circular por los espacios mayormente concurridos por otros migrantes bolivianos (restaurantes, asociaciones, parques, etc.), donde comparten sus historias de migración, se informan sobre el funcionamiento de otros talleres y se organizan para diversos fines (desde celebraciones folklóricas hasta reclamos ante las autoridades). Buena parte de estos espacios son administrados y dirigidos por líderes de aquellas asociaciones de migrantes bolivianos que simpatizan con los intereses talleristas y defienden las justificaciones "culturalistas".

Diversos medios de comunicación, instituciones gubernamentales y organizaciones no gubernamentales, se han focalizado casi exclusivamente en aquellas estrategias coercitivas y en el fraude laboral[13] para

---

[13] En efecto, las ofertas laborales enmascaran habitualmente las condiciones reales de empleo con promesas de vivienda y comida, documentación o salarios elevados.

afirmar la existencia de redes de trata y "trabajo esclavo". Sin embargo, ¿cómo se explican bajo dicho paradigma casos como el de Nicolás, Fausto o Bruno, que retornaron al taller en el que habían sido reclutados anteriormente? Frente a esta pregunta debemos partir del hecho de que los segmentos del mercado laboral reservados a los migrantes suelen ser los más precarios y peor remunerados, siendo los salarios insuficientes para cubrir gastos propios como alquileres, etc. En los empleos en costura dentro de los talleres, los dos elementos básicos que hacen a la reconstitución y reproducción de la fuerza de trabajo –vivienda y alimentación– son –al menos precariamente– cubiertos por el tallerista. Ello condiciona las expectativas de los trabajadores, para quienes la posibilidad de vivir y alimentarse en el lugar de trabajo aparece como una estrategia de ahorro de la integridad del salario (para destinarlo posteriormente a fines diversos como talleres propios, remesas, etc.). Más aún, en lugar de implicar un costo suplementario a los empleadores –talleristas y fabricantes–, como argumentaba JMC en sus declaraciones, la capacidad que ofrece la organización del trabajo dentro del taller para garantizar la reconstitución y reproducción de la fuerza de trabajo, resulta en una significativa reducción del precio de esta última (y en un deterioro de la calidad de vida de los trabajadores).

Las trayectorias laborales previas también condicionaron la forma en que fue representado el trabajo en Viale en cada uno de los casos. Entre los costureros que contaban con experiencias anteriores en costura, hallamos relatos signados por el cierre de talleres que conllevaron a la pérdida de empleo y vivienda. Este fue el caso de Enrique, quien había trabajado como ayudante en un taller del cual apenas salía, ya que el tallerista le había advertido que la policía podía detenerlo al no contar con documentos. También se describen, en al menos siete casos, situaciones de coerción, engaños y amedrentamiento. Relatos como los de la familia "G" y Bruno, exhiben mecanismos de endeudamiento inducido, bajo el pretexto de solventar los gastos de traslado de los trabajadores desde Bolivia. Bruno devolvió el costo de su pasaje trabajando gratuitamente desde las 7 de la mañana hasta la una de la madrugada a lo largo de cuatro meses en el año 1997. Durante los fines de semana apenas salía al parque, acompañado por los restantes costureros y "custodiado" por el tallerista. Nunca se animó a denunciar este episodio por no contar con documento argentino. Desde allí fue al taller de otro paisano en Flores donde trabajó por tres años, cosiendo desde las 8 hasta las 21 horas. Retornó a Bolivia en el año 2000, junto a su esposa y uno de sus hijos nacido en Argentina. Para el año 2004, la situación económica del matrimonio había empeorado y decidieron volver al mismo taller en Buenos Aires. En 2005, la familia alquiló una pieza, y Bruno trabajó "cama afuera" por ocho meses. El trabajo "no le convenía" por lo que decidió empezar a trabajar en Viale a través de otro trabajador que contactó en una cancha de fútbol en Buenos Aires. Inicialmente trabajaba "con retiro", pero al no recibir salario alguno y no poder abonar el alquiler, decidió mudarse a Viale junto a su esposa y una ex compañera de un taller anterior.

Por último, debemos mencionar una vez más la importancia que guardan los vínculos sostenidos sobre el paisanaje y el parentesco. Diversos estudios han enfatizado sobre el rol de las redes migratorias entre los trabajadores bolivianos en Argentina (por ejemplo Benencia, 2009; Oliva, 2009). Las mismas se alimentan y refuerzan los lazos basados en la pertenencia a una misma comunidad de origen, o en la familiaridad y el "padrinazgo". En nuestro caso de estudio ello se ha reflejado parcialmente en el hecho de que la denuncia penal a LSC fue sostenida precisamente por los únicos trabajadores que no provenían de Cohana, ni se reconocían parientes del acusado. A lo largo del juicio, buena parte de los costureros que declararon en calidad de testigos, muchos de los cuales habían perdido a un familiar en la tragedia, no expresaron una efusiva inconformidad con las condiciones de trabajo, como esperaban las partes querellantes. Algunos valoraban que el taller agrupase a toda la familia, otros alegaban no haber cobrado por causa del incendio y que las condiciones del taller "estaban bien". Por otro lado, como reconoce el mismo JMC, el reclutamiento de parientes y paisanos garantizaba cierta "seguridad" devenida de los lazos de confianza entre el tallerista y los costureros. Esta seguridad, que JMC reduce a la posibilidad de robo de mercancía y maquinaria, se corporiza fundamentalmente en la posibilidad de reproducción de esta organización del trabajo (precario, informal e intensivo) sin la necesidad de acudir a otros mecanismos de disciplinamiento de la fuerza de trabajo. En este sentido, las relaciones tejidas al interior del taller exceden la tradicional díada empleado-empleador, complejizando con ello las formas en que se expresan las contradicciones clásicas entre capital y trabajo.

Sin pretensiones de exhaustividad podemos decir que los factores sociales generales y particulares de las regiones de origen de los trabajadores, las trayectorias laborales y vitales, los lazos de parentesco y paisanaje, conjuntamente con ciertas características propias de la organización de la producción dentro de los talleres de costura, confluyen en la reproducción de representaciones legitimantes de estas formas de trabajo. Estas representaciones asumen la forma de discursos sobre pretendidas particularidades culturales de los pueblos andinos, que buscan argumentar la idoneidad de los migrantes bolivianos para empleos que hacen un uso intensivo de la fuerza de trabajo. No nos olvidamos que todo lo mencionado hasta aquí se articula, en muchos casos, con la presencia de variados mecanismos coercitivos. Sin embargo, nos interesa observar que existen, a su vez, formas de reproducción de estas relaciones a partir de mecanismos de generación de consentimiento entre los mismos costureros. Sin esto último, no se explicaría la perdurabilidad de estas formas de trabajo o el retorno de muchos migrantes a los talleres de costura en diferentes experiencias migratorias, más que por un solapado prejuicio acerca de la incapacidad de los propios sujetos afectados. Esto último permite comprender el rechazo de muchos costureros a ser considerados como víctimas de "trabajo esclavo", puesto que consideran que esta categoría refuerza el paternalismo de organizaciones no gubernamentales e instituciones estatales y, con ello, acentúa la inferiorización de los migrantes.

Proponemos no descartar a futuro un análisis más pormenorizado sobre la actuación de estos mecanismos de generación de consentimiento, a fin de comprender las formas que asumen las organizaciones de trabajadores bolivianos en Buenos Aires, así como la reticencia de los mismos costureros frente a organizaciones que se han proclamado en contra del llamado "trabajo esclavo", como la Fundación Alameda. Reconocer la existencia de mecanismos de generación de consentimiento entre los mismos costureros no implica defender o legitimar la vulneración de derechos sociales y laborales que miles de migrantes experimentan cotidianamente en los talleres de costura. Más bien, dicho reconocimiento aspira a dimensionar el papel de las representaciones en la reproducción de las relaciones de producción para, a partir de ello, allanar cauces posibles para fomentar el cuestionamiento de estas formas de trabajo entre los propios trabajadores.

Conclusiones

A través de la lectura del expediente del caso del incendio del taller de Luis Viale hemos procurado reconstruir la organización de la producción dentro del taller. Apenas algunos casos fueron citados a los fines de graficar aquellas características sobresalientes de la modalidad de trabajo y de las formas de remuneración en los talleres domiciliarios.

A lo largo de estas páginas hemos ambicionado proporcionar suficientes elementos probatorios de la diversidad presente en estas unidades productivas, las cuales difícilmente se resumen en la fórmula "trabajo esclavo". A tal fin, hemos efectuado una breve descripción de algunos factores sociales generales y particulares de las regiones de origen de los trabajadores para acompañar la caracterización de sus trayectorias de vida y empleo. También fueron evocadas variables como el parentesco y el paisanaje para ilustrar la complejidad que adquieren las relaciones entre capital y trabajo en la costura. Nos hemos detenido especialmente en aquellas características inherentes a la producción en talleres domiciliarios de este tipo que abonan a la retención de los trabajadores en estas unidades productivas, como por ejemplo, la capacidad de garantizar mínimamente la reconstitución y reproducción de la fuerza de trabajo. Esto último configura, simultáneamente, uno de los mecanismos que abrevan en la obtención de mayores proporciones de plusvalor sobre un segmento de la fuerza de trabajo.

Sin omitir la presencia de mecanismos coercitivos, hemos insistido en la relevancia de indagar sobre otros aspectos que guardan relación con la elaboración de representaciones "legitimantes" y mecanismos de generación de consenso entre los costureros. Con este ejercicio no sólo hemos aspirado a cuestionar la simplificación contenida en la fórmula "trabajo esclavo", que imputa la reproducción de estas relaciones de trabajo a la mera existencia de mecanismos coercitivos, anulando la misma dialéctica de los procesos sociales. Hemos pretendido, además, abordar críticamente aquella otra línea argumentativa que atribuye las formas de explotación intensiva de la fuerza de trabajo en los talleres a particularidades culturales de los migrantes andinos.

El incendio del taller de Luis Viale visibilizó la extensión de estas formas de producción dentro de la industria de la indumentaria. Tanto los medios de comunicación, como organizaciones gubernamentales y no gubernamentales, se dirimieron entre interpretaciones que veían a estos emplazamientos como externalidades al capitalismo, como supervivencias de modos de producción anteriores –calificándolos como "trabajo esclavo" o atribuyéndolos a resabios de "pautas ancestrales de ayllu incaico" (Arcos, 2017)–, o como formas patológicas o malformaciones de la producción moderna. Estas perspectivas descuidaban que las formas que asume la organización del trabajo en los talleres se extienden a lo largo de todo el sector de la indumentaria (asemejándose a otras ramas de la economía que hacen uso intensivo de la mano de obra migrante, como la construcción o la producción agropecuaria). Proponemos considerar que este fenómeno se debe más a la creciente expansión de las estrategias de tercerización y precarización laboral, que a las particularidades culturales de la fuerza de trabajo o a desfases en el desarrollo productivo. En el caso de Luis Viale la responsabilidad de los fabricantes fue mucho más directa que en otros casos de este tipo. Sin embargo, hasta el día de la fecha las únicas dos personas condenadas han sido los talleristas. En este proceso ha sido fundamental la organización de algunas de las víctimas de la tragedia con organizaciones no gubernamentales que cuestionaron las formas de trabajo dentro de los talleres. Algunas de estas organizaciones, como

La Alameda, han sido acusadas de propiciar un trato paternalista con los mismos costureros. Estos últimos aún se nuclean mayoritariamente en asociaciones proclamadas en nombre de la colectividad boliviana en su conjunto, como fue el caso de ACIFEBOL, orientadas principalmente por intereses afines a los sectores talleristas. Ambos tipos de organización materializan los dos discursos en boga sobre los talleres, los dos discursos que hemos intentado analizar, complejizar y cuestionar en este trabajo.

Insistimos en la necesidad de incursionar sobre los mecanismos de generación de consentimiento para poder dimensionar adecuadamente el papel de las representaciones en la reproducción de las relaciones y la organización de la producción como las abordadas en estas páginas. A menudo, dichos mecanismos han sido desdeñados por considerarlos relativos a la subjetividad de los actores o como sublimación de las relaciones de producción "objetivas". Sin embargo, sólo mediante la profundización en el análisis de los mismos, será posible concebir estrategias para fomentar el cuestionamiento de estas modalidades de explotación entre quienes son cotidianamente vulnerados en sus derechos dentro de los talleres de costura, tanto en los que abastecen al comercio informal como aquellos que aprovisionan a las reconocidas marcas de indumentaria.

Fuentes Periodísticas

El Diario, 10/06/2011, "Presentaron proyecto USAID para combatir contaminación en Cohana". http://www.eldiario.net/noticias/2011/2011_06/nt110610/5_25nal.php. Últ. revisión: 16/08/2017.

La Razón, 27/07/2015, "Bahía de Cohana padece por políticas 'ineficaces'", Disponible en: http://la-razon.com/index.php?_url=/suplementos/informe/Bahia-Cohana-padece-politicas-ineficaces-informe_0_2313368788.html. Ult. Revisión: 18/11/2017.

Los Andes, 26/06/2015, "El lago Titicaca está al borde del desastre ecológico por la contaminación", Disponible en: http://www.losandes.com.ar/article/el-lago-titicaca-al-borde-del-desastre-ecologico-por-la-contaminacion. Ult. Revisión: 18/11/2017.

Los Tiempos, 03/08/2016, "Índices de remesas hacia Bolivia se mantienen", Disponible en: http://www.lostiempos.com/actualidad/economia/20160803/indices-remesas-bolivia-se-mantienen. Ult. Revisión: 18/11/2017.

Periódico digital de investigación sobre Bolivia, 18/12/2007, "La vegetación acuática de Cohana contiene cadmio, plomo y arsénico", en: http://www.pieb.com.bo/noticia.php?idn=2181. Ult. Revisión: 18/11/2017.

Otras Fuentes

Banco Central de Bolivia

(2013a). Nivel de Remesas de Trabajadores-Mes de diciembre de 2012. Nota de Prensa, junio de2013. Disponible en: bcb.gob.bo. Últ. revisión: 25/09/2014.

(2013b). Informe de Política Monetaria. Enero 2013. Disponible en: http://www. bcb.gob.bo/webdocs/2013/SalaDePrensa/NotaDePrensa/IPM_enero_2013.pdf. Últ. revisión: 25/09/2014.

Castellón Quisbert, J.R. (2006) "Cohana, pueblo de migrantes" La Prensa, La Paz

C.C.C.F.C.F., 20/11/07, Causa 28.083, 'Guaraschi Mamani, Tito y otros...',

Dirección Nacional de Migraciones

(2015). "Panorama radicaciones 2011-2015". Disponible en: http://www. migraciones.gov.ar/pdf_varios/estadisticas/radicaciones_2011-2015.pdf. Ult. Revisión: 18/11/2017.

(2010). "Síntesis estadística de radicaciones. Resumen (Período: 2004-2010) y Evolución (Período de Gestión)". Disponible en: http://www.migraciones.gov.ar/pdf_ varios/estadisticas/rad_%20analisis_estadistico.pdf. Ult. Revisión: 18/11/2017.

(2010b). "Radicaciones resueltas permanentes y temporarias. Periodo 2004-2010". Disponible en: http://www.migraciones.gov.ar/pdf_varios/estadisticas/ rad_resueltas.pdf. Ult. Revisión: 18/11/2017.

Franken, Margot, (2010), Uso de bioindicadores acuáticos para la evaluación de la calidad de los cuerpos de agua en la cuenca Cohana, Disponible en: http:// pdf.usaid.gov/pdf_docs/PA00J9DB.pdf. Ult. Revisión: 18/11/2017.

IBCE,

10/12/2012, Boletín Electrónico Bisemanal N° 181, Disponible en: http://ibce. org.bo/images/ibcecifras_documentos/CIFRAS-181-bolivia-remesas-trabaja-dores-en-el-exterior.pdf. Ult. Revisión: 18/11/2017.

19/09/2015, Boletín Electrónico Bisemanal N° 455, Bolivia. Disponible en: http://ibce.org.bo/images/ibcecifras_documentos/Cifras-455-Bolivia-Reme-sas-trabajadores-en-el-exterior.pdf. Ult. Revisión: 18/11/2017.

INDEC

(2012).*Censo Nacional de población, hogares y viviendas 2010: resultados definitivos.* Tomo 1 y 2. Disponible en: www.indec.gov.ar. Últ. revisión: 25/09/2014.

INE

(2001). Censo Nacional de Población y Vivienda. Disponible en: http://datos. ine.gob.bo/binbol/RpWebEngine.exe/Portal?BASE=CPV2001COM&lang=ESP. Ult. Revisión: 18/11/2017.

(2011). Encuesta de Hogares 2011. Disponible en: www.ine.gob.bo. Últ. revisión: 25/09/2014.

(2012). Censo Nacional de Población y Vivienda 2012. Disponible en: http://datos.ine.gob.bo/binbol/RpWebEngine.exe/Portal?BASE=CPV2012COM&lang=ESP. Ult. Revisión: 18/11/2017.

(2013) Primer censo agropecuario. Disponible en: http://datos.ine.gob.bo. Ult. Revisión: 18/11/2017.

Juzgado Nacional en Criminal y Correcional N°5, 08/04/2008, Causa n° 4654/2007.

TOC 6, 14/02/2014, Causas 1531 "SALAZAR NINA, Juan Carlos y otros s/ reducción a la servidumbre" y 1959, "REPARAZ FIORI, Andrea Mariana Beatriz s/ reducción a la servidumbre"

TOC 5, 28/06/2016, Causa 55.164/06.

USAID, (2010). "Proyecto manejo de la contaminación en el eje hidrográfico El Alto - Lago Titicaca (PROLAGO), Informe trimestral Octubre Diciembre 2010", Disponible en: http://pdf.usaid.gov/pdf_docs/PA00J8CZ.pdf. Ult. Revisión: 18/11/2017.

Fuentes Bibliográficas

Abduca, R. (S/F). "El caso Soho y las paradojas del relativismo cultural. Observaciones sobre un argumento antropológico". Borrador Preliminar.

Benencia, R. (2009). "El infierno del trabajo esclavo. La contracara de las 'exitosas' economías étnicas". En: Avá, n° 15.

Lieutier, A. (2010). *Esclavos*. Retórica Ediciones, Buenos Aires.

Molina, C., et.al. (2017). "Contaminación de la Bahía de Cohana, Lago Titicaca (Bolivia): Desafíos y oportunidades para promover su recuperación". En: *Ecología en Bolivia* 52: 65-76.

Montero, J. (2011). *Neoliberal fashion: The political economy of sweatshops in Europe and Latin America*. Tesis Doctoral, Durham University, UK (mimeo). Disponible en: http://etheses.dur.ac.uk/3205. Ult. Revisión: 28/12/2018.

Montero Bressán, J. (2016). *Análisis del Mercado Laboral y las Barreras a la Productividad en Argentina: Informalidad laboral en la cadena textil y de confecciones*. Ministerio de Trabajo, Empleo y Seguridad Social de la Nación, proyecto MTEySS ATN/OC 13554-AR (mimeo).

Oliva, A. (2009). *Bolivia: estudios de las migraciones en el interior cordobés*. Eduvim, Villa María.

Ventura Callejas, M. A. (2014). *Migración de bolivianos al exterior y el impacto sobre las remesas que ingresan a Bolivia*, Tesis presentada en el 7mo Encuentro de economistas de Bolivia, Disponible en: https://www.bcb.gob.bo/eeb/sites/default/files/7eeb/docs/7204.pdf. Ult. Revisión: 28/12/2018.

El género y la salud en la industria de la confección

Antonella Delmonte Allasia[1]

Introducción

El objetivo del capítulo es analizar desde una perspectiva de género y un enfoque cualitativo la salud de les costureres[2] de fábricas registradas, tomando como caso disparador una fábrica de confección de indumentaria de la Ciudad Autónoma de Buenos Aires (CABA)[3] y complementándolo con otras fábricas registradas. En este sentido, nos interesa indagar en los vínculos entre el cuidado de la salud, la enfermedad y la curación, por un lado, y las relaciones de trabajo que sostienen los sujetos en cuestión, por el otro.

Cuando hablamos de salud, la entendemos desde una concepción amplia, es decir, no sólo física sino también psíquica. De acuerdo con las ideas de Neffa (2015), consideramos que durante la jornada de trabajo

---

[1] IIEGE-UBA. antonelladelmontea@gmail.com

[2] A lo largo del artículo, hemos optado por utilizar el lenguaje inclusivo para hacer referencia a los costureros y las costureras, a excepción de aquellos casos en los que el género de los sujetos constituya un dato que debe ser tenido en cuenta.

[3] La fábrica que se toma como estudio de caso pertenece al mundo formal, se fundó en el año 2002 y está localizada en el barrio de Monte Castro. Posee un establecimiento en el que se emplean alrededor de 400 personas, divididas en dos grandes grupos: administratives y operaries, cada une con un encuadre sindical específico (los primeros son representados por SETIA, y entre los segundos están les cortadores [UCI] y les costureres [SOIVA]). El grupo de les administratives incluye a la sección de personal, moldería, producto y avíos, mientras que les operaries se distribuyen en corte, máquina, control de calidad, planchado y embolsado. En términos numéricos, los más importantes son máquina y corte. En el área de corte, la totalidad de los operarios son hombres argentinos, mientras que el área de costura les operaries son aproximadamente mitad hombres y mitad mujeres, y son en su mayoría migrantes provenientes de Bolivia y Perú, conformando el área más grande de la fábrica.

se involucra nuestro cuerpo en determinado espacio y temporalidad, y bajo relaciones específicas que organizan el proceso productivo. Es así como el cuerpo se implica y configura en todas sus dimensiones: por un lado, adoptando ciertas posturas y gestos y, por otro, accionando aspectos mentales y afectivos (Neffa, 2015).

A su vez, no perdemos de vista que los casos que analizamos se desenvuelven en lo que el antropólogo Menéndez (1992) denomina "Modelo médico hegemónico", refiriendose a aquel que se desarrolla con el capitalismo, que se basa en una concepción ideológica biologicista y ahistórica; y en el que la salud es vista como mercancía y el paciente como un agente pasivo y consumidor. Desde una mirada antropológica y bajo el amparo del concepto de "pluralismo médico", apuntamos que este es solo uno de los modelos posibles, debido a que existen en las distintas sociedades otras formas de entender la salud-enfermedad. Asimismo, les sujetes –en relación con contextos políticos, culturales y económicos específicos– utilizan distintas instancias terapéuticas a la hora de resolver sus problemas de salud y les asignan valores diferentes (Menéndez, 2003; Perdiguero, 2006).

El análisis que sigue se centra en lo que hace un grupo social para atender sus padecimientos, y deja a un lado a les curadores. De este modo accedemos a las distintas prácticas vinculadas con la atención de la salud en el contexto particular de un lugar de trabajo, lo que sería difícil de relevar remitiendo a les curadores que intervienen. Al colocar a les sujetes en el centro del análisis, por consiguiente, se descentra el rol preponderante que se le asigna en las investigaciones sobre salud a los sistemas formales de salud (Perdiguero, 2006).

Además, poniendo el foco en les actores, analizamos las actividades de autocuidado que elles generan y que involucran la articulación de diferentes formas de atención. En suma uno de los aportes del texto es visibilizar, aún en contextos de trabajo insalubres, la agencia de les costureres que a través de distintas prácticas intentan contrarrestar los daños en su salud física y mental. De esta manera tenemos la intención de ampliar la mirada en torno al trabajo de la confección, corriendo el énfasis del análisis de la explotación extrema que sufren les costureres que tiende a opacar sus posibilidades de acción y de contestación.

El texto está dividido en tres partes. En primer lugar, presentamos una breve contextualización basada en datos estadísticos provistos por la Superintendencia de Riesgos del Trabajo (SRT) acerca de la salud de les trabajadores, poniendo el foco en las diferencias que elles presentan en torno al género. A partir del análisis de información cuantitativa sobre enfermedades profesionales y accidentes laborales se propone contextualizar la rama industrial en que se enmarcan las experiencias particulares que se analizan a lo largo del texto, y que son su tema central.

En segundo lugar, abordaremos, principalmente a través de las vivencias recogidas por medio de entrevistas,[4] tanto las percepciones de les entrevistades sobre las enfermedades y los malestares asociados a este tipo de trabajo, como las acciones preventivas en torno al autocuidado que desarrollan. De nuevo, la mirada de género estará presente: se señalan las experiencias comunes a hombres y mujeres, y ciertas diferencias que hacen al cuidado de la salud vinculadas especialmente con los roles que ocupan las mujeres en torno a las tareas del hogar y el cuidado de les hijes.

En tercer lugar, nos centraremos en la cuestión del abuso en los lugares de trabajo que afecta exclusivamente a las mujeres costureras. A través de variados ejemplos mostraremos diversas formas de abuso y su vinculación con las desigualdades de género así como las acciones que se desenvolvieron, en algunos casos, en respuesta a estas problemáticas.

Los avances que aquí se presentan se enmarcan en una investigación de mayor alcance que pone el foco en las experiencias cotidianas y en las relaciones de trabajo que se desenvuelven en una fábrica de confección de indumentaria registrada. Es decir que esta investigación se detiene en el mundo de trabajo formal dentro de la rama textil, teniendo en cuenta la gran participación femenina en el total de su mano de obra (MTEySS, 2007), así como su vinculación a la población migrante, especialmente de Bolivia (Maguid-Bruno, 2010)[5] (ver artículo de A. Arcos en esta obra). No queremos dejar de señalar que una de las principales consecuencias de la tercerización de la producción en el sector durante las últimas décadas, es un destacado proceso de informalización de su mano de obra (Ferreira y Schorr, 2013; Lieutier, 2010; Montero, 2014; Salgado, 2012). Si bien nos centraremos en el mundo formal, consideramos que existen marcados vínculos entre las experiencias que configuran el trabajo formal e informal en esta rama de la industria.

A lo largo del artículo, se retoman fragmentos de entrevistas en profundidad realizadas entre los años 2015 y 2018 a costureres de la fábrica testigo así como a costureres de una fábrica de jeans emplazada en el barrio de Chacarita y una de ropa interior del barrio de Villa del

---

[4] Las entrevistas son semiestructuradas en profundidad, y forman parte de un corpus documental propio. Los nombres de todas las personas y fábricas fueron cambiados para mantener su anonimato.

[5] Según Perdiguero (2006), recién en las últimas décadas se presta la necesaria atención a la cuestión de la interculturalidad en la salud en el ámbito de América Latina. Uno de los objetivos de la investigación que enmarca este artículo es indagar en cómo se hace presente la diversidad cultural en los vínculos de los sujetos con la salud, teniendo en cuenta que gracias a los procesos migratorios coexisten modos diferentes de entender la salud-enfermedad.

Parque, ambas pertenecen al mundo formal. Finalmente, complementamos los datos con testimonios acerca de otras fábricas registradas que fueron provistos por delegadas agremiadas en el Sindicato Obrero de la Industria del Vestido y Afines (SOIVA).

La metodología cualitativa elegida en la investigación se apoya en el enfoque histórico-etnográfico. Durante el trabajo de campo se articuló de forma procesal el marco teórico con las experiencias de los sujetos expresadas en prácticas y relatos recogidos a través de observaciones y entrevistas. De igual forma, se ponen en diálogo estas experiencias con el relevamiento de fuentes escritas y de datos estadísticos propios del período. De este modo, no se contempla solo el análisis de los marcos de referencia nativos sino de la totalidad del mundo observado, contribuyendo al estudio de la materialidad del mundo social.

La salud expresada en indicadores cuantitativos

El Informe Anual de Accidentabilidad Laboral de la SRT sostiene que para el año 2016, del total de la población cubierta por el Sistema de Riesgos del Trabajo que se desempeña en unidades productivas, el 62% son varones y el 38% son mujeres. Es decir que, dentro del empleo formal, los hombres empleados en el año 2016 son una clara mayoría. Asimismo, al mirar el total de accidentes de trabajo (AT) y enfermedades profesionales (EP) con días de baja laboral y/o secuelas incapacitantes, la mayoría de los casos corresponde a varones (el 79%) y una minoría a las mujeres (21%). Por otra parte, señala que la incidencia de la accidentabilidad laboral en el lugar de trabajo varía según sexo siendo que los hombres tienen 2,4 veces más riesgo de tener un accidente laboral que las mujeres (52,8 por mil contra 22,3 por mil). A este respecto, podemos remarcar que son los hombres los que mayormente ocupan los espacios de trabajo con más riesgos para la salud, como son el sector de la construcción, la agricultura, la industria manufacturera, el transporte o la minería. Si nos detenemos en la accidentabilidad en la "industria manufacturera", tanto en hombres como en mujeres la accidentabilidad es superior a los promedios generales: el promedio de accidentabilidad en hombres en todas las ramas es de 52,8 por mil, mientras que en manufactura es de 74,9 por mil. De igual manera, en mujeres, el promedio general es de 22,3 por mil mientras que en manufactura es de 26,8 por mil. Es decir que, si bien en ambos sexos la actividad manufacturera supera al promedio, la diferencia es tanto mayor en el caso de los hombres que se separa del promedio en un 22 por mil mientras que en las mujeres apenas un 4,5 por mil.

Aquí queremos esbozar distintas interpretaciones que no son excluyentes. Por un lado, como adelantamos, hay que tener en cuenta en qué sector se ocupan hombres y mujeres dentro de la industria manufacturera, ponderando así las segregaciones horizontales por tareas según sexo. Por otra parte, distintos estudios señalan que el mundo de trabajo es un espacio central en la construcción de las identidades masculinas en donde se producen determinados cuerpos y en los que la exaltación del esfuerzo físico, la idea de una heroica confrontación de la tarea y la disposición a actividades de riesgo son centrales (Del Águila, 2015; Palermo, 2017; Willis, 1977). En tal sentido, exponerse a actividades de riesgo sin la protección debida, que potencialmente deriva a accidentes de trabajo, se vincula con formas de construcción de la masculinidad. Por último, siguiendo tal mirada cualitativa y atenta al género, podríamos pensar que las diferencias también se vinculan con las formas de relacionarse con la salud que tienen los hombres y las mujeres en nuestra sociedad en la actualidad, y que exceden a la cuestión laboral. Algunos estudios plantean que la socialización masculina promueve obstáculos en lo que refiere al autocuidado y a la valorización de la propia salud asociando al cuidado del cuerpo –ya sea propio o ajeno– al rol femenino (Keijzer, 2003). En resumen, hombres y mujeres que desempeñan la misma ocupación se enferman y perciben la salud de distinta manera; y esto se relaciona con los roles sociales del medio laboral y extra laboral (González Gómez, 2011).

Si nos detenemos en el sector económico que nos convoca –fabricación de prendas de vestir excepto calzado–, de las 27.031 trabajadoras cubiertas a nivel nacional por aseguradoras de riesgos del trabajo (ART), existen 803 casos notificados de mujeres que sufrieron accidentes de trabajo y enfermedades profesionales (este dato excluye accidentes in itinere y reingresos) con una incidencia de 26.6 por mil. Mientras tanto, para el caso de los varones, en el mismo año (2016), de los 20.871 trabajadores cubiertos por ART son 832 los notificados que sufrieron accidentes de trabajo, lo que corresponde a una incidencia de 37,3 por mil.

En relación a estos últimos datos, la evidencia sugiere que a nivel nacional, durante el año 2016, hay mayor cantidad de mujeres contratadas de forma registrada que de varones. Por consiguiente, a comparación de otros sectores industriales de la economía, se trata de un sector con una considerable participación femenina. A pesar de esto, los hombres notifican, tanto en términos relativos como absolutos, mayor cantidad de accidentes y enfermedades, constituyendo una diferencia de 10 puntos por mil en la incidencia entre hombres y mujeres. De esta forma, los datos se corresponden con aquellos que señalan una mayor accidentabilidad en todas las ramas de la economía, y en manufactura específicamente, para los trabajadores hombres. Si bien arriba planteamos algunas variables que podrían estar incidiendo en estas diferencias, a continuación, nos interesa detenernos en las particularidades del sector y a través de un acercamiento cualitativo complejizar la mirada en torno a la cuestión de la salud de les costureres.

Vínculos entre el trabajo, la salud y el género

El proceso de trabajo y sus consecuencias en la salud

La fábrica testigo brinda el servicio de producto terminado (se entrega la prenda lista para su comercialización) en tejido de punto y plano liviano, y tiene como clientes distintas marcas de ropa. Dentro de todo el proceso productivo que es necesario a la hora de fabricar una prenda (diseño, moldería, corte de la tela, confección, estampado, bordado, planchado, revisado, control de calidad, packaging y logística), la tarea de confección es en la que más trabajadores se emplean y presenta marcadas particularidades.

Si nos centramos en el medio ambiente de trabajo, en el techo de esta fábrica hay tubos de luz blanca con el fin de iluminar las costuras que se están realizando, ruidos de máquina, así como polvo volando que se desprende de las telas. Siguiendo el relevamiento realizado (Delmonte Allasia, 2018) en relación con los riesgos a los que les expone el medio, les costureres perciben: falta de luz natural y ausencia de ventilación, lo que a su vez provoca, especialmente en verano, mucho calor que se ve agravado por la falta de agua mineral. En la conjugación de estos factores se incumple la normativa definida en el Convenio Colectivo de Trabajo que regula la actividad (CCT N° 626/11).

Las máquinas se ubican en filas y les costureres no suelen rotar de máquina debido a que se les prefiere mantener en la máquina que mejor se desempeñen, para así aumentar la cantidad de costuras que hacen por hora. En la fábrica testigo, la tarea de costura implica sentarse en una silla (de madera, con asiento y respaldo recto) desde que comienza la jornada laboral hasta que finaliza (nueve horas diarias). Esta posición solo es interrumpida cuarenta minutos cuando les obreres se paran para ir al comedor a almorzar, veinte minutos cuando tienen su descanso diario y, ocasionalmente, cuando van al baño. La silla está posicionada enfrente de la máquina de coser. Cada máquina está ubicada sobre el lado derecho de su respectiva mesa y entre las patas de la mesa, del lado izquierdo, se encuentra el pedal. Las máquinas son industriales (de origen chino) y las hay principalmente de dos tipos:

recta y overlock.[6] Les costureres reciben la indicación de qué parte de la prenda coser, así como con qué hilos y agujas hacerlo. La tela se ubica entre la aguja (que está por arriba) y los dientes de arrastre (que están por debajo), que son los que la hacen mover.

La tarea de costura consiste en, por un lado, apretar el pedal con uno de los pies (lo que hace subir y bajar la aguja) y, por el otro, guiar con las dos manos (una a cada costado de la aguja) la tela que avanza a gran velocidad por debajo de la aguja. Cabe destacar que el espacio que hay para cada mano es bastante pequeño, lo que puede llegar a ocasionar accidentes si la mano pasa por debajo de la aguja. Esta sube y baja de forma continua y veloz, cada vez que baja, realiza un punto en la tela que implica un pequeño corte por donde pasa el hilo que cose la prenda. Por minuto, una máquina de coser puede llegar a hacer varios miles de puntos. En este sentido, cada costurere tiene que ser muy precise con el movimiento que realiza con sus manos para no equivocarse y tener que deshacer la costura. Además, un error implica tiempo de producción perdido y como consecuencia, un apercibimiento del supervisor. Todo esto hace que la vista este dirigida y fijada constantemente en la tela, con lo cual la cabeza no se puede mantener alineada a la columna, sino que se inclina levemente para abajo y la espalda está arqueada sobre la máquina de coser.

Los datos apuntados por la bibliografía especializada[7] en torno a las problemáticas en la salud, de modo general, coinciden con algunos de los recogidos durante los testimonios de les costureres de las fábricas mencionadas, y de la fábrica testigo en particular. Se destacan: *problemas en la columna, en las cervicales y en las manos y muñecas; tendinitis en los hombros, en los brazos, en las manos o en las rodillas; várices; y problemas de la vista.* En relación con las causas que motivan estos malestares y enfermedades, en algunos casos, ponen el acento en la postura de trabajo que es mantenida durante toda la jornada laboral. En otros, lo asocian al tipo de movimientos repetitivos porque, según

---

[6] Estas se distinguen por el tipo de costura que realizan. La máquina recta cose en línea recta y sirve para la mayoría de las costuras de una prenda. En cambio, la overlock realiza una costura tipo de cadena al tiempo que corta el resto de tela a medida que avanza por lo que se usa para las terminaciones de las prendas.

[7] Según señala el informe dirigido por Goldberg (s/f) hay ciertos accidentes y enfermedades que predominan en los talleres textiles clandestinos. Estos muchas las veces ofician no sólo como lugar de trabajo sino también como vivienda, agravando aún más los riesgos en la salud, a lo que se le agrega que les costureres no poseen obra social ni dispositivos de prevención de riesgos. Allí, los riesgos de salud tienen que ver con problemas posturales, cortes en las manos, afectación de las vías respiratorias y pérdida de la visión. Además, detalla que las anemias crónicas y una baja en las defensas pueden llevar a contraer enfermedades infecciosas como la tuberculosis.

se relata en una de las entrevistas, *estás mecanizado para hacer una sola operación*. También aparecieron en las entrevistas problemáticas vinculadas a las enfermedades respiratorias por la inhalación de polvo. En cambio, los cortes o accidentes provocados por las agujas fueron mencionados en menor medida.

En la fábrica testigo, al inicio del día les costureres reciben una bolsa con las prendas que deberán coser. Cada costurere realiza de forma continua una costura específica de esa prenda que tiene su respectivo código de barras impreso en un papel con adhesivo, y estos se van pegando en una hoja. Al finalizar el día, allí figurarán todas las costuras realizadas que, a su vez, se suman de forma digital a fin de mes. Así se controla con exactitud la producción realizada por cada une. Tal control de la producción, sumado al ritmo de trabajo que posibilitan las máquinas de coser industriales, configuran una elevada exigencia de trabajo, lo que promueve que sufrir situaciones de estrés sea parte de las experiencias cotidianas.

Cada prenda cosida se apila y, al finalizar la bolsa, ésta es redistribuida por el abastecedor que se encarga de llevarla a otra máquina donde se le realiza la siguiente costura. Es decir que durante este intercambio, le costurere continúa sentade en su silla. En este sentido, a diferencia de otras tareas que se realizan en la fábrica, como por ejemplo el corte de telas, la costura no conlleva tareas "pesadas" como levantar rollos de tela. Por el contrario, en su conjunto, la tarea de la costura se desarrolla en un pequeño espacio y requiere de cierta prolijidad y precisión, características que son asociadas en el sentido común a atributos femeninos. En consecuencia, al representar a la costura como una "tarea fina" se la liga conceptualmente a una actividad de mujeres. Asimismo, tal asociación entre las competencias necesarias para realizar el trabajo de la costura con una inclinación "natural" de las mujeres por estas labores tiene un registro histórico en la CABA (Mitidieri, 2018). No obstante, según se desprende de la evidencia, estas problemáticas en la salud no distinguen el género y son comunes a todes les que se desempeñan en la labor de la costura en máquina, ya sean hombres o mujeres.

Por otra parte, muchas de estas vivencias forman parte del bagaje común de experiencias de clase debido a que, principalmente en los sectores populares, el trabajo en sí tiene una naturaleza corporeizada al ser el cuerpo el principal recurso. En las últimas décadas, en el campo de la sociología se acuña el concepto de "body work" que concibe al cuerpo como una ventana para analizar las relaciones sociales contemporáneas (Gimlin, 2007).

En resumen, de acuerdo al análisis realizado lo que caracteriza a la cuestión corporal en la tarea de costura es que el cuerpo sentado

164

se mantiene inmóvil y en una mala postura, a excepción de las manos y un pie que se mueven realizando acciones repetitivas; se configura de esta manera un trabajo mecanizado con escasa movilidad corporal que promueve distintas lesiones musco-esqueléticas.

Las estrategias de autocuidado

Uno de los interrogantes que plantea Gimlin (2007), y que nos interesa explorar, tiene que ver con las resistencias en torno a los cuerpos y los límites que construyen les actores en los espacios de trabajo. En sintonía con esto, muchas de las prácticas que llamaron nuestra atención durante el trabajo de campo tienen que ver con las estrategias que denominamos de "autocuidado" que desenvuelven les costureres en el marco de un contexto laboral que se presenta hostil al bienestar de la salud.

Por ejemplo, frente la posibilidad de contraer afecciones respiratorias, muches llevan sus propios barbijos. Según afirma un operario de la fábrica testigo, son *más las mujeres* las que llevan adelante tal acción de autocuidado en el lugar de trabajo. Esto nos hace de nuevo remitirnos a los datos estadísticos que mostraron mayores tasas de enfermedades y accidentes para el caso de los varones.

Algo similar ocurre con las fajas utilizadas para evitar problemas derivados de la postura. Como señaló otro operario entrevistado de la misma fábrica:

> "Yo uso faja porque si no no bancás la espalda; es mucho mucho tiempo sentado de la misma manera, tampoco es que te podés mover mucho, entonces es como que se cansa el músculo de la espalda".

En la fábrica de jeans, les costureres llegan a confeccionar elles mismes los elementos de protección necesarios:

> "Cuando tenemos trabajo de una tela que tira mucho polvo entonces solicitamos barbijos y en caso que no haya nos hacemos nosotros mismos."

Asimismo, otra de las prácticas que visibilizamos gracias al trabajo de campo tiene que ver con la realización de gimnasia laboral:

> Como para estiramiento de los músculos (...) Uno se para ahí adelante y empieza a hacer el ejercicio y el resto a copiar, como explicar esto y lo otro como para evitar problemas en las cervicales y en la columna (...) Cinco minutos antes de que toque el timbre para ir a almorzar paramos la producción y empezamos a estirar, a hacer ejercicios de estiramiento.

Nos interesa de esta práctica, que además de mostrar cómo les costureres resuelven el cuidado de su salud de forma creativa, nos habla de una forma de acción colectiva. Lo mismo podemos pensar de la confección de los barbijos. Consideramos que este punto no es algo menor, ya que nos muestra cierta percepción de la salud como un problema en común por pertenecer a cierto colectivo de trabajo. Por otra parte, si bien cinco minutos por día pareciera no ser mucho tiempo, estos ejercicios son realizados adrede durante el tiempo productivo de la jornada y no durante el tiempo de descanso. Así podemos ver en acción, a través del ejercicio de los cuidados de la salud, la agencia y ciertas formas de resistencia –en marcos limitados– de les costureres.

Otro ejemplo de organización del autocuidado por parte de les costureres lo vemos en el caso de las delegadas de la fábrica de ropa interior que, a través de algunas lecturas, se informan acerca de las problemáticas asociadas con ciertas actividades del proceso productivo y realizan reclamos a les dueñes de la fábrica para que modifiquen las formas de producción. A diferencia de la fábrica testigo, en esta se solicitaba a les costureres que realicen una tarea pesada como es levantar una bolsa que pesa treinta kilos unas diez veces por día. No obstante, logran modificar esta situación. En otro ejemplo, las mismas delegadas llegan a denunciar a les dueñes de la fábrica a la Superintendencia de Riesgos de la Salud:

> Me habían sacado de la máquina y me mandaban a poner esas ballenas y me dolían los brazos, todo por acá me dolía (....) tenés que empujarlas muy bien, son ballenas como con el prensado que se te traba, tiene mucha dificultad. Yo le dije `eso lo debería hacer un hombre` y me dijeron que yo no podía decidir quién va a hacer eso y bueno pusieron a hacer a una mujer y al mes quedó con tendinitis en los brazos. Pusieron a otra y lo mismo, entonces yo le dije que lo voy a denunciar ahora al Ministerio, a Riesgos de Salud. Fui, les hice una denuncia y los hice venir y entonces ahí cambiaron y pusieron a un muchacho para hacer ese trabajo. Entonces ahí le dije que no quería ver a ninguna mujer poniendo aros ni las ballenas.

En este caso, nos aparece una forma activa de reclamo frente a un problema en la salud, lo cual es interesante, ya que muestra que la agencia política y la apelación a organismos de control gubernamental no es sólo desplegada frente a problemáticas salariales o de orden económico. Por otra parte, vemos las implicancias que tienen las ideas asociadas a los géneros aún en un espacio de trabajo de mujeres:

> Claro, los hombres tienen más fuerza. Yo ahora soy gorda (se ríe) pero en ese momento tenía 40 kilos, imagínate hacer eso. Después me po-

nía una cosa acá y hielo me ponía a la noche para calmar el dolor que
me quedaba en el brazo, acá en esta parte de los dedos de sostener.

En su testimonio aparece la típica imagen del hombre como aquel
que posee la fuerza, frente a la mujer que se presenta como débil,
situación agravada por su condición de madre. Es decir que estas representaciones en torno al hombre como un sujeto "fuerte" se producen
y reproducen en los espacios de trabajo de forma horizontal, entre les
mismes compañeres y, a su vez, exponen a los varones a tareas de
mayor exigencia física.

Los controles médicos y las licencias por enfermedad

En relación a los controles médicos encontramos variadas situaciones que tienen en común la falta de control. En la fábrica bajo estudio, les costureres narran que ingresan como empleades sin ningún
examen de salud, aspecto que continúa en el transcurso de la relación
de empleo. En la fábrica de ropa interior, el médico se presenta una
vez por semana quince minutos para hacer alguna receta y se retira.
Además, según las trabajadoras entrevistadas, el médico no notifica su
presencia porque *no le gusta que lo molesten*. En cambio, en la fábrica
de jeans el médico dejó de ir. En todos estos casos, de igual manera,
se incumple con lo que señala la letra del CCT 626/11 en su artículo
N° 29 como parte de las obligaciones del empleadore así como también
con el artículo N° 9 de la Ley de Higiene y Seguridad en el Trabajo.
Mención aparte merece el tema de las licencias por enfermedad.
En el caso de la fábrica testigo, según empleades entrevistades, en
reiteradas ocasiones se llega a la situación de que no se respetan las
licencias con goce de sueldo estipuladas (Artículos N° 10 y N° 14 del
CCT 626/11).
Sin llegar a este extremo, en las otras fábricas las entrevistas su-
gieren que en muchos casos les trabajadores no asisten al médico –que
en general les atenderían en horario laboral– con tal de no perder el
"Premio Estímulo por Puntualidad y Asistencia" que equivale al 20%
de su Salario Básico y el "Premio Asistencia y Puntualidad Perfecta"
que equivale al 5% del Salario Básico (Artículo N° 17 del CCT 626/11).
Como se observa en el testimonio que sigue, en el mediano plazo estos
aspectos se tornan perjudiciales para la salud:

> ...porque también si vos faltas eso significa perder el premio, sacarte
> el descuento entonces eso te afecta en tu salario mensual. Por ese
> motivo mucha gente aguanta hasta lo último y ya cuando no puede
> más recién se apresura a sacar cita médica o va a una guardia.

En relación con esto, otro de los datos que aparece de modo recurrente en las entrevistas es que les empleadores de las diferentes fábricas no otorgan permisos para llegar una hora más tarde o retirarse una hora antes para ir al médico. La razón relevada –desde la visión de les entrevistades– es que prefieren que falten y se tomen el día entero para de esta forma al final del mes ahorrarse el pago de los premios mencionados. Por ello, el hecho de acudir al médico es una acción que se realiza como una última instancia.

Ahora bien, esta problemática en ninguna fábrica es ajena al género, ya que se agrava en el caso de las mujeres que tienen hijes. Si bien en un principio nos encontramos en algunas entrevistas con la idea de que son las mujeres quienes acuden en mayor medida a las instituciones de salud (aunque se está pensando específicamente en los ginecólogos-as y obstetras) y que necesitan hacerlo *por su rol en la reproducción*, queremos aquí poner en cuestión esta primera imagen a través del siguiente testimonio de una de las delegadas del SOIVA:

> "Las mujeres, el tiempo que tienen lo usan para sus hijos así que no
> van al médico de ellas para no faltar más. En cambio, los hombres
> si tienen un tiempito faltan para su salud."

Es decir que, aunque ellas puedan acercarse en mayor medida que los hombres a las instituciones que se encargan del cuidado de la salud, esto no implica que se cuiden a ellas mismas. En cambio, sus vínculos con la salud se relacionan con su rol de encargadas de los cuidados de otres (hijes, padres, maridos) en el hogar. Además, les hijes pueden requerir que ellas falten por otros motivos no vinculados con la salud como son las reuniones de padres, el primer día de clases o los actos escolares.

Todo esto también les trae consecuencias a nivel salarial debido a que se les realizan los mencionados descuentos en el sueldo, y hasta pueden llegar a perder su puesto de trabajo. En cambio, para el caso de los hombres con hijes, en sus testimonios se evidencia que son en general las esposas quienes se encargan de estas tareas. Es decir que las desigualdades de género tienen como consecuencia que aunque no haya diferencias salariales por convenio colectivo entre hombres y mujeres, a fin de mes, en el sueldo real, las costureras cobran menos.

Desde la economía feminista se demuestra que el cuidado se organiza socialmente y para ello se interrelacionan las familias, el Estado, el mercado y las organizaciones comunitarias. No obstante, estas relaciones no son igualitarias, ya que se encuentran desigualmente distribuidas recayendo mayoritariamente en las mujeres (Rodríguez Enríquez, 2015). Tal como señalan Gherardi, Pautassi y Zibecchi (2012), se denomina "conflicto familia y trabajo" a los problemas que se enfrentan las personas a la hora de cuidar a sus hijes al tiempo que permanecen en el trabajo. Al respecto, Esquivel (2012) señala que en CABA, la mayor parte del cuidado infantil (75%) es realizado por mujeres familiares (mayoritariamente madres), y que esta prevalencia femenina ocurre a pesar de que el 65% de las madres de niñes y adolescentes están ocupadas. Asimismo, aun en los hogares en que padre y madre trabajan, ellas dedican el doble de tiempo al cuidado infantil que los hombres.

En la misma línea, Abramo y Valenzuela (2016) plantean que este panorama contribuye a que disminuyan los tiempos de descanso y placer en mayor medida para las mujeres y así aumente en ellas la "pobreza de tiempo", reproduciendo las desigualdades sociales. Según señala nuestra evidencia, consideramos que tal carencia de tiempo también contribuye a que las mujeres visiten en menor medida a les especialistas y se realicen menos controles médicos.

En suma, consideramos que los roles y las representaciones de género en el ámbito extra-laboral (que ubican a la mujer como la principal encargada del cuidado de les hijes), a su vez, tienen repercusión a nivel salarial y de alguna manera en la salud de las mujeres que en muchos casos "reservan" sus faltas para el cuidado de otres.

Los abusos en el lugar de trabajo

En este apartado nos dedicaremos exclusivamente a analizar distintos casos de abusos con motivos de género relevados durante el trabajo de campo. Todos ellos tienen como punto en común que son realizados por hombres hacia mujeres.[8] En tal sentido, vemos en ellos las desigualdades de género en su más cruda expresión. Además, al concebir a la salud de forma amplia, no queremos dejar de analizar estas situaciones que repercuten en el bienestar mental de las trabajadoras y generan ambientes laborales estresantes.

Desde hace más de 30 años (1985) Organización Internacional del Trabajo (OIT) en su Conferencia Internacional del Trabajo refiere específicamente al acoso sexual como un problema de salud. Actualmente, la OIT y la Convención sobre la Eliminación de Todas las

---

[8] Solo encontramos una excepción en este sentido. En el caso de la fábrica testigo existía una práctica cotidiana que consistía en que los hombres de seguridad que controlaban la salida, además de revisar las mochilas, elegían al azar algune empleade para "revisar". Este control consistía en encerrarles en "un cuarto oscuro" con una luz apuntándolos y hacerles desnudar con el supuesto objetivo de que no se robaran nada de la empresa. Se puso fin a esta situación gracias a la denuncia de les delegades en conjunto con la organización no gubernamental La Alameda.

Formas de Discriminación contra la Mujer (CEDAW) identifican el acoso sexual como

> una manifestación de la discriminación de género y como una forma específica de violencia contra las mujeres. El acoso sexual es una violación de los derechos fundamentales de las trabajadoras y los trabajadores, constituye un problema de salud y seguridad en el trabajo y una inaceptable situación laboral"(OIT, s/F).

Sin embargo, vale aclarar que tanto la Ley de Higiene y Seguridad en el Trabajo como la Ley de Riesgos del Trabajo no hacen ninguna referencia a los abusos como posibles riesgos en la salud. Asimismo, el CCT en cuestión es mudo en este sentido ya que en ningún momento refiere a formas de prevención o actuación frente al acoso sexual hacia las mujeres. En resumen, las normativas no hacen más que silenciar estas prácticas y por esta vía contribuir a su naturalización. Tal incorporación sería central en un gremio con elevadas tasas de participación femenina.

Los abusos que surgieron en las entrevistas fueron ejercidos por hombres que ocupan distintos puestos de poder en la fábrica –como pueden ser jefes de línea, empleados de seguridad y médicos– hacia mujeres costureras.

El primero de ellos tuvo como protagonista a una costurera delegada de una fábrica registrada ubicada en la CABA. En esta fábrica, una vez por año asistía el médico con el fin de hacer la revisación médica a les empleades. Las mujeres ingresaban solas al control que se realizaba en un espacio cerrado dentro de la fábrica, y a la hora de escuchar los latidos del corazón, el médico les exigía que se levanten toda la remera. La delegada en cuestión no quiso levantarse la remera porque consideraba que con bajarla un poco alcanzaba. Por este motivo fue suspendida dos años consecutivos, ya que el médico en su informe indicaba que ella *no se dejaba revisar*. La tercera vez, la protagonista contó lo sucedido en el marco de una reunión de mujeres que se realizó en el sindicato, el cual, finalmente, tomó cartas en el asunto realizando la denuncia correspondiente.

En este caso, hay una serie de cuestiones a destacar. Por un lado, como ya se ha dicho, el que ejerce el acoso se encuentra en un lugar de poder en relación a la costurera delegada. De esta forma, ante su resistencia frente a la actitud de acoso, él puede conseguir diferentes represalias como ser que la trabajadora no acceda al control médico, sea suspendida y perciba por esto menor salario que el resto de sus compañeres. Por otro lado, es necesario destacar la importancia de la puesta en común de su experiencia con otras mujeres a la hora de hacer la denuncia correspondiente. Desde inicios del año 2018, en el marco del sindicato se están realizando reuniones en las que sólo participan delegadas y mujeres representantes del Ministerio de Trabajo. Estas reuniones son relativamente periódicas y tienen como eje la cuestión de la violencia tanto familiar como laboral. En este marco, se realizan charlas y se brinda información (teléfonos útiles, lugares donde realizar las denuncias) en relación a la cuestión de la violencia de género.

El segundo caso transcurrió en otra fábrica, también ubicada en la CABA, en la que trabajaba una de las delegadas entrevistadas. En ella, el hombre de seguridad encargado de controlar el ingreso de les trabajadores era familiar del dueño. Un día durante el ingreso, él tocó a una joven costurera delante de otros trabajadores. No obstante, según relata la delegada entrevistada:

> De los compañeros ninguno dice nada porque nadie quiere contar. Entonces, la chica no quiere denunciar tampoco porque no quiere perder su trabajo. Esto es muy feo porque no quieren perder el trabajo y prefieren perder su dignidad. Ahí es donde yo digo `no las podemos ayudar´.

Hemos escuchado distintas experiencias como la anterior que muestran acoso por parte de los empleados de seguridad, tarea realizada, en todos los casos, por trabajadores varones. Además, también es común que los que ejerzan violencia tengan algún parentesco o relación fluida con les dueñes de la fábrica y que esto refuerce su relación de poder para con las trabajadoras. Lo mismo ocurre con algunos jefes de línea (de varias máquinas) o de piso que están protegidos, muchas veces, por contar con vínculos cercanos con les dueñes de las fábricas. Por otra parte, a diferencia del anterior, en este caso la chica abusada no realizó ningún tipo de denuncia. La amenaza a la pérdida de trabajo la contuvo tanto a ella como a sus compañeres de trabajo.

El último caso transcurrió en la fábrica que confecciona jeans. Allí, una costurera era acosada por el supervisor general de la fábrica. Como ella acabó yéndose de la fábrica, el acceso a su caso se dio a través del relato del delegado de la fábrica:

> El tipo se arrimaba a las compañeras y les ofrecía buen trato pero con ciertos... no sé, tenés que ser amigo, salir con él. Tenía eso de organizar salidas el tipo. Organizaba de salir con algunos compañeros y compañeras. Entonces si la compañera aceptaba y salía entonces la trataba bien y buscaba que la asciendan y todo. Pero entonces la compañera que no quería, la perseguía y la maltrataba (...) Pues cuando el tipo se agarraba con la compañera le hacía como la vida imposible. Se metía en la producción, la maltrataba, la ponía en un

> puesto y la sacaba a otro puesto. (...) La compañera no se animaba
> a denunciarle tampoco, como que temía que las represalias sean
> hacia ella y no hacia él. Entonces no se animaba a denunciarle, de
> hecho, le dijimos "podemos denunciarle podemos pedir que incluso
> cambien a este tipo, que lo echen, que hagan lo que quieran pero
> que no acose a nadie", pero la compañera no se animó por temor y
> pasaron los años y terminó yéndose.

Según nos informa el delegado, este caso no fue aislado ya que también acosó a otra costurera que terminó renunciando y retornando a su provincia natal, mientras que el supervisor aún continúa trabajando en la misma fábrica.

En este último ejemplo, encontramos otra forma de ejercer el poder que tienen estos hombres acosadores a través de distintas formas de represalias que se ejercen en el proceso de trabajo en sí mismo. Entre ellas: cambiarla de tarea, rotarla de máquina, asignarle la tarea de costura más difícil o darle más producción. Así consiguen que la costurera no llegue de ninguna manera a la cantidad de producción requerida. Nuevamente, aunque por otra vía, el acosador puede llegar hasta a afectar el salario de las mujeres víctimas.

Como punto en común, los últimos dos casos presentan mujeres que por miedo a perder su puesto de trabajo no se animaron a denunciar. Lo mismo aplica para les compañeres que optan por no atestiguar ni denunciar estas situaciones. Tanto es así que, en el último caso, la mujer llegó a renunciar a su puesto y aun así sigue sin realizar la denuncia correspondiente.

En resumen, si se tiene en cuenta el análisis realizado, los abusos deberían ser introducidos en el CCT N° 626/11 como un tema de salud, tal como lo indican la OIT y la CEDAW. Por esta vía, se genereraría un impacto positivo en el sector en temas de género y derechos laborales que podría ser el disparador de transformaciones de mayor escala, así como alentar una modificación similar en otros convenios de trabajo.

Reflexiones finales

Los aportes del capítulo buscaron poner la salud de les costureres en el empleo registrado de la industria de confección como eje de análisis. A través de este tópico de estudio, mostramos las prácticas cotidianas que dan cuenta de la agencia política de un colectivo de trabajo aun cuando se encuentra en espacios laborales de suma explotación. Centrándonos en la voz de los sujetos involucrados, podemos afirmar que los problemas en la salud desencadenan acciones que contribuyen a la organización colectiva de les costureres. Asimismo, reafirmamos que las relaciones y representaciones de género que se configuran tanto en el ámbito laboral como en el extra-laboral tienen su impacto de manera diferencial en la salud de los costureros y las costureras.

Un estudio atento a las problemáticas de género nos permite visibilizar situaciones de abuso que repercuten en la salud de las mujeres específicamente y que de otra manera quedarían silenciados. Si se consideran estas conductas de forma individual y autónoma carecen de especial gravedad; en cambio, analizadas en tanto conjunto de actuaciones que oprimen a las mujeres, damos cuenta de que a través de ellas se crean espacios de trabajo que las discriminan y atentan contra su salud en términos psicofísicos.

Queremos resaltar que en la bibliografía local no encontramos estudios que problematicen específicamente la cuestión del acoso sexual en el ámbito de las fábricas del vestido, y consideramos que estas primeras aproximaciones realizan un aporte en ese camino.

El acoso con razón de género configura un ambiente de trabajo hostil y degradante para las costureras. A pesar de que en muchos casos continúan siendo insuficientes, ya que las situaciones persisten, acciones como reuniones sindicales y la realización de denuncias vislumbran avances en contra de la violencia hacia las mujeres en los contextos laborales. En este sentido, el primer caso de abuso analizado en este capítulo rompe con la imagen que representa a las mujeres como víctimas pasivas, para poner de relieve algunas estrategias de organización y defensa que están desenvolviendo, dando cuenta de su capacidad de agencia política.

El actual contexto político y social de Argentina, en el que el movimiento de mujeres puso como agenda política la violencia de género, es propicio para desnaturalizar las violencias cotidianas sufridas en el lugar de trabajo y profundizar las acciones que las enfrenten.

Bibliografía

Abramo, L. e Valenzuela, M. E. (2016) Tempo de trabalho remunerado e não remunerado na América Latina: uma repartição desigual. En Abreu, A.; Hirata, H.; Lombardi, M. R. (Orgs.). *Gênero e Trabalho no Brasil e na França:, perspectivas interseccionais.* São Paulo:Boitempo, pp. 113-125.

Del Águila, Álvaro (2015), El que no se la banca, mejor que se dedique a otra cosa. Riesgo, masculinidad y clase social entre trabajadores paraguayos en la industria de la construcción del AMBA, *Revista Runa*, N° 361.

Delmonte Allasia, A. (2018) Experiencias de trabajadoras y trabajadores en torno a la salud-enfermedad en el caso de una fábrica de confección de indumentaria. Una lectura en clave de género, *Cartografías del Sur.*, N° 7, (jun.), pp. 74-98.

Esquivel, V. (2012). El cuidado infantil en las familias. Un análisis en base a la Encuesta de Uso del Tiempo de la Ciudad de Buenos Aires, en Esquivel, V., Faur, E. y Jelin, E. (Editoras) *Las lógicas del cuidado infantil. Entre las familias, el Estado y el mercado*. Buenos Aires: IDES, pp. 73-107.

Ferreira, E. y Schorr, M. (2013). La industria textil y de indumentaria enla Argentina. Informalidad y tensiones estructurales en la posconvertibilidad. En Schorr, M. (comp.) *Argentina en la posconvertibilidad: ¿desarrollo o crecimientoindustrial? Estudios de economía política*. Buenos Aires: Miño y Dávila Editores, pp. 219-253.

Gherardi, N.; Pautassi; L. Zibecchi, C. (2012) *De eso no se habla: el cuidado en la agenda pública. Estudio de opinión sobre la organización del cuidado* Buenos Aires: Equipo Latinoamericano de Justiciay Género- ELA.

Gimlin, D. (2007), What Is 'Body Work'? A Review of the Literature, *Sociology Compass* 1/1, pp. 353–370.

González Gómez, Mª F. (2011). Salud laboral y género: Apuntes para la incorporación de la perspectiva de género en el ámbito de la prevención de riesgos laborales. *Medicina y Seguridad del Trabajo*, N° 57 (Supl. 1), pp. 89-114.

Keijzer, B. (2003). Hasta donde el cuerpo aguante: género, cuerpo y salud masculina En C Cáceres, M Cueto, M Ramos & S Vallens (coord.). *La salud como derecho ciudadano: perspectivas y propuestas desde América Latina*. Lima: Facultad de Salud Pública y Administración de la Universidad Peruana Cayetano Herida.

Lieutier, A. (2010). *Esclavos. Los trabajadores costureros de la ciudad de Buenos Aires*. Buenos Aires: Retórica Ediciones.

Menéndez, E. (2003) Modelos de atención de los padecimientos: de exclusiones teóricas y articulaciones prácticas. *Ciencia y Saude Coletiva*. N°8 (1)., pp. 185-207.

_______________, (1992) Modelo Hegemónico, Modelo Alternativo Subordinado, Modelo de Autoatención, Caracteres Estructurales. En *La antropología Médica en México*. México D.F. UAM, pp. 97-113.

Mitidieri, G. (2018) Entre modistas de París y costureras del país. Espacios de labor, consumoy vida cotidiana de trabajadoras de la aguja, Buenos Aires, 1852-1862, *Trashumante. Revista Americana de Historia Social* Vol. 12, pp. 8-29.

Montero, J. (2014). Discursos de moda ¿Cómo justificar la explotación de inmigrantes en talleres de costura?, *Trabajo y Sociedad*, N° 23, pp. 107-125.

Neffa, J. C. (2015). Condiciones y medio ambiente de trabajo (CYMAT) y salud. *Orientación y Sociedad*, Vol.15.

Palermo, H, (2017). *La producción de la masculinidad en el trabajo petrolero*. Buenos Aires: Biblos.

Perdiguero, E. (2006) Una reflexión sobre el pluralismo médico. En, Fernández G, editor, *Salud e interculturalidad en América Latina. Antropología de la salud y crítica intercultural*. Quito: Abya Yala. pp 33-50.

Rodríguez Enríquez, C. (2015). Economía feminista y economía del cuidado Aportes conceptuales para el estudio de la desigualdad. *Nueva Sociedad,* N° 256, pp. 30-42.

Salgado, P. (2012). El trabajo en la industria de la indumentaria: una aproximación a partir del caso argentino. *Trabajo y sociedad*, Vol. 18, pp. 59-68.

Willis, P. (1988). *Aprendiendo a trabajar. Cómo los chicos de la clase obrera consiguen trabajos de clase obrera,* Madrid: Akal.

Fuentes consultadas

Cambios en la composición por sexo del empleo registrado 2002-2006: efecto del nuevo patrón de crecimiento sobre el trabajo femenino. MTEySS. En Trabajo, ocupación y empleo Los retos laborales en un proceso de crecimiento sostenido. Serie Estudios/7. pp. 77-109.

CCT N° 626/11.

Corpus documental realizado a partir del registro de entrevistas en profundidad semi-estructuradas y charlas informales durante los años 2015, 2016, 2017 y 2018.

Género, salud y seguridad en el trabajo. Hoja informativa. OIT

Ley de Higiene y Seguridad en el Trabajo, Ley N° 19.587.

Ley de Riesgos del Trabajo, Ley N° 24.557

Indicadores anuales de accidentes de trabajo y enfermedades profesionales (AT y EP) según sexo del año 2015. Superintendencia de Riesgos del Trabajo.

Informe Anual de Accidentabilidad Laboral- del año 2016. Superintendencia de Riesgos del Trabajo.

Informe final: Las condiciones de trabajo en los talleres textiles de la Ciudad Autónoma de Buenos Aires: factores de riesgo e impacto en la salud/enfermedad de los trabajadores. A cargo de Goldberg, A. Superintendencia de Riesgos del Trabajo.

Hacia una política de desarrollo con empleo decente en la industria de indumentaria

Andrés Matta y Jerónimo Montero Bressán

Esta obra ha ido repasando distintas dimensiones y problemáticas estructurales y coyunturales que atraviesan a la industria de indumentaria en la Argentina. Si bien cada uno de los capítulos ha profundizado en los detalles de las distintas dimensiones que caracterizan su situación actual, es importante afirmar que esto se ha hecho desde una mirada compleja, que comprende que se trata de un fenómeno integral, donde las distintas facetas se interrelacionan dando por resultado una configuración idiosincrática.

La dimensión de los problemas descriptos y su larga trayectoria acumulativa convierten a esta industria en un caso paradigmático para comprender el presente de la industria nacional a la luz de las políticas públicas y de los impactos del contexto internacional en Argentina.

Es que frente al panorama desafiante, el discurso público y las respuestas desde las políticas en general han sido simplistas, dicotómicas, pendulares e incluso contradictorias, como por lo general ha ocurrido con todas las políticas económicas e industriales en el país (ver por ejemplo Diamand, 1972; 1983; Ferrer, 1963).

Ante este panorama, consideramos que vale la pena esbozar algunas interpretaciones alternativas y lineamientos de acción, con base en los capítulos precedentes y en una comprensión del carácter multinivel y segmentado que requiere una política pública de desarrollo industrial.

El nivel macroeconómico

Como hemos visto, la industria de indumentaria está marcada por una fuerte prociclicidad, lo que la vuelve extremadamente dependiente de la evolución de la demanda agregada, sufriendo como pocas las caídas en el consumo que han caracterizado a distintos períodos recesivos como el que se dio entre los años 1997 y 2002, o entre 2015 y 2019. El *habitus* (disposiciones) desarrollado por los agentes económicos a lo largo de esta cambiante historia productiva, sumada a la estructura "flexible" de la cadena, explica que en estas situaciones los empresarios encuentren mayores incentivos y oportunidades para reemplazar la mano de obra local por la importación.

Es por esta razón, que una liberalización del comercio, eliminando las barreras arancelarias y para-arancelarias a las importaciones, tendría como primer consecuencia la pérdida de empleo en los eslabones más frágiles de la cadena (talleres, costureros domiciliarios) y en una segunda etapa también de los fabricantes (quienes no suelen ser siempre conscientes de su colaboración con este resultado). Esta dinámica puede comprobarse fácilmente al observar lo ocurrido en otros países productores y existen sobrados motivos para pensar que en el contexto internacional actual este escenario se vuelve aún más probable (ver artículo de J. Montero Bressán en esta obra). También puede verse una muestra de este efecto en Argentina, ya que desde 2016 la combinación de la apertura inicial de las importaciones y la baja del poder adquisitivo generaron no solo la disminución del empleo y el cierre de unidades productivas, sino también el desplazamiento del consumo hacia otros actores que en su mayoría comercializan prendas de bajo costo y valor simbólico (como supermercados y ferias informales) (Aranda, 2018).

El discurso que suele naturalizar estas reglas de juego y que promueve de esta forma la desindustrialización al considerar a esta actividad como poco competitiva, posee muchos adherentes, pero oculta diversos problemas que pueden señalarse con datos empíricos provenientes en muchos casos de los modelos productivos a los que se suele poner como ejemplo.

El primer aspecto que merece cuestionarse es el de la legitimidad de la "competencia" a la que se enfrenta esta industria, algo que suele minimizarse o enmascararse con frecuencia. El hecho de que un país que garantiza legalmente ciertos derechos básicos a sus trabajadores admita como justa la competencia de productos que según los organismos internacionales competentes son elaborados bajo estándares que serían inadmisibles localmente, solo puede explicarse como una consecuencia de una adhesión convencida o forzada a las reglas de la división internacional del trabajo impuesta por los países centrales. Como señalan distintos estudios (Anner, 2015; ILO, 2014; WRC, 2013), desde los 80s la producción ha migrado a países donde no solo hay salarios bajos, sino donde el capital minimiza el riesgo de interrupción de las cadenas de suministro, limitando la movilización y organización de los trabajadores. Así, al importar prendas de estos países (por citar algunos de los países de mayor importación en Argentina durante 2018) aceptamos regímenes de control laboral y limitaciones en la libertad sindical por el control de partido único (como Vietnam o China) o donde existen múltiples violaciones a los derechos laborales mediante el uso de la intimidación y la violencia por parte de los empleadores (como Honduras, El Salvador o Colombia) (Anner, 2015). En muchos de estos países el asesinato de costureros durante huelgas y manifestaciones para reclamar mejoras salariales es relativamente usual, como demuestran los casos de los 5 trabajadores camboyanos asesinados en 2014, el trabajador asesinado en Bangladesh en 2018 o el trabajador bengalí muerto en enero de 2019. También se importa en nuestro país prendas de regímenes donde el control se ejerce por el alto desempleo y los bajos salarios que se encuentran muy por debajo de las necesidades básicas (NB). Así por ejemplo el salario mínimo en Bangladesh (2018) es de USD 95 mensuales, pero los sindicatos argumentan que para vivir es necesario el doble (Garrido Sotomayor, 2018). Según WRC (2013) el salario predominante en Vietnam en 2013 era de USD 112,09 (29% de las NB), Indonesia de USD 142,32 (22% de las NB) o China 214,49 (36% de las NB). En Etiopía, una de las nuevas estrellas de la industria los trabajadores llegan a ganar USD 25 mensuales (WRC, 2018).

Distintos organismos de corte empresarial como el programa *Better Work* (OIT) o la Corporación Financiera Internacional han constatado además el incumplimiento recurrente por parte de los fabricantes de las leyes de sus propios países, como sucede en Vietnam e Indonesia en el pago del salario mínimo (19% y 33%respectivamente), de horas extras (28% y 70% en cada caso), licencia remunerada (88% y 39%) y la seguridad social (18% y 67%) (ILO, 2014).

Las numerosas iniciativas privadas encaradas desde la filosofía de la responsabilidad social empresaria y el monitoreo unilateral han fracasado como mecanismos de regulación de los abusos empresarios (Cairola, 2015). Es indudable por tanto que los Estados deben tener una presencia activa en este punto, no solo dentro de su jurisdicción sino también impulsando la incorporación de cláusulas de protección de los derechos laborales en los acuerdos comerciales internacionales (una iniciativa sobre la que existen antecedentes en el sector; ver Harrison et al, 2017; D´Ambrogio, 2014; Anner et al, 2013).[1]

---

[1] Vale la pena mencionar las Resoluciones del Parlamento Europeo (en su mayoría posteriores a la tragedia del Rana Plaza) en la cual por ejemplo instan al gobierno de Bangladesh a adoptar medidas para garantizar los derechos de los sindicados (2013/2591); a adherir al Programa *Better Work* de la OIT a Pakistán (2013/2168); a libe-

Por cierto esto no es sólo algo reprochable para los Estados, sino también para los consumidores que merced al proceso de "fetichización" (Marx, 1867; Harvey, 2010) separan el acto de compra de una prenda en oferta de las condiciones de producción a las que probablemente considerarían inaceptables (como señalan *campañas globales orientadas a las prácticas de consumo como la "Clean* Clothes Campaign").

Además de ejercer una competencia claramente injusta en términos éticos, las importaciones tienen impacto directo en el empleo local y en especial en poblaciones particularmente vulnerables (mujeres, migrantes, etc.) que han sido históricamente la fuerza de trabajo de esta industria. En Argentina este sector es el más relevante de toda la industria en términos de empleo y, en general, quienes abogan por la especialización en aquellos sectores en los que el país posee ventajas comparativas suelen plantear que la solución al desempleo se encuentra en la reconversión de la fuerza laboral de la actividad.

Para contrastar este argumento, resulta interesante observar el efecto ocurrido en otros países que ya han pasado por la destrucción de su industria de indumentaria. Por contar con buenas estadísticas sobre este punto (algo poco frecuente en nuestro contexto) es atractivo analizar lo ocurrido en Estados Unidos, un país que además lideró política y simbólicamente muchos de los acuerdos internacionales que llevaron a la mentada "globalización". Lo primero que puede observarse es que el país se preparó durante años para el proceso de apertura (en particular el NAFTA y la caída del MFA) y desarrolló programas específicos tales como el *Trade Adjustment Assistance, el Rapid Response Services* y los *Dislocated workers programs* (OTA, 1987; Hamrick et al, 2000).[2] Esto es algo que en nuestro país no sucedió en ninguna de las etapas en las que se aplicaron políticas aperturistas, siempre apelando a la capacidad autorreguladora del mercado de trabajo. Pero además, estos programas incluyeron un sistema de medición para monitorear el proceso de reconversión, que nos permite observar hoy los efectos sobre los puestos de trabajo ocupados en el sector, en su mayoría por afroamericanos e inmigrantes. Los datos son contundentes (Tabla 1) y muestran que desde la década de 1980 hasta el 2010, y en especial durante la de 1990, gran parte de los despedidos por el cierre de fábricas tuvo que salir del

---

rar los 23 arrestados durante la huelga de Camboya de 2014 (2014/2515); a incorpo-rar en los Sistemas de Preferencias con Asia cláusulas de cumplimiento de estándares de la OIT (2013/2148) y en los acuerdos comerciales medidas de Responsabilidad Social Corporativa (2009/2201).

[2] Además se pueden citar el NAFTA *Transitional Adjustment Assistance, el Reemployment Trade Adjustment Assistance*, el *Alternative Trade Adjustment Assistance* y el *National Emergency Grants.* Estos programas incluyen transferencias de ingresos, el reentrenamiento, acceso a servicios de empleo y de salud.

mercado de trabajo, está desempleado o bien fue a parar a empleos de peor calidad (un tercio con salarios menores al 75% del que tenían en su empleo) (Scott y Lee, 1991; Schumacher y Shippen, 1999).[3] Esto indica que, aún con políticas específicas la reconversión laboral, en particular en este sector no resulta más que un término eufemístico para denominar el desempleo y la precarización de los trabajadores ocupados.

Tabla 1: Situación de los empleados despedidos en fábricas de indumentaria en EE.UU. (años 1986-2010, con datos disponibles para esta industria)[4]

	Despedidos (miles)	% empleado	% desempleado	% fuera del mercado
1986	123	71,2	9,9	19,0
1988	52	69,5	8,6	21,9
1998	109	43,2	17,9	39 ,0
2004	152	63,8	19,0	17,2
2006	135	62,7	18,8	18,5
2010	81	48,1	32,4	19,5

Fuente: *Displaced Workers Survey. Bureau of Labor Statistics* (EE.UU.).

Finalmente, más allá de sus consecuencias de corto plazo, el proceso de destrucción de la industria tiene otros efectos que también suelen minimizarse entre quienes desconocen que no todas las decisiones económicas son *reversibles*. Si es dificultosa la reconversión de los individuos, mucho más lo es en el caso de las capacidades organizacionales de los eslabones que se pierden en una cadena productiva. Esto sucedió, por ejemplo, en la década de 1990, cuando no sólo se consolidó el régimen sociotécnico actual sino que además se perdieron eslabones fundamentales como la producción de ciertos insumos (telas, hilos, etc.) y también la fabricación de bienes de capital. Un caso paradigmático es justamente el de las máquinas de coser: a los inicios de la década de

---

[3] A esto se agrega que en muchos casos, las plantas se encuentran en territorios donde no existen otras fuentes laborales alternativas.

[4] La encuesta se realiza cada dos años y registra la situación de trabajadores mayores de veinte años que en los últimos tres años hayan perdido su trabajo por el cierre o mudanza de su planta.

1950 había diez empresas que las fabricaban (tales co mo Gardini, Talleres Metalúrgicos San Francisco, Establecimientos Sequenza, Necchi Argentina, entre otros), la mayoría de las cuales desaparecieron en la década de 1970 y cuya última representante Macoser SA (que en los 80s se hizo representante de Singer), cerró en 2019 (Girbal-Blacha, 2006).

Una consecuencia adicional de esta desaparición de empresas en diversos eslabones de la cadena, es el consiguiente aumento de la dependencia tecnológica. Si no fuera posible o deseable recomponer estos segmentos productivos, hay que aceptar que esto vuelve más compleja la administración de las variables relacionadas con el comercio internacional (política arancelaria, tipo de cambio, etc.) obligando a balancear de manera inteligente la protección de los productos finales con la apertura frente a los intermedios.

Todos los argumentos expuestos hasta aquí, revelan que en un escenario macroeconómico como el actual, y siempre que no se generen cambios radicales en la tecnología o en el consumo (que podrían modificar el sistema sociotécnico), la importancia que este sector tiene en términos de empleo requiere de medidas capaces de sostener la demanda interna, promover el surgimiento de fabricantes de insumos y de maquinaria y una política inteligente de protección frente a las importaciones. No obstante, como veremos a continuación, estas iniciativas son necesarias pero no suficientes para generar un proceso de desarrollo industrial.

El nivel mesoeconómico

Una prueba cabal de las limitaciones de las políticas macroeconómicas señaladas es lo sucedido en el país en la posconvertibilidad. En efecto, la combinación de estrategias de aumento del consumo y medidas de protección (devaluación, administración del comercio exterior) lograron reactivar la producción nacional de indumentaria, pero no generaron impactos relevantes en aspectos como su capacidad exportadora, su independencia tecnológica, la mejor distribución de los ingresos (concentrados en un grupo de agentes proveedores de insumos, grandes marcas, sectores comerciales y financieros), la formalización laboral o la mejora de la calidad del trabajo en la cadena (Schorr, 2013).

En este libro se han abordado diferentes aspectos que obligan a cuestionar también a la hipótesis que suele explicar los problemas de la industria de indumentaria argentina en la competencia generada por la baja de los precios internacionales, ya que no permiten entender por qué a pesar de haber atravesado una década de condiciones macroeconómicas favorables para la industria de la confección, persistieron la alta informalidad y precariedad laboral.

Una de las hipótesis elaboradas aquí (ver artículo de Matta et al en esta obra) es que esto ha sucedido porque entre 2003 y 2015 hubo probablemente una confianza excesiva en los eectos de la política macroeconómica, sumada a la ausencia o a las limitaciones de las políticas a nivel mesoeconómico. Así el sector creció, pero sin modificar aspectos estructurales de su régimen sociotécnico (en particular aspectos claves como la desarticulación productiva o la debilidad de las instituciones colectivas) ni desplegar su potencial en aquellos segmentos que podían hacerlo. De este modo, no solo no se avanzó en los aspectos señalados, sino que la consolidación de este régimen dominante generó un reforzamiento de su sistema y la reproducción de sus consecuencias negativas.

Probablemente por esta concepción limitada, incluso en el período citado no puede decirse que haya habido una política integral de desarrollo industrial sino más bien un conglomerado heterogéneo y no siempre coherente y articulado de programas e iniciativas públicas y privadas. Entre estas se destacan las destinadas la economía social y la microempresa, pero también a la articulación productiva, mientras se mantuvieron políticas destinadas al financiamiento y la capacitación de las PyMEs, muchas de las cuales fueron diseñadas durante la década de 1990. Tampoco ha habido una política dirigida especialmente a la industria de indumentaria, aunque algunos de sus integrantes hayan recibido algún beneficio del contexto generado por los programas existentes o hayan sido afectados por medidas aisladas con particular presencia en el sector (por ejemplo algunas iniciativas llevadas delante de modo focalizado por el INTI).

El abanico de políticas implementadas, tuvo entonces un conjunto de restricciones que impidieron complementar adecuadamente el contexto favorable generado por la macroeconomía. Estas limitaciones de las políticas, relevadas en las investigaciones que se encuentran en esta obra y en sus antecedentes (Matta y Magnano, 2011; Matta et al 2015) pueden resumirse en cuatro aspectos: su complejidad, su escala, su profundidad y su horizonte temporal.

Respecto a su baja *complejidad*, los datos obtenidos muestran un abordaje fragmentario de las distintas dimensiones críticas que afectan al sector (productivas, económicas y financieras, tecnológicas, labor les, legales, sociales, etc.). Esta perspectiva incompleta, es en parte el reflejo de la organización del Estado y de sus diferentes agencias, que impide que los programas lleguen a conformar verdaderos sistemas o subsistemas. Así por ejemplo se oferta capacitación para la generación de emprendimientos sin ofrecer líneas de financiamiento para implementarlos, o bien se subsidian compras de bienes de capital a empresas que no tienen capacidades de gestión comercial. Esta asistematicidad en la oferta estatal, en el fondo presupone que son los propios agentes económicos quienes deben articular la dispersa oferta disponible, lo que implica que para ello deben contar con la información suficiente y con los recursos necesarios para ello. El estudio realizado en Córdoba revela por ejemplo que durante 10 años, buena parte de los emprendimientos desconocían los programas existentes o bien no habían participado de estos por sus altos costos de transacción (exigencias burocráticas, tiempo requerido por los trámites, etc.).

Tabla 2: Vínculo entre unidades productivas y servicios de apoyo públicos y privados (Gran Córdoba 2004-2014)

	Participaron en política o programa	Política característica	Nivel del Estado mayoritario	Adquirió máquinas con crédito o financiamiento
Fabricantes	46 %	Prog. Empleo Juvenil (41%) Exenciones fiscales (15%)	Provincial (44%)	38 %
Talleres	40 %	Microcréditos (cooperativas) (17%)	Provincial (28%)	29 %
Comerciantes	34 %	Microcrédito (11%) Emprendedores (10%)	Municipal (15%)	9 %
Costureros domiciliarios	23 %	Microcréditos (10%)	Nacional (7%) Provincial (7%)	5 %

Fuente: elaboración propia en base a encuesta PICT 2013.

En relación a su *escala,* se debe señalar que buena parte de las políticas desarrolladas durante las últimas décadas nunca llegaron a alcanzar a porciones significativas de la población y en particular a algunos de sus segmentos. Esto ha guardado relación en primer término con los bajos montos destinados de manera directa a los distintos instrumentos financieros y también con su escasez de recursos de toda índole (en particular humanos) para abordar el despliegue de estrategias efectivas en este sector. El estudio ya citado revela por ejemplo que durante los 10 años analizados solo el 30% de las unidades productivas se benefició alguna vez de un programa público y en general se trató de políticas locales (provinciales, municipales) con bajos aportes (microcréditos, subsidios a empleo juvenil, etc.) y que alcanzaron primordialmente a segmentos específicos (en particular cooperativas y emprendimientos de diseño) (Tabla N° 2).

Algo similar ha sucedido con los servicios privados, si se observa que durante el mismo período, solo el 9% de estas unidades accedieron a financiamiento privado para adquirir bienes de capital. Este es un resultado que va en línea con aquellos estudios que muestran que la cobertura de esos servicios tanto del sector privado como los programas públicos aún en su momento de mayor expansión con suerte alcanzaban a un 1% de las PyMEs (Fundación Observatorio PyME, 2007) y que las Pymes industriales financiaron entre el 60% y el 70% de sus inversiones con recursos propios (Fundación Observatorio PyME, 2017).

Las causas de esta falta de escala, no obstante, no se resumen solamente en los montos invertidos por el Estado. La fragmentación institucional y territorial de las políticas se combinó con diseños que no pocas veces trataban de modo homogéneo a segmentos heterogéneos dentro del sector, cada uno con distintos problemas, capacidades y requerimientos y que por tanto requerían de una combinación diferente de políticas específicas.[5] De este modo, los programas han ido auto-focalizándose en algunas poblaciones que incluso pueden ser beneficiadas por varios programas simultáneamente, mientras otros segmentos quedan particularmente desatendidos. Esto puede constatarse si se observa nuevamente el caso de los servicios financieros: en un extremo, un conjunto de programas de microcrédito, en general orientados a emprendimientos de subsistencia o capitalización simple (y gestionados por el Ministerio de Desarrollo Social o el Ministerio de Trabajo) y en el otro la mayoría de los programas de la SEPYME que por sus montos de préstamo y sus requisitos se auto-focalizaron en el segmento más competitivo de empresas grandes o medianas (aunque formalmente se anunciaran para todas las PyME). De este modo, buena parte de las empresas quedaron de hecho excluidas del apoyo público ya que los primeros programas no eran suficientes y los segundos no eran accesibles. Algo similar ha sucedido con los servicios de asistencia técnica, que además han sido financiados por pocos programas públicos debido a sus altos costos.

---

[5] Nos referimos aquí a los distintos segmentos identificados en el artículo de Matta et al (fabricantes, comerciantes, emprendimientos de diseño, talleres, cooperativas, costureros domiciliarios) pero también a los que surgen de su capacidad de crecimiento (emprendimientos de subsistencia, de acumulación ampliada, empresariales, etc.) (Matta, 2012).

En no pocos casos, el reducido alcance de las políticas y programas se ha originado además en importantes barreras de entrada a las unidades más pequeñas y a los cuentapropistas, impidiendo el acceso de sectores de mayor pobreza y con menores niveles de capital cultural y social (por no hablar de los trabajadores migrantes). Estas barreras tuvieron que ver con diversos factores como: i) demoras importantes en los procesos de aprobación y otorgamiento de subsidios o créditos (que suelen llegar tarde, en un contexto que se caracteriza por su dinamismo cambiante); ii) requisitos como garantías, avales o formalización jurídica e impositiva de difícil obtención; iii) altas tasas de los préstamos; entre otras.

La escasa *profundidad* de las políticas es el tercero de los problemas detectados, lo que implica que buena parte de las iniciativas estatales no actúen sobre las causas de los problemas estructurales que existen en el sector sino sobre sus emergentes o sus consecuencias. No parece acertado que la única estrategia visible del Estado sean las inspecciones orientadas a combatir la falta de registro impositivo o laboral y se considere que estas medidas (imprescindibles e indelegables) tengan efecto sobre el núcleo del sistema sociotécnico, cuando en realidad son el emergente de la estructura quebrada y flexibilizada de la cadena productiva. Como se ha visto en los artículos de A. Lieutier y A. Delmonte en este libro, la baja calidad del empleo también se da en empresas registradas y que éstas obtengan, por ejemplo, el Monotributo no es precisamente una garantía de la desaparición de estas condiciones. Otro excelente ejemplo lo constituyen los numerosos programas que desde la década de 1940 proveen o financian la adquisición de máquinas de coser a "talleres domiciliarios" sin considerar que con ellas culminarán trabajando a fasón para "fabricantes" y "comerciantes".[6]

Finalmente muchas políticas han padecido su reducido *horizonte temporal*. La duración de la mayoría de las mismas ha estado atada a los períodos de gobierno y si contaban con financiamiento de organismos internacionales a un plazo aún menor (2 a 3 años). Estos períodos son insuficientes para sostener procesos que logren modificar lógicas organizativas y culturales o generar mecanismos de ajuste mutuo a nivel de los distintos subsistemas locales. Aún en el caso de programas "exitosos", muchos de sus esfuerzos sólo pueden entonces ser aprovechados por empresas que ya poseen ciertas condiciones de partida aventajadas, y en no pocos casos los resultados obtenidos se diluyen rápidamente al

---

[6] Basta recordar las campañas de la Fundación Eva Perón o del Banco Industrial de la República Argentina. Este último desarrolló líneas específicas para costureras, modistas y confeccionistas llevando las ventas anuales de máquinas de coser de 16000 a 60000 en 1954 (Girbal Blacha, 2006).

no ser sostenidos por otras iniciativas posteriores. No es posible pensar en una política integral de desarrollo industrial sin considerar los aspectos mencionados. Por ello, a continuación se presentan algunos de los lineamientos que emergen de los estudios realizados, entre los cuales el primero se relaciona justamente con la generación de nuevas instituciones y el fortalecimiento de las existentes.[7]

Fortalecer las instituciones y los derechos de los trabajadores

Dado que la fragmentación y desarticulación es uno de los problemas del sector, pero también lo es para las políticas y programas de apoyo, un primer lineamiento para las mismas debería incluir la constitución de espacios multiactorales institucionalizados que permitan articular y orientar los distintos programas e iniciativas, tanto a nivel nacional como territorial. Estos espacios deberían incluir a las principales agencias del Estado pero también a representantes de los trabajadores y de los distintos segmentos que conforman la industria. Su objetivo principal debería ser el diseño y evaluación de estrategias de desarrollo de mediano y largo plazo. Hasta el momento este tipo de iniciativas, cuando han existido, han estado la limitadas en su conformación (generalmente con las empresas formales), en su duración o en su legitimidad (limitándose a experiencias no institucionalizadas como la Mesa de Articulación Textil de Córdoba).[8]

Una de las dimensiones más relevantes en la que estos espacios deberán trabajar es la relacionada con las distintas normativas (laborales, impositivas, migratorias) y su fiscalización. Al respecto, los estudios incluidos en esta obra llevan a considerar que las propuestas basadas en la profundización de la subcontratación mediante la ruptura de la responsabilidad solidaria de los fabricantes con los restantes eslabones, llevaría a agravar la informalidad laboral y la improductividad del actual sistema sociotécnico. En este sentido, hemos señalado aquí que todos los elementos que componen este sistema imprimen en el sector una tendencia a mantener la actual morfología estructural y que solo durante un breve período histórico ésta pudo ser contenida (en Argentina entre las décadas de 1940 y 1970), merced a las luchas

---

[7] Pueden verse además antecedentes y desarrollos de algunas de estas alternativas en Matta y Magnano (2011) y en Montero (2016).

[8] Este espacio, fue conformado por funcionarios de distintas áreas del MTEySS, MDS, INTI, y Municipalidad de Córdoba, cátedras de la Universidad Nacional de Córdoba, Universidad Católica de Córdoba y Universidad Nacional de Villa María, y ONG como Mutual Mugica y Caritas Córdoba.

obreras y al rol activo del Estado para promover cambios en la legislación laboral y fiscalizar su cumplimiento. A partir de entonces, el marco normativo avanzó progresivamente hacia una desprotección de los derechos de los trabajadores por distintos caminos: el debilitamiento de la responsabilidad solidaria del empresario, la incorporación de cláusulas que aumentan la flexibilidad de las condiciones laborales (salarios por productividad, por ejemplo), la discrecionalidad del empleador y la periodicidad interrumpida de las negociaciones colectivas, todos son testimonios claros de esta tendencia. Por otra vía, el cambio de la legislación fiscal que incorporó la figura del monotributista abrió una ventana de oportunidades para la "huida" de las exigencias propias del régimen laboral hacia formas "deslaborizantes" que implican considerar a la relación laboral como si fuera un contrato entre partes iguales.

Tabla 3: Fiscalización por parte del Estado (Gran Córdoba 2004-2014)

	Tuvo alguna inspección in situ durante los 10 años (de cualquier tipo)	Tuvo inspecciones laborales al menos 1 vez al año
Fabricantes	90 %	49 %
Talleres	83 %	38 %
Comerciantes	25 %	6 %
Costureros domiciliarios	10 %	1 %

Fuente: elaboración propia en base a encuesta PICT 2013.

Así, la industria de la indumentaria argentina se caracteriza por largas cadenas de subcontratación motivadas más por la reducción de costos que por la mejora productiva, aumentando los tiempos de traslado y delegando la costura a talleres con maquinaria inadecuada y obsoleta, operada por trabajadores de baja calificación. Desalentar la tercerización (limitando al menos la "segunda subcontratación"), disminuiría el uso de intermediarios que son "pantalla" de talleres informales y llevaría a los fabricantes a adoptar políticas de desarrollo de proveedores, con asistencia técnica y financiera y contratos de mediano a largo plazo, tal como recomienda el INTI-Textiles (ver Montero, 2016). Estas políticas deberían reforzarse con mecanismos de compra por parte del Estado que la limiten a a fábricas registradas que cumplan con todas las normas mencionadas.

A su vez, el debilitamiento de los organismos de control y sus rutinas administrativas enfocadas en las unidades productivas formales, junto a la falta de control sobre sus cadenas productivas, determinan que queden fuera de la fiscalización los casos donde justamente la precariedad y la explotación son recurrentes. En la Tabla 3 se observa el bajo nivel de inspecciones en cada segmento y particularmente en materia laboral para el caso del Gran Córdoba. Más aún, en este contexto, algunos operativos de control y fiscalización paradigmáticos (tales como después del "caso Viale" en Buenos Aires y el "caso Vitnik" en Córdoba) parecen haber actuado más como disciplinadores de los trabajadores más vulnerables que como medida a favor de la formalización o mejora de las condiciones laborales. En lugar de generar un incremento importante de formalización, aumentaron las presiones de las empresas dadoras de trabajo a los talleres para que mantuvieran "los papeles en orden" intensificando los controles de su producción. En Córdoba por ejemplo, desaparecieron las denuncias de los trabajadores sobre explotación, trata o malas condiciones de trabajo ya que las mismas no acarreaban consecuencias serias para los fabricantes sino el cierre de los talleres que constituían su única fuente de subsistencia.[9]

En el caso de la Ciudad de Buenos Aires, esto se refleja en la desarticulación de las inspecciones del trabajo a domicilio: a pesar de haber cerca de 3.000 talleres en la Ciudad, el registro de trabajadores a domicilio (obligatorio para los talleres) cuenta con menos de 100 inscriptos. De igual modo, en el Gran Buenos Aires el gobierno provincial destina prácticamente nulos recursos a las inspecciones.

No obstante, en lo relativo a las inspecciones, un problema aún más complejo es la naturaleza de las mismas y los efectos que tienen en los trabajadores. En repetidas ocasiones ha habido denuncias de costureros migrantes maltratados por agentes policiales, hecho que deriva en el rechazo generalizado de los trabajadores a las inspecciones. Asimismo, la falta de una política integral que ofrezca alternativas laborales y asistencia financiera a los trabajadores, trabajadoras y sus familias que viven en los talleres, profundiza este rechazo. Las inspecciones, por lo tanto, deben contar con profesionales asistentes sociales y participación de organizaciones de la sociedad civil que supervisen el accionar de las fuerzas de seguridad, y estar acompañadas de financiamiento que permita solucionar, al menos, la problemática de la vivienda para quienes con el cierre de los talleres pierden no solo el techo, sino además su única fuente de subsistencia, en un lugar en el que carecen de redes sociales.

---

[9] Debe añadirse que la focalización en las situaciones extremas de "trata de personas" en la agenda pública y también en algunos juzgados, no pocas veces contribuye a que pasen a segundo plano y se naturalicen las condiciones de trabajo en la que se encuentra la mayoría de los trabajadores migrantes (Etchegorry et al 2018).

El escenario se vuelve más complejo aún si las alternativas normativas se refuerzan a través del discurso del "emprendedurismo", que celebra el trabajo individual en pos de un supuesto aumento de la autonomía y la realización personal.

Esto no solo ha podido observarse en los últimos intentos de modificaciones de la legislación bajo el pretexto de disminuir el trabajo informal (proyecto presentado por representantes del oficialismo nacional en 2008) sino en otras políticas estatales orientadas al fomento del autoempleo y el trabajo autogestionado, que en este sector culmina generando trabajadores a fasón para los segmentos más poderosos de la cadena productiva (como señala P. Salgado en esta obra).

Por ello, todo marco normativo debería focalizarse no en el ocultamiento y la disolución de los vínculos laborales, sino en su visibilización y en una ratificación de su responsabilidad solidaria. Para ello es necesario, en primer lugar, aumentar la transparencia de los procesos que hoy quedan ocultos en la vasta red de vínculos informales entre los segmentos que componen la cadena. A ello podrían contribuir, por ejemplo, programas que fomenten la trazabilidad y certifiquen el cumplimento de las distintas normativas.Existen experiencias en este sentido a nivel global (como la *Fairtrade Textile Standard* o la *Traceability and Fashion* en Italia) y a nivel local se puede señalar la del programa del INTI "Compromiso Social Compartido" (aunque limitada por su carácter voluntario y por buena parte de las razones ya expuestas más arriba).

Las mejoras en la normativa deberían incluir los convenios colectivos, en los cuales debería incluirse -entre otros temas- una serie de cláusulas vinculadas con el enfoque de género, siguiendo lo señalado por la OIT y la CEDAW (como sugiere A. Delmonte en esta obra).

A su vez, como señala en su artículo de esta obra J. Montero Bressán, la regularización del empleo en la cadena no sólo es una política necesaria sino además factible, si se tiene en cuenta que el impacto del "blanqueo" en los márgenes de ganancia (al menos para las firmas más importantes) no es tan significativo como suelen sugerir los discursos dominantes (empresariales y mediáticos).

Promover la innovación y el desarrollo tecnológico

La apuesta por la mejora tecnológica y la innovación es uno de los aspectos más recomendados en la literatura, en especial en aquella que considera que la única forma de volver competitiva a esta industria en Argentina es aumentando su productividad y la diferenciación de sus productos.

Para la planificación de esta línea estratégica para el desarrollo del sector deben hacerse algunas consideraciones. La primera es que la apuesta por la innovación no es en sí misma una innovación: es la estrategia que ya vienen realizando hace décadas las grandes marcas internacionales y por tanto, existen muy altas barreras de acceso para que una firma local pueda competir, tanto con las firmas líderes del fast fashion como con las orientadas al mercado de alta gama. En segundo lugar, es preciso considerar que un salto tecnológico siempre será una estrategia de nicho que solo podría incluir a un segmento reducido de las empresas y de los trabajadores, por lo cual no debe pensarse como una solución para todos los problemas de la cadena productiva.

En este marco, existen por cierto una serie de aspectos en los que se deberían fortalecer y articular políticas públicas nuevas y existentes:

- Apoyar al segmento de nuevos diseñadores y de indumentaria de autor capaces de lograr diferenciar sus productos y aumentar su valor agregado mediante el diseño agregado mediante el diseño. A diferencia de los agentes de mayor trayectoria en el sector que pertenecen a otra generación, estos nuevos emprendedores suelen contar con formación formal y especifica tanto en aspectos de diseño como de gestión y comunicación, y han demostrado poseer mayor capacidad para articularse con otros agentes públicos y privados (Marino y Marre, 2014; Kantis y Drucaroff, 2007). El estudio ya citado en el Gran Córdoba muestra que sin embargo muchos de ellos no llegan a desarrollar innovaciones que puedan competir a nivel internacional, y que para esto requieren de grandes inversiones tanto para el desarrollo como para el posicionamiento de marca.

- Contribuir al desarrollo de nuevos materiales que en todo el mundo auguran generar una revolución en la industria, basados en conceptos como los textiles "funcionales" y los "inteligentes" desarrollados por la ciencia de materiales, la informática, la nanotecnología e incluso la biología. Esta tendencia puede incluir tres vertientes: el desarrollo de nuevas fibras y compuestos; el desarrollo de productos y conceptos de diseño que se adapten mejor a las necesidades de los consumidores y la elaboración de productos inteligentes funcionales (Ferreyra, 2016). A esto se suma la posibilidad abierta por la impresión 3D, y la utilización de pegamentos para reemplazar las costuras.

- Adelantarse proactivamente al proceso de automatización que ya comienza a observarse tanto en el sector de confección como en el de calzado, basado en la creciente sofisticación de corte laser, los robots de costura y las máquinas de tejer. Ciertamente este proceso representa una amenaza para el trabajo, ya que distintos estudios prospectivos señalan que 89% del tiempo ocupado por las actividades propias de esta industria tienen el potencial técnico de ser automatizados (McKinsey, 2017; ILO, 2019).

Cabe esperar que el cambio tecnológico, si alcanza a la mayoría del sector, genere una disrupción tan importante en el sistema sociotécnico y en el régimen sociotécnico como la que sucedió con la aparición de las tecnologías que hoy están en uso. Sin embargo, resistirse acríticamente a esta tendencia puede tener consecuencias negativas en caso de que esa resistencia no esté acompañada por propuestas que contribuyan a enfrentar la competencia de las empresas tecnologizadas. En última instancia: la automatización permitiría eliminar puestos de trabajo precarios y mal pagos para reemplazarlos por otros con mejores condiciones. Una política nacional en este sentido, sumada a medidas inteligentes de protección arancelaria podrían resultar fundamentales para devolver al país la posibilidad de producir vestimenta básica en forma masiva en fábricas registradas con puestos de trabajo de calidad, alcanzando economías de escala.

Además, las previsiones indican que a mediano plazo, las empresas robotizadas constituirán un nuevo segmento que continuará conviviendo con los que ya existen en la estructura actual.[10] Por el alto costo de inversión que representa, la automatización sería adoptada para los productos con ciclos más cortos mientras que los productos básicos seguirían siendo fabricados manualmente en países con costos laborales más bajos. Esto sería aún más probable en países de ingresos medios con grandes mercados domésticos (IADB, 2018). Es probable incluso que la automatización sea uno de los impulsores de que un proceso de relocalización hacia los países de origen de las grandes marcas, siempre bajo la primacía de la búsqueda de disminuir los plazos de entrega y su personalización. Esto es algo que ya está ocurriendo en el sector del calzado (una industria con muchas similitudes a la indumentaria) con marcas deportivas líderes en el mercado como Adidas (que en 2016 abrió una fábrica de calzado en Alemania, 23 años después de cerrar su última fábrica en Europa Occidental) y Nike.

Frente a todo este panorama, no son pocos los Estados que están acompañando este proceso innovador. Alemania, India y China poseen políticas específicas para aumentar la automatización: el programa

---

[10] La tecnología láser y los *sewbots* permitirían por ejemplo que menos trabajadores realicen durante horas tareas repetitivas y riesgosas por las heridas o la exposición a productos químicos. Además, otros avances en desarrollo podrían mejorar la prevención y extinción de incendios o los riesgos de electrocución.

China 2025 con el que el país espera llegar a esa fecha con casi el 50% de su producción mecanizada, el *Textile Sectorial Innovation Council* indio y el programa germano Industrie 4.0 (MCKinsey, 2017). En el caso de EE.UU, resulta interesante destacar el caso de Softwear, una de las principales empresas fabricantes de *sewbots*, surgida en un campus universitario en Atlanta, e impulsada por un subsidio del Departamento de Defensa otorgado en 2012. En el desarrollo de nuevos materiales también existen numerosas políticas como "Launch" que involucra al Departamento de Estado de EE.UU., USAID y NASA, y "Launch Nordic" que incluye al gobierno de Dinamarca.

Estos desarrollos a nivel mundial acarrean serios riesgos para la industria local. Así, en caso de no contar con desarrollos tecnológicos que permitan enfrentar la competencia de productos provenientes de países centrales, las firmas locales podrían ser reemplazadas por vestimenta importada, o intentar hacer frente a esa competencia mediante una mayor informalización de las cadenas productivas. Sin embargo, la incorporación de estas (costosas) tecnologías, podría generar una mayor dependencia tecnológica que profundizaría el rol de periferia de nuestro país y nuestra industria. Para evitar estos riesgos, el estado debería fomentar el desarrollo de nuevas tecnologías mediante el fortalecimiento de su propio sistema científico tecnológico (Universidades, CONICET, INTI, etc.) y de los "ecosistemas" de innovación mejorando sus articulaciones con el sector productivo.

Fomentar la articulación productiva y la organización de la cadena

Otra línea de política relevante vuelve a vincularse con la fragmentación del sector y la necesidad, por tanto, de propiciar acciones que favorezcan la articulación y organización de los actores sectoriales. Esto puede hacerse, por ejemplo, mediante dos vías.

La primera se relaciona con el fortalecimiento de las organizaciones del sector. A diferencia de otras actividades, incluso a nivel industrial, el sector tiene un bajo nivel de asociatividad tanto a nivel de las empresas como de los trabajadores. Esto constituye una debilidad para sostener procesos de desarrollo en el marco de las políticas públicas (tal como se ha señalado más arriba), pero también para encarar otros procesos colectivos. En el caso de los fabricantes existen algunas organizaciones localizadas en Buenos Aires con una representación y capilaridad restringidas, en especial en el interior del país. Se destacan la Cámara Industrial Argentina de la Indumentaria y la Fundación Pro-Tejer. También la además la Cámara de Empresarios Coreanos de la Argentina (CAEMCA), que aglutina a unos 600 socios, de los cuáles el 97% se dedica a la indumentaria, y que raras veces articula acciones con los demás gremios del sector (Montero, 2016). Finalmente existe la Cámara Argentina de Indumentaria de Bebés y Niños (CAIByN), que aglutina a unas pocas marcas.

Los estudios revelan que esta fragmentación no solo se debe a la configuración de la cadena, sino también a la desconfianza entre las empresas por la "competencia desleal" y la disputa por la exclusividad de los talleres a los que se subcontrata la costura.

Algo similar puede decirse en relación a las organizaciones de los trabajadores, ya que sólo un porcentaje reducido de los mismos está afiliado a los sindicatos del sector (fundamentalmente SOIVA para los empleados de costura, y gremios afines como la Unión de Cortadores de la Indumentaria, el Sindicato de Empleados Textiles de la Industria y Afines, y la Asociación Obrera Textil). Existe además la Unión de Trabajadores Costureros, brazo gremial de la ONG La Alameda, que busca organizar a trabajadores de fábricas formales para llevar una lista de oposición a la histórica gestión del SOIVA.[11] Asimismo, otro segmento numeroso de trabajadores no podría ser representado por este tipo de organizaciones ya que no son asalariados sino trabajadores por cuenta propia. Finalmente, entre medio de los fabricantes y los trabajadores se encuentran los talleristas agremiados en el Sindicato de Trabajadores Talleristas a Domicilio (STTAD), un sindicato de tamaño reducido pero que participa en las negociaciones colectivas. Un elemento común a estas organizaciones es la falta de acciones para facilitar la formalización laboral.

Al respecto es notable la visión de los y las migrantes como "competidores" de los obreros y las obreras argentinos/as, y no como potenciales afiliados/as que fortalecerían a las organizaciones obreras. La falta de proactividad de la mano de dirigencias enquistadas hace varias décadas facilita la continuación de las peores prácticas laborales. Algunos ejemplos históricos muestran que tras muchos años de debilidad, y con tragedias industriales como la de Triangle Shirtwaist de Nueva York en 1911, los sindicatos lograron un alto nivel de participación en el diseño y gestión de políticas públicas que contribuyeron a ordenar las cadenas productivas y mejorar las condiciones laborales.[12]

---

[11] Esta organización surgió en 2005 en Parque Avellaneda.

[12] Esto es algo que además puede encontrarse en los inicios de los sindicatos delsector en el mundo. La Amalgamated Clothig Workers y la ILGWU fueron activos promotores de experiencias de fair trade o de capacitación en gestión, planeamiento y costos (Doeringer y Watson, 1999) e incluso lograron durante décadas que solo las fábricas con representación gremial estuvieran autorizadas a funcionar (Ross, 2004).

El Estado podría contribuir al mejoramiento de estas instituciones gremiales mediante la concientización de las costureras migrantes acerca de su derecho a trabajar y a ser representadas por sus sindicatos, lo cual requiere no solo de proveer de información en los pasos fronterizos correspondientes, sino también de presencia territorial en los barrios y municipios en que se concentra la actividad de costura en talleres informales.

Una segunda vía de políticas relativas a la organización y articulación de la cadena se vincula con el apoyo a iniciativas orientadas a aumentar la cooperación y la creación de capital social, en particular en los segmentos con mayores debilidades. Algunos ejemplos de estas iniciativas entre las que ya ha habido experiencias acotadas son: i) la creación de marcas colectivas, constituidas para aumentar el valor simbólico de las prendas y obtener mayores niveles de venta;[13] ii) las constitución de "organizaciones comercializadoras", que coordinen las acciones de comercialización de una agrupación de unidades productivas articulándolas con potenciales clientes públicos, corporativos y particulares, permitiéndoles asumir de ese modo el rol que hoy desempeñan fabricantes e intermediarios y aumentando por ende su apropiación de mayores niveles del valor generado; iii) el fomento de Centros de Servicios en los cuales se provea o se facilite el acceso a servicios específicos financieros y no financieros (información, programas de apoyo a la mejora de la calidad, productividad y diseño, capacitación, entre otros) a las unidades productivas que tienen mayores dificultades para su acceso; iv) la creación de Bancos de Insumos, a fin de facilitar el acceso a materias primas y bienes intermedios a mejores precios y condiciones de pago que las actuales.[14]

Una iniciativa incluso superadora de esta última línea de acción sería la apertura de una gran empresa estatal que provea de telas de calidad como ocurre en países como Vietnam. Estas políticas deberían promover además la desconcentración geográfica de la producción. La concentración en el AMBA no sólo ha conllevado una competencia

---

[13] Se han apoyado este tipo de iniciativas desde el Estado, como el Ministerio de Desarrollo Social de la Nación a partir de la Ley 26.355/2008 de "Marcas Colectivas" También pueden mencionarse los casos de Manos Argentinas y Patria Grande (Buenos Aires), Barrios del Sur (Neuquén), Mundo Alameda (CABA). En general, todas conformadas con pequeños emprendimientos.

[14] Tres ejemplos de este tipo de organizaciones son el Banco de Insumos Textiles, el Centro de Servicios Estratégicos Textiles y el Centro de Experimentación Textil, todos creados en la Ciudad de Córdoba a partir del trabajo colectivo de la Mesa de Articulación Textil y gestionados por dos organizaciones de la sociedad civil (Mutual Mugica; Caritas).

ruinosa entre productores sino una cadena de comercialización desarticulada en comercios minoristas de todo el país que se abastecen en circuitos de comercialización mayorista como La Salada y el barrio de Flores, viajando en colectivos dos veces al mes con bolsones de ropa. Se trata de un mecanismo improductivo, que podría mejorarse con el desarrollo de polos regionales que hoy no existen.

Apoyar prácticas sustentables en la cadena

La promoción prácticas sustentables en relación con aspectos ambientales y éticos en la cadena, también debería ocupar un lugar más relevante en el diseño de políticas de desarrollo para el sector.

Estos aspectos se relacionan con varias de las dimensiones ya mencionadas al referirnos a las condiciones laborales pero también con el uso de los materiales y de procesos que contemplen sus efectos en el ambiente. Al respecto, debe decirse que esta industria es considerada la segunda más contaminante del mundo y posee distintos puntos críticos que merecen ser considerados por una política integral (Ellen MacArthur, 2017; UN Fashion Alliance, 2019). Estos aspectos van desde el origen de las fibras (con métodos cuestionados por el uso de transgénicos y uno de los más altos índices de uso de contaminantes químicos; el uso de fibras no degradables; el excesivo consumo de agua) (Partzch y Kemper, 2019; Glaab y Partzch, 2018), a los procesos de producción (se calcula que 12% de las fibras producidas se desperdician; la elaboración de prendas poco durables; el dispendio de materias primas) y al consumo (con el auge del fast fashion se ha duplicado el consumo de prendas y su uso ha disminuido un 36% en quince años mientras se desechan anualmente 39 millones de toneladas de fibras y solo un 1% de lo producido se recicla). Resolver estos aspectos podría incluir apoyar el desarrollo de tecnologías de producción y de nuevos materiales, pero también fomentar buenas prácticas de manufactura y campañas para el consumo justo y el consumo responsable. También vale la pena señalar que del mismo modo que existe un régimen sociotécnico dominante en el que se encuentra la mayor parte del sector, se han detectado experiencias de lo que podrían denominarse regímenes alternativos o bien de ajuste (Matta et al, 2016) a los que las políticas deberían prestar mayor atención. Estas iniciativas incluyen por ejemplo el uso de telas y pigmentos orgánicos o biodegradables, el reciclado de materiales, la elaboración de prendas bajo condiciones laborales superiores a las del sector y el fair trade. Algunas de estas marcas participan de movimientos, campañas y organizaciones como el Slow Fashion (Fletcher, 2010;

Jung y Jin, 2014), "Clean Clothes", Greenpeace DETOX solution commitment, o la Sustainable Apparel Coalition Fair Wear Foundation.

Fortalecer y sistematizar los servicios de apoyo finacieros y no financieros

El Estado destina actualmente numerosos recursos al sector en forma de permisibilidad a la informalidad. En efecto, por su vasta generalización y su larga data, la falta de control que ha permitido la naturalización de la evasión fiscal (en especial en lo relativo a aportes patronales y contribuciones sociales del trabajo) puede ser entendida como una política pública de apoyo al sector. Ello ha derivado en un sistema productivo con bajísimos niveles de productividad y con empleos de mala calidad. Una política de fortalecimiento de la producción industrial necesitaría de un cambio radical respecto a esta política de financiamiento.

Si bien las tareas de confección suelen caracterizarse como poco calificadas, una de las principales demandas de los agentes del sector se relaciona con la carencia de personal capacitado (algo que en parte se relaciona con la perdida de saberes que otrora se transmitían especialmente a las mujeres en hogares e instituciones educativas en los difundidos cursos de "corte y confección").

Existen ofertas formales e informales de capacitación en aspectos vinculados con la producción textil. Sin embargo, el acceso a las mismas es limitado debido a sus costos, su falta de continuidad en el tiempo, su escasa difusión, la falta de interés de las empresas (que no justifican las horas de trabajo dedicadas a capacitación) o su focalización en grupos específicos. Algo similar ocurre con la adquisición de competencias vinculadas al diseño y a la gestión productiva y comercial, sobre las que suele existir menor oferta, a pesar de que son decisivas para la profesionalización y la mejora del desempeño de las unidades productivas, y de que buena parte de los trabajadores que ingresan al sector carece de estas competencias.

Las numerosas iniciativas existentes no llegan a conformar un sistema de formación que abarque a todos los segmentos, que incluya la formación en competencias específicas y con distintos niveles de complejidad (muchos de los cursos ofrecidos son de carácter básico).

Para contrarrestar estas debilidades, debería incluirse la asistencia técnica y la formación requerida por algunos segmentos especiales, como la formación para la empresarialidad y la innovación o para resolver algunos problemas específicos como el acceso a los mercados internacionales, que representa otra de las deudas pendientes de este sector.Si además relacionamos esta dimensión con las anteriores, va de suyo que es necesaria una política que incremente las capacidades de las organizaciones y de los trabajadores para crear y adoptar nuevas tecnologías y procesos sustentables. Se debe incluir además la formación en competencias no específicas o "transversales" e incluir también aspectos como el conocimiento de los derechos de todos los miembros de la cadena productiva (ver artículo de Salgado en esta obra).

Otro de los problemas crónicos del sistema productivo en el país es el relativo a los servicios financieros, aunque paradójicamente buena parte de los programas destinados al sector se hayan subejecutado (Matta, 2012). El Estado debería facilitar el acceso al crédito a tasa de interés reducida y montos acordes a las necesidades de los distintos segmentos del sector. En esta dimensión siguen siendo válidas las recomendaciones que se han hecho en estudios anteriores (Kosacoff y otros, 2004) en el sentido de desarrollar mecanismos de exenciones o desgravaciones impositivas así como programas de financiamiento específicos que puedan ser aplicables a la capacitación o a la introducción de nuevas tecnologías.

Un elemento fundamental de esta política de subsidios al sector sería el requerimiento de demostrar la registración laboral en toda la cadena productiva Ello no implica, como propone la administración actual, controlar a las empresas solo en caso de que soliciten subsidios, pero sí auditarlas en detalle cuando lo hacen. De lo contrario se correría el riesgo de financiar a empresas que hacen uso de mecanismos de competencia desleal. Desde ya estas líneas de acción podrían encontrarse con grandes barreras, pues algunas implican cambios radicales que requieren de una fuerte voluntad política para enfrentar sus costos (en especial en lo relativo a la protección arancelaria). Sin embargo, cambiar la situación de una industria que presenta los más altos índices de informalidad, y que pretende hacer frente a las importaciones con un sistema productivo y de comercialización de mínima productividad, requiere de convicciones y de medidas radicales, y de la articulación de diversos actores dispuestos a hacer aportes en la dirección de mejorar la capacidad de producción nacional, en una industria fundamental no solo como fuente de empleos urbanos, sino además como proveedora de una necesidad básica para la población.

Bibliografía citada

African Development Bank Group (2018). *The Future of Work: Regional Perspectives*. ADBG, Asian Development Bank, European Bank for Reconstruction and Development, Inter-American Development Bank.

Anner, M. (2015). Labor Control Regimes and Worker Resistance in Global Supply Chains, *Labor History*, 56(3): 292-307.

Aranda, N. (2018). *Cadenas productivas como campos. Modi icaciones estructurales en la industria de la confección de indumentaria frente a los nuevos cambios macroeconómicos*, Trabajo final Licenciatura en Economía, Facultad de Ciencias Económicas, Universidad Nacional de Córdoba.

Cairola, E. (2015). Decent work in global supply chains. *International Journal of Labour Research*, vol 7. Bureau for Workers' Activities (ACTRAV), ILO.

D´Amgrogio, E.(2014). *Workers' conditions in the textile and clothing sector: just an Asian affair? Issues at stake after the Rana Plaza tragedy*. European Parliamentary Research Service.

Diamand, M. (1972). La estructura productiva desequilibrada argentina y el tipo de cambio. *Desarrollo Económico,* 12(45), 1-23.

Diamand, M. (1985). El péndulo argentino: ¿hasta cuándo? *Cuadernos del Centro de Estudios de la Realidad Económica*, 1, 1-39.

Doeringer y Watson (1999) Apparel; In US Industry in 2000. En *Studies in Competitive Performance*. National Research Council. USA.

Ellen MacArthur Foundation (2017) *A new textiles economy: Redesigning fashion's future*, http://www.ellenmacarthurfoundation.org/publications).

Etchegorry, C.; Magnano C; Orchansky, C.; Matta, A. (2018). El marco normativo e institucional en la configuración del régimen sociotécnico de la confección de indumentaria en Córdoba. *Estudios del Trabajo*, 56, ASET, Buenos Aires.

Ferrer, Aldo (1963). Devaluación, redistribución de ingresos y el proceso de desarticulación industrial en la Argentina, *Desarrollo Económico*, vol. 2, N° 4, pp. 5-18.

Ferreyra, E. (2016). *Algodón, textil y vestimenta*. Análisis tecnológicos y prospectivos sectoriales. Ministerio de Ciencia y Tecnología. Argentina. Buenos Aires.

Fletcher, K. (2015). Slow Fashion: an invitation for systems change. *Fashion Practice*, 2, 2.

Fundación Observatorio PyME (2007). *Informe Especial: Necesidades y fuentes de financiamiento en PyME industriales.* Fundación Observatorio PyME, Bs As.

Fundación Observatorio PyME (2017). *Informe Especial: Necesidades y fuentes de financiamiento en PyME industriales.* Fundación Observatorio PyME, Bs As.

Girbal-Blacha, N. (2006). "Nacimos para constituir hogares. No para la calle". La mujer en la Argentina peronista (1946-1955). Continuidades y cambios. Secuencia. *Revista de historia y ciencias sociales*, núm. 65.

Glaab, K. y Partzsch, L. (2018). Utopia, Food Sovereignty and ethical fashion: the narrative power of anti-GMO campaigns. *New Political Science*, 40.

Hamrick, K.S., MacDonald, S.; Meyer, L. (2000). International Trade Agreements Bring Adjustment to the Textile and Apparel Industries. *Rural conditions and trends*, vol 11,1.

Harrison, J.; Campling, L.; Richardson, B.; Smith, A., Barbu, M.(2017). *Taking labour righrs seriously in Post-Brexit UK Trade Agreements;* CSGR Working Paper, University of Warwick, UK.

Harvey, D.(2010). *A companion to Marx's Capital.* London New York.

ILO (2014) *Wages and Working Hours in the Textiles, Clothing, Leather and Footwear Industries. International Labour Office*, Sectoral Policies Department. – Geneva.

ILO (2015). *Labour standards in global supply chains.* Programme of action for Asia and the garment sector. Reseach note, ILO, December.

Jung, S. y Jin, B. (2014). A theoretical investigation of slow fashion: sustainable future of the apparel industry. *International Journal of Consumer Studies*, 28, 5.

Kantis, H. y Drucaroff, S. (2007) *Nuevas empresas y emprendedores de moda en Buenos Aires: ¿hacia un cluster de diseño?* Los Polvorines : Univ. Nacional de General Sarmiento.

Kosacoff, B. (2004). *Evaluación de un escenario posible y deseable de reestruturación y fortalecimiento del complejo textil argentino.* Buenos Aires: CEPAL.

Marino, P. y Marre, S. (2014). *Diseño de indumentaria de autor en Argentina 2014: diagnóstico productivo e impacto económico basado en la Encuesta Nacional de Diseño de Indumentaria de Autor 2014,* Publicación del Instituto Nacional de Tecnología Industrial (INTI), 1° ed., San Martín.

Marx, K (1867). El Capital, tomo I, Akal, Madrid.

Matta A. y Magnano C. (coord.) (2011). *Trama productiva urbana y trabajo decente. Análisis y estrategias para la cadena productiva textil de indumentaria en Áreas Metropolitanas.* Buenos Aires, OIT.

Matta, A (2012). "El sector de las microempresas: antecedentes, políticas y programas para la promoción de la microempresa en Argentina y la provincia de Córdoba (2003-2007)". En Sonnet, F. (Ed.) *Los microemprendimientos productivos e innovadores en la provincia de Córdoba,* Asociación Cooperadora de la Facultad de Cs Económicas.UNC.

Matta, A., Etchegorry, C., Magnano, C., y Orchansky, C. (2015). *Estructuras Productivas y Calidad del Empleo: Trayectorias, Estrategias y Políticas. El caso de la Industria de la Indumentaria.* Congreso nacional de estudios del trabajo. ASET, Buenos Aires, Argentina.

Matta, A., Gertel, H., Etchegorry, C., Magnano, C., Orchansky, C., y Meiners, E. (2016). *Régimen sociotécnico dominante y precariedad laboral en la industria de indumentaria*. Jornadas de la Asociación Latinoamericana de Estudios del Trabajo. Buenos Aires, 3-5 agosto.

McKinsey Global Institute (2017). *A Future that works: automation, employment and productivity*. McKinsey & Company.

O.T.A. (1987) *The U.S. textile and apparel industry: a revolution in progress*. O.T.A. Congress of USA. Washington, DC.

Partzsch, L; Kemper, L. (2019). Cotton certification in Ethiopia: Can an increasing demand for certified textiles create a fashion revolution?; *Geoforum*, vol 99.

Scott, E.; Lee, T. (1991). Reconsidering the benefits and costs of trade protection: The Case of Textiles and Apparel. *Working Paper* No. 105. Economic Policy Institute. Washington, D.C.

Schorr, M. (2013). *Argentina en la posconvertibilidad: ¿desarrollo o crecimiento industrial? Estudios de economía política*. Miño y Dávila. Buenos Aires.

Schumacher, E; Shippen, B. (1999). Wages and the Exit Decision for Workers in the Textile and Apparel Industry, *Working Papers*, East Carolina University, Department of Economics.

UN Alliance for Sustainable Fashion (2019) https://unfashionalliance.org/

Van Klaveren, M. (2016) *Wages in Context in the Garment Industry in Asia*. Amsterdam: Wage Indicator Foundation.

Worker Rights Consortium (2013). *Global Wage Trends for Apparel Workers, 2001–2011*. Worker Rights Consortium. Washington, DC.

Worker Rights Consortium (2018). *"Ethiopia is a North Star" Grim conditions and miserable wages guide apparel brands in their race to the bottom*, Washington, DC.

Autores (en orden alfabético)

Nahuel Aranda. Economista, Becario Doctoral SECYT-Universidad Nacional de Córdoba.

Ayelén Arcos. Doctoranda en Antropología, CONICET/FFyL-Universidad de Buenos Aires.

Carla Degliantoni. Economista, investigadora del Instituto de Trabajo y Economía de la Fundación Germán Abdalá.

Antonella Delmonte Allasia. Doctoranda en Antropología, beca UBA-CyT, IIEGE-FFyL-Universidad de Buenos Aires.

Cristina Etchegorry. Mgter. en Administración Pública. Doctoranda en Ciencias Sociales. Docente-Investigadora, FCE- Universidad Nacional de Córdoba.

Ariel Lieutier. Economista, Docente e Investigador; Sociedad Internacional para el Desarrollo, Universidad Nacional de Moreno. Ex Sub-Secretario del Ministerio de Economía (2011-2015).

Cecilia Magnano. Doctoranda en Ciencias Sociales. Docente-Investigadora, FCE- Universidad Nacional de Córdoba.

Andrés Matta. Dr. en Ciencias Económicas. Docente-Investigador, Centro de Investigaciones en Ciencias Económicas, Grupo Vinculado CIECS-CONICET-FCE-Universidad Nacional de Córdoba.

Jerónimo Montero. Dr. en Geografía Humana. Investigador, UNSAM-CONICET, Universidad de Buenos Aires.

Carolina Orchansky. Mgter. en Antropología y Desarrollo. Doctoranda en Ciencias Económicas. Docente-Investigadora, FCE- Universidad Nacional de Córdoba.

Paula D. Salgado. Doctoranda en Ciencias Sociales (UBA), Investigadora del Centro de Investigaciones en Políticas Sociales Urbanas de la Universidad de Tres de Febrero (CEIPSU-UNTreF).

Juan Ignacio Staricco. Dr. en Economía y Política. Becario Posdoctoral SECYT-UNC; Centro de Investigaciones en Ciencias Económicas, Grupo Vinculado CIECS-CONICET-FCE-Universidad Nacional de Córdoba.

Impreso por TREINTADIEZ S. A. en 2020
Pringles 521 (C1183AEI)
Ciudad Autónoma de Buenos Aires
Teléfonos: 4864-3297 / 4862-6794
editorial@treintadiez.com